세계교회협의회(W.C.C.)의 실상을 밝힌다.

조 영 엽 박사
(Rev. Youngyup Cho, Ph.D.)

언약출판사
(Covenant Publishing Co.)

추천서
(Recommendations)

　세계교회협의회(W.C.C.)의 거대한 실체를 바로 분석·평가·비평한다는 것은 그리 쉬운 일이 아닙니다. W.C.C.의 실체를 정확히 파악하고 바로 평가한다는 것은 저자의 바른 신앙과 정통 보수신학, 예리한 영적 분별력과 광범위한 지식, 그리고 W.C.C.에 관한 방대한 자료들과 역사적 기독교 신앙을 사수하기 위한 특별한 사명감과 상당한 학문적 연구가 요구되는 일입니다.

　평생을 복음 진리의 증거와 전수, 변호와 수호에 전력해 오신 조영엽 박사님께서 최근 세계 최초의 '가톨릭교회교리서 비평' 서를 출간한 후 얼마 안 되어 금번 **'세계교회협의회(W.C.C.)의 실상을 밝힌다.'** 는 귀한 저서가 또 출간됨을 마음 깊이 축하하며, 바라기는 이 저서가 한국교회를 다시 한 번 더 깨우치고, 옛 신앙으로 돌아가는 하나님의 놀라우신 역사가 일어나기를 간절히 소원합니다. 뿐만 아니라 박사님의 저서를 통하여 우리 교단의 정체성이 다시 한 번 더 확립되기를 소망합니다.

대한예수교장로회총회(합동)
총회장 **서 정 배** 목사

추천서
(Recommendations)

　금번 조영엽 박사님께서 '세계교회협의회의(W.C.C.)의 실상을 밝힌다.'는 저서를 출간하게 됨을 진심으로 축하 드립니다.

　W.C.C. 제 10차 총회가 2013년 대한민국 부산에서 개최하는 것은 한국 기독교계에서는 매우 잘못된 일이라고 생각됩니다. 그것은 K.N.C.C.(한국기독교교회협의회)가 유치 활동을 하여 성사시킨 것입니다. K.N.C.C. 는 한국 교회 전체를 대표하는 기구가 아니라, 통합측, 기장측, 기감측, 성공회, 기하성 등 극히 일부 교단들로 구성된 한국의 자유주의 교회들의 연합 단체(Ecumenical body)입니다. 그러나 그 교단들 내에도 상당수의 보수신앙을 지닌 목회자들과 평신도들은 제 10차 W.C.C.의 한국 총회 개최를 적극 반대하고 있습니다.

　2010년 5월 10일부터 12일까지 본 교단의 전국 목사 장로 기도회 시에 조영엽 박사님께서 특별 강사로 강의하시는 것을 환영하며, 본 교단 목사님들과 장로님들께서는 '세계교회협의회의(W.C.C.)의 실상을 밝힌다.'는 이 저서를 필히 읽으시고, 보수신학을 지키는 역사가 다시 일어나기를 기원합니다.

대한예수교장로회(합동) 증경 총회장
W.C.C. 대책위원장 **서 기 행** 목사

추천서
(Recommendations)

혼란스런 한국 교회의 신학적 지침서가 되기를 !

2009년도 교계에 가장 큰 이슈가 되었던 문제는 2013년 W.C.C. 제10차 총회가 대한민국 항구 도시 부산에서 개최한다는 것입니다. 진보·자유주의 진영은 환영의 흥분에 들떠 있고, 보수·개혁주의 신앙노선에서는 반대와 대책을 마련하기에 초긴장을 하고 있습니다. 마치 1959년 대한예수교장로회 제 44회 총회 당시 승동측(합동)과 연동측(통합)의 분쟁의 상처가 다시 떠오릅니다.

W.C.C.는 처음부터 비성경적 연합운동과 인종차별투쟁사업(P.C.R.)이라는 대의명분을 내걸고 20년 가까이 공산주의 개릴라 단체들(일명 해방운동단체들)과 자유민주주의와 시장경제를 반대하는 소위 인권운동단체들을 지원해 오고 있으며, 여성 안수 심지어는 호모섹스자들(동성애자들)에게 까지도 성직을 위한 안수를 장려하고 있으며, 또 타종교와의 대화를 통한 종교다원주의와 혼합주의를 지향해 오고 있습니다.

이러한 때에 우리는 경성하여 우리에게 단번에 주신 믿음의 도리를 위하여 영적 전투에 힘써 선한 싸움을 싸워 필히 승리하여야 할 것입니다. 조 박사님의 이 저서는 영적 전투의 강력한 영적 무기가 될 것이라고 확신합니다.

전 총신대학교 재단 및 운영이사장
증경 총회장 **김 동 권** 목사

추천서
(Recommendations)

저자 조영엽 박사님은 국제기독교연합회(I.C.C.C. = International Council of Christian Churches) 총재 칼 맥킨타이어 박사님(Dr. Carl McIntire)을 보좌하여 약 20년 동안 W.C.C.를 연구한 학자로서, 스승 고 박형용 박사님의 신학사상을 계승하는 칼빈주의 보수신학자, 신본주의 설교자, 역사적 기독교 신앙의 변호자로 평생을 헌신하시는 하나님의 사람입니다.

또한 조직신학 전권을 비롯한 다수의 주요 신학저서들과 논문들을 집필하셨고, 자유주의 해방신학과 열린예배, 교회를 타락시키는 베스트셀러(릭 워렌의 목적이 이끄는 삶, Rick Warren, PDL) 비평, 세계 최초로 '가톨릭교회교리서 비평' 등의 저자로 널리 알려진 분이십니다.

正論 기독신보사

Dr. Youngyup Cho is an international speaker for the World of God and a separatist, fundamentalist among his Presbyterian brethren. It is rare, in our time of Neochristianity, to find such a man persisting in the truths of the entire Bible.

I trust that '**A Critique of the W.C.C.**', one of his excellent books will bring a large Korean audience to all of it's chapters.

Dr. O. Talmadge Spence,
(President: Foundations Bible College and Seminary,
Dunn, North Carolina, USA.)

저자 서문
(Preface)

    먼저 만복(萬福)의 근원(根源)되시는 우리 주 하나님께 감사와 찬송, 존귀와 영광을 돌립니다.
    이 미약한 종이 복음진리 증거와 전수, 변호와 수호에 분망하던 중 금번 **"세계교회협의회(W.C.C)의 실상을 밝힌다"** 을 출간하게 되니 이는 오로지 우리 주 하나님의 지극하신 은혜라고 믿습니다
    지금은 신앙·교리적으로, 도덕·윤리적으로, 사상·이념적으로 다방면에서 배교와 불신앙으로 타락한 말세지말입니다.

- 비 성경적 연합운동(Un-Biblical Ecumenical Movement)
- 비진리와 타협하는 신복음주의(Neo-Evangelicalism)
- 신오순절 운동(Neo-Pentecostal Movement, 은사운동)
- 열린예배(Seeker's Service, 타락된 예배)
- 온갖 이단 시조들(Trends of Hereses)등 우리의 고귀한 '역사적 기독교 신앙'을 파괴하고 있습니다.

    바라기는 이 불초(不肖)의 저서 **"세계교회협의회(W.C.C)의 실상을 밝힌다"** 이 바른 신앙의 한 지침서가 되었으면 하는 마음 간절합니다.
    끝으로 타자에 수고해 주신 **김명식** 목사, **박연숙** 집사, **유효주** 선생, 편집에 수고한 언약출판사에 깊은 감사를 드립니다.

비평(Criticism)의 당위성, 정당성, 필연성

비평 또는 비판이란 헬라어의 명사 **"크리테스"**($κριτής$; judgment; 판단·비판·공정), 동사 크리노($κρίνω$; to judge; 판단하다, 비판하다, 비평하다)로서, 이 단어의 어근(語根)의 원 의미는,

① 밝은 빛 가운데로 가져옴(bring to light)이다.

어둠 가운데서는 무엇이 흰 것인지, 무엇이 검은 것인지 흑백을(black and white) 분별할 수 없음으로 밝은 빛 가운데로 끌어내어,

② 옳고 그름을 판단함(judge right or wrong).

옳은 것과 옳지 못한 것을 판단하고,

③ 분리하여 선택함(separate and choose).

바른 것 바르지 못한 것, 옳은 것·옳지 않은 것을 분리하여, 바른 것·옳은 것은 택하여 취하고, 바르지 못한 것·옳지 않은 것은 과감하게 버리는 것이다.

마태복음 5:37, "오직 너희 말은 옳은 것은 옳다, 아닌 것은 아니다 하라 이 에서 지나는 것은 악으로 쫓아나느니라."

그러므로 비평 또는 비판은 정당하며 절대 필요하다.

비평 또는 비판은,

① 하나님의 말씀과 예수 그리스도의 증거를 위하여(계 1:9),

② 역사적 기독교 신앙을 수호하며 변호하기 위하여(고전 15:58; 히 4:14; 유 3),

③ 예수 그리스도의 보혈로 사신 교회(행 20:28)를 모든 악의 세력들로부터 보호하기 위하여 정당하며 절대 필요하다.

정당한 비평 비판은 성경적이며, 하나님 앞에서 지대한 책임이요 동시에 특권이며 또한 자유이다.

성경은 잘못된 비방이나 비평을 엄히 책망하며 금한다(마 7:1; 눅 6:37; 롬 2:1; 약 4:11; 벧전 2:1). 반면에 정당한 비평 또는 비판은 적극 권한다(엡 5:11; 요이 10, 11; 딛 3:10; 계 18:4).

기독교 역사에 보면 신앙문제, 진리문제, 교리문제, 기독교 자유문제 등에 대하여 신앙의 영웅들, 정통교리의 수호자들, 진리의 옹호자들은 정당한 비평·비판을 소홀이 하거나 게을리 한 일이 없다. 그것이 기독교 변증학이며, 기독교 변증학은 기독교 역사(교회사)에 교리사로 수를 놓았다.

불행하게도 다수의 교계의 지도자들, 신학교 교수들 그리고 목회자들과 평신도들은 무지와 무관심과 영적 분별력의 결여로 정당한 비평·비판의 당위성과 정당성을 바로 인식하지 못하므로 거짓 선지자들, 거짓 스승들의 속임수에 수없이 넘어가고 있다.

우리는

① 비평·비판에 대한 바른 인식과 지식을 가지고,

② 우리의 신앙을 파괴하며, 교회를 타락시키는 자들, 그들의 주장과 궤변들 그리고 그들의 악한 활동들에 대하여 정밀히 조사하고, 폭로하며,

③ 바른 비평과 비판으로 그리고 성경적 대안을 제시하므로 우리의 옛 신앙(Old Faith)을 변호하고 수호하여야 할 것이다.

목 차
(Contents)

추천서   2
저자 서문   6
비평의 당위성, 정당성, 필연성   7

제 1장 세계교회협의회(W.C.C.)   11
제 2장 W.C.C.의 대(大) 계파들   17
제 3장 W.C.C.의 기원과 발달 과정   23
제 4장 W.C.C.의 조직   33

제 5장 W.C.C.의 헌법   39
제 6장 W.C.C.의 기구   45
제 7장 W.C.C.의 역대 총무들   59
제 8장 W.C.C.의 총회들   71
   제 1차 총회 : 화란 암스텔담(1948)   73
      토론토 성명서(1950)
   제 2차 총회 : 미국 에반스톤(1954)   87
   제 3차 총회 : 인도 뉴델리(1961)   94
      연합사업그룹(J.W.G., 1965)
   제 4차 총회 : 스웨덴 웁살라(1968)   104
      인종차별투쟁사업(P.C.R., 1969)
   제 5차 총회 : 케냐 나이로비(1975)   119
      리마 문서(1982)

제 6차 총회 : 캐나다 밴쿠버(1983)	125
정의 · 평화 · 창조의 보전(서울 1990)	
제 7차 총회 : 호주 캔버라(1991)	134
제 8차 총회 : 짐바웨 하라레(1998)	145
제 9차 총회 : 브라질 포르토 알레그레(2006)	151
제 10차 총회 : 대한민국 부산 예정(2013)	156
대한예수교장로회 42, 43, 44, 45회 총회록	
제 9장 W.C.C.의 에큐메니칼 운동	165
제 10장 W.C.C.의 인종차별투쟁사업	193
제 11장 W.C.C.의 여성 안수	221
제 12장 W.C.C.의 호모섹스 교회들	273
부록: 1. W.C.C. 회원교단들	301
2. 성경적 성별의 원리	333
3. 성경적 연합의 원리	354
색인	362

제 1 장

세계교회협의회
(W.C.C.: World Council of Churches)

1. 오이쿠메네
2. 세계교회협의회의 로고
3. 세계교회협의회의 교세: 분포도, 다양한 교파들, 지역별 신자수, 가톨릭 교회의 신자수와 비교

1. 오이쿠메네(οἰκυμένη: Ecumenical: 에큐메니칼)

1) **오이쿠메네**의 어원적 고찰(Etimology)

오이쿠메네($οἰκυμένη$; one world; 한 세계)는 오이코스($οἶκος$; a house; 집)와 메노($μένω$; to abide; 거(居)하다)로 구성된 합성어이다. 따라서 이 단어의 문자적 의미는 한 집 또는 한 세계(one world)라는 뜻이다. 그리고 이 단어의 현대적 의미는 2교회 또는 2교단(교파) 이상의 일치 연합을 뜻한다. 이러한 일치 또는 연합운동을 영어로는 에큐메니칼 운동(Ecumenical Movement)이라고 한다. 전(全)세계 자유주의 교회들의 연합단체인 세계교회협의회(W.C.C.)는 일치

(연합)운동의 본산지이며, 본거지이다. 그런데 불행하게도 "세계교회협의회"의 일치(연합)운동을 비성경적이다.

2) 신약성경에서의 오이쿠메네(οἰκυμένη)

영어의 에큐메니칼(Ecumenical)이란 헬라어 오이쿠메네(οἰκυμένη)에서 인출되었다. 이 단어는 신약 헬라어에 15회(마 24:14; 눅 2:1; 4:5; 21:26; 행 11:28; 17:6, 31; 19:27; 24:5; 롬 10:18; 히 1:6; 2:5; 계 3:10; 12:9; 16:14) 기록되어 있다.

3) 오이쿠메네의 용법(Usage)

오이쿠메네는 몇 가지 의미로 사용되었다.

① **사람이 거주하는 온 세계, 온 땅**(홀레 테 오이쿠메네, ὅλη τῆ οἰκυμένη; all the world, whole inhabited earth; 온 세계, 거주하는 온 땅, 마 24:14; 행 17:6; 19:27). 여기서 오이쿠메네는 "사람이 거주하는 온 세계, 온 땅"을 말한다.

② **온 세상 사람들**(텐 오이쿠메넨, τὴν οἰκυμένην; the world, 행 17:31). 여기서 오이쿠메네는 "온 세상 사람들"을 말한다.

③ **로마 제국**(파산 텐 오이쿠메넨, πᾶσαν τὴν οἰκυμένην; all the inhabited world; 사람이 거주하는 온 세계, 눅 2:1; 행 11:28; 24:5). 여기서 오이쿠메네는 "로마 제국이 점령한 온 천하"를 말한다.

④ **장차 올 세상, 세계**(오이쿠메넨 텐 멜루산, οἰκυμένην τὴν μέλλουσαν; world to come, 히 2:5). 여기서 오이쿠메네는 "장차 앞으로 임할 세계"를 말한다. 장차 올 세상은 예수 그리스도께서 재림하시므로 이루어질 메시야 시대(Messianic age)를 말한다.

4) "오이쿠메네"의 현대적 의미: 두 교회 또는 두 교파 이상의 일차연합을 말한다.[1]

이 일차연합 운동을 영어로는 Ecumenical Movement 라고 부르며,

세계교회협의회(W.C.C.)는 이 오이쿠메네(에큐메니칼 운동)의 대표적 기구이다. 세계교회협의회의 에큐메니칼 운동은 신앙고백이 일치하지 않는 교회들의 인본주의적·조직적·유형적·비성경적 연합운동이므로 역사적 기독교 신앙을 보수하는 우리는 세계교회협의회와 그들의 연합운동을 반대하며, 반면에 성경이 교훈하는 성경적 연합을 강조한다.

2. 세계교회협의회(W.C.C.)의 로고(Logo)

세계교회협의회(W.C.C.)의 로고(Logo): 밑에서부터
1. **흉흉한 물결**(wave): 갈릴리 호수에서의 풍랑
2. **배**(boat): 갈릴리 호수에서 예수님의 제자들이 탄 배
3. **십자가**(cross): 초대 그리스도인들의 상징
4. **오이쿠메네**(Ecumenical): 일치·연합 등을 상징한다.

이 로고는 W.C.C의 간행물들, 문서들, 서적들, 기타 W.C.C.와 관계된 일체에 W.C.C. 로고로 사용한다.

3. 세계교회협의회(W.C.C.)의 교세
1) 분포도
세계교회협의회는 6대주, 7개 지역(아프리카, 아시아, 라틴 아메리카

---

1) Alfred Marshall, *NASB-NIV Greek and English Interlinear Bible*.

및 카리브, 유럽, 중동, 북미, 오세아니아), 110개 이상의 나라, 349개 교단이 가입되어 있다. 저들의 주장에 의하면 세계교회협의회(W.C.C.)에는 5억 8천만(580 million)명의 신자를 가지고 있다고 한다.

349개 교단을 지역별로 분석한다면 아프리카 27%, 유럽 23%, 아시아 21%이며, 교파별로는 개혁교 28%, 루터교 16%, 감리교 11% 등이다.

한국에서는 **대한예수교장로회(통합측)**, **대한기독교감리회(기감측)**, **한국기독교장로회(기장측)** 및 **성공회 등 4개 교단**이 W.C.C.의 정회원으로 가입되어 있다.

한국기독교교회협의회(N.C.C.K.)는 세계교회협의회의 산하 단체이다. 이 단체에는 대한예수교장로회(통합측), 한국기독교장로회(기장측), 기독교대한감리회(기감측), 기독교대한하나님의성회, 기독교대한복음교회, 구세군대한본영, 대한성공회, 정교회한국대교구 등 **8개 교단**이 가입되어 있다.

2) 다양한 교파들

세계교회협의회 안에는 20개 이상의 다양한 교파들(Church families)이 가입되어 있다.

1. 앵글리칸(영국 국교, Anglican)
2. 침례교(Baptist)
3. 형제교(Brethren)
4. 그리스도교(Church of Christ)
5. 제자교회(Disciple)
6. 성공회(Episcopal)
7. 복음교회(Evangelical)
8. 후스파(Hussite)
9. 독립교회(Independent)

10. 루터교(Lutheran)
11. 감리교(Methodist)
12. 메노나잇(Mennonite)
13. 모라비안(Moravian)
14. 초교파(Non-denominational)
15. 구(舊) 가톨릭(Old Catholic)
16. 정교(Orthodox)
17. 장로교(Presbyterian)
18. 퀘이커(Quaker)
19. 오순절교회(Pentecostal)
20. 개혁교(Reformed)
21. 왈도파(Waldensian) 등등이다.

3) 지역별 회원교단 수신자 수

지역	교단 수(개)	신자 수(명)
유럽	81	287,000,000
아프리카	93	131,935,000
북아메리카	31	72,000,000
아세아	75	62,000,000
중동	12	9,700,000
라틴 아메리카	28	4,500,000
카리비안	13	2,600,000
태평양	17	2,000,000
8개 지역	349교단	약 5억 8천명

동양정교(Oriental Orthodox)와 동방정교(Eastern Orthodox)는 21개 교단이 W.C.C.에 정회원으로 가입되어 있으나 정확한 %는 확실치 않다. 개혁파 : 28%, 루터파 : 16%, 감리교 : 11% 순이다.

4) 세계교회협의회(W.C.C.)와 가톨릭교회 신자 수 통계 비교 :

W.C.C. 전 세계 8개 지역, 349개 교단 전체의 신자 수는 약 5억 5천만 명, 로마 가톨릭교 신자 수는 약 10억 1천만 명이다.

가톨릭교회 신자 수가 전 세계 자유주의 개신교들 전체 신자 수보다 훨씬 더 많다. 가톨릭 2005년도 교황청 통계에 의하면, 신자 수 1,085,557,000명은 전 세계 인구의 약 17%에 해당된다.

제 2 장

세계교회협의회(W.C.C.)의 대(大) 계파들

1. 동방정교(Orthodox Church)

사도시대와 교부시대(敎父時代)를 거처 A.D. 4세기경까지는 로마교구, 콘스탄티노플교구, 안디옥교구, 예루살렘교구, 알렉산드리아교구들이 있었으며, 각 교구들은 감독들에 의하여 다스려져 왔다.

그러나 서방로마교구와 동방교구들(콘스탄티노플교구 · 안디옥교구 · 예루살렘교구 · 알렉산드리아교구)은 1054년 7월 16일 서로 분리되어 서방로마교구는 로마가톨릭교회가 되고 동방교구교회들은 이름 그대로 동방정교회가 되었다.

동방정교회(Eastern Orthodox Church)는 동방교회와 동양교회로 양분된다. 현재 동방정교회는 W.C.C.에 속한 349개 회원교단들 중, 전체 신자수의 약 36.2%에 해당되는 17개 회원교단 약 214,204,830명의 신자들을 가지고 있는 W.C.C. 안에서 가장 큰 교단이다.

동방정교와 동양정교의 9개 교단들(콘스탄티노플정교, 알렉산드리아

정교, 안디옥정교, 예루살렘정교, 싸이프러스정교, 그리스정교, 그리고 콥틱동양정교, 에티오피아동양정교, 시리아동양정교 등)은 W.C.C. 창립 총회 때부터 W.C.C.에 가입하였고, W.C.C.의 에큐메니칼 운동에 참여해 왔다.[2] 특히 W.C.C.의 신앙·직제위원회(C.F.O.)와 세계선교·전도위원회(C.W.M.E.)에서 적극적으로 활동을 해오고 있다.

그럼에도 불구하고 정교회들은 W.C.C. 교회들 내에서 포괄적 언어(남녀 공통어), 여성안수, 호모섹스 목사 등등을 반대하므로 미국정교회는 1992년 미국교회협의회(N.C.C.C. in U.S.A.)를 탈퇴하였고, 동유럽의 불가리아정교와 에리트리안정교(Eritrean Orthodox)도 W.C.C.를 탈퇴하였다.

현재 W.C.C. 본부에는 소련정교회 대표부만이 W.C.C. 본부 에큐메니칼 센터 오른편 빌딩(Lac Wing) 102호실에 상주하고 있다.

주소: 150 Route de Ferney
　　　1211 Geneva 2, Swizerland
　　　Tel: +41-22-791-6111

2. 성공회(Anglican) - Episcopal Church

영국에서는 영국 왕 헨리 8세(Henry VIII)가 1547년 로마가톨릭을 반대하여 수장령(Supreme Head)을 발표하고 영국교회를 로마가톨릭교회로부터 분리·독립시켰다. 각 나라에 있는 영국교회는 성공회(Episcopal Church)라고 일컫는다.

현재 성공회는 W.C.C.에 속한 349개 회원교단들 중, 전체 신자수의 약 13.2%에 해당되는 32개 회원교단 약 78,000,000명의 신자들을 가지고 있는 W.C.C. 안에서 두 번째 큰 교단이다.

---

[2] 이외에 정교회들은 W.C.C. 제3차 총회(뉴델리) 때와 그 이후에 대거 가입하였다.

3. 동양정교(Oriental Orthodox)

동양정교회는 주로 콘스탄티노플교구, 안디옥교구, 예루살렘교구, 알렉산드리아교구 등을 중심으로 이루어진 교회들이다.

현재 W.C.C. 안에는 캅틱(Coptic)정교회, 에티오피아(Ethiopia)정교회, 말란카라(Malankara)시리아정교회, 시리안(Syrian)정교회, 아르메니안(Etchmiadzin Armenian)사도교회, 아르메니안(Cilicia Armenian)사도교회, 에리트리안(Eritriean)정교회 등 7개 회원교단들이 가입되어 있다.

동양정교회는 약 65,694,000명의 신자들을 가지고 있는 W.C.C. 안에서 세 번째 큰 교단이다.

4. 루터교회 세계연맹(L.W.F.=Lutheran World Federation)

루터교회(Luteran Church)는 종교개혁자 마틴 루터(Martin Luther, 1483-1546)가 1517년 10월 31일 가톨릭교회의 면죄부, 고해성사, 연옥설, 성현들 숭배, 교황의 권위, 7성례 등을 반대하여 95개 항목의 논제(95 Theses)를 독일의 비텐베르크(Wittenburg) 대성당 정문 앞에 붙이고 종교개혁을 일으킨 종교개혁의 모체 교회이었다.

그러나 루터교회도 세월의 흐름에 따라 약 450여년이 지난 금일에 이르러서는 루터교회 다수가 역사적 기독교 신앙을 저버리고 배교와 불신앙으로 타락되었다.

"루터교세계연맹"은 세계 제2차 대전 후 23개국의 루터교 대표들이 1947년 스웨덴의 룬드(Lund, Sweden)에서 조직하였다. 루터교회의 절대 다수는 이 단체에 가입해 있으며, 이 단체는 W.C.C.에서 중요한 위치에 있다.

"루터교세계연맹"은 세계 제2차 대전 후 23개국의 루터교 대표들이 1947년 스웨덴의 런드(Lund, Sweden)에서 조직하였다.

현재 루터교세계연맹은 W.C.C.에 속한 349개 회원교단들 중, 전체 신자수의 약 10.1%에 해당되는 140개 회원교단 약 59,656,000명의 신자들을 가지고 있는 W.C.C. 안에서 네 번째 큰 교단이다.

루터교에서 가장 큰 교회들: 스웨덴교회, 미국복음주의루터교회, 핀랜드복음주의루터교회, 덴마크교회, 메카니예수에디오피아복음교회, 놀웨이교회, 인도네시아개신교바락교회, 탄자니아복음주의교회, 독일하노버개신교루터교회, 말라가시루터교회 등이다.

5. 개혁교회세계연맹(W.A.R.C. = World Alliance of Refor -med Churches)

개혁교회는 죤 칼빈, 쯔윙글리, 죤 낙스 기타 칼빈주의적 종교개혁자들로부터 시작되었다. 그러나 죤 칼빈 탄생 500년이 지난 지금의 개혁교회들은 역사적 기독교 신앙을 저버리고 배교와 불신앙으로 타락되었다.

"개혁교회세계연맹"은 1875년 영국 런던(London)에서 조직된 장로교 제도를 따르는 전(全)세계 자유주의 장로교회들과 개혁주의 교회들, 그리고 또한 1891년 영국 런던에서 조직된 국제회중교회협의회 (I.C.C. = International Congregational Council)가 1970년 통합하여 개혁교회세계연맹을 탄생시켰다.

개혁교회세계연맹은 개혁교회, 장로교회, 회중교회, 왈도파, 연합교회들로 구성되어 있다.

현재 개혁교회세계연맹은 W.C.C.에 속한 349개 회원교단들 중, 전체 신자수의 약 6.8%에 해당되는 97개 회원교단 약 40,444,000명의 신자들을 가지고 있는 W.C.C. 안에서 다섯 번째 큰 교단이다.

6. 연합교회(United & Uniting)

  연합교회는 에큐메니칼 운동의 일환으로 성공회·침례교·회중교회·제자교회·감리교·형제교회·장로교회 등이 교회적으로, 교단적으로 연합하여 현재는 아프리카, 아세아, 카리비안, 유럽, 북아메리카, 태평양 등 전 세계 약 50개 연합교회들(교단들)이 있으며, 이 교회들은 모두 W.C.C.의 정회원들로 에큐메니칼 운동을 활발하게 하고 있다. 연합교회는 신뢰할만한 역사적 계보나 통계 수치가 없다.

7. 감리교회(Methodist Church)

  원래 감리교는 영국의 부흥사 존 웨슬레(John Wesley, 1703-1791)에 의하여 시작되었다. 그는 옥스퍼드 대학교(Oxford Univ.)에서 1727년 석사(M.A.)학위를 받고, 후에 그의 동생 찰스 웨슬레(Charles Wesley), 부흥사 죠지 윗필드(George Whitefield)와 다른 신앙의 동지들과 함께 성결을 위한 감리교운동을 시작하였다. 그리고 감리교는 전 세계에 확산되었다. 그러나 세월이 흐름에 따라 다수의 감리교회들도 배교와 불신앙으로 흐르게 되었다.
  현재 감리교회는 W.C.C.에 속한 349개 회원교단들 중, 전체 신자수의 약 4.2%에 해당되는 38개 회원교단 약 24,716,000명의 신자들을 가지고 있는 W.C.C. 안에서 일곱 번째 큰 교단이다.

8. 침례교회(Baptist Church)

  침례교는 1609년 존 스미트(John Smyth, 1560-1612)에 의하여 화란에서 시작되었다. 그는 영국 캠브리지대학교(Cambridge Univ.)에서 공부하고, 영국교회(Church of England = Anglican)에서 안수받았다. 그러나 영국교회와의 관계를 끊고 침례교를 세웠다. 그는 세례 대신 침례를 주장하고, 유아세례를 반대하고 성인 세례만을 주장하였다. 그 이유는 어린아이들은 세례의 참된 의미를 바로 인식하지 못하기 때문이라는 것이다.

드디어 스미트 추종자들에 의하여 1612년 영국 런던에서 침례교를 창립하게 되었다. 그러나 세월이 흐름에 따라 상당수의 침례교회들도 배교와 불신앙으로 흐르게 되었다. 그럼에도 불구하고 미국을 위시한 상당수의 침례교회들은 보수입장을 취하고 있음에 하나님께 감사한다.

현재 침례교회는 W.C.C.에 속한 349개 회원교단들 중, 전체 신자수의 약 3.9%에 해당되는 25개 회원교단 약 22,969,000명의 신자들을 가지고 있는 W.C.C. 안에서 여덟 번째 큰 교단이다.

이외에도 자유교회(Free Church): W.C.C. 전체 신자수의 약 1%(약 1,546,000명), 제자교회(Church of Disciples): W.C.C. 전체 신자수의 약 1%(약 1,518,000명), 오순절 교회(Pentecostal Church): W.C.C. 전체 신자수의 약 1%미만(약 281,000명).

제 3 장

세계교회협의회(W.C.C.)의 기원과 발달 과정
(The Origin and Development)

세계교회협의회의 모체(母体)들
1. 세계 선교대회(1910)
2. 국제선교협의회(1921)
3. 생활과 봉사 운동(1925)
4. 신앙과 직제 운동(1927)
5. 세계교회협의회 탄생: 생활과 봉사 운동(1925) + 신앙과 직제 운동(1927) = 세계교회협의회(1937)

세계교회협의회(W.C.C.)의 기원과 발달과정은 1800년대 후기와 1900년대 초기 유럽과 북아메리카에서 탄생한 선교단체들과 기독청년 운동들에 의하여 싹이 트기 시작하였다.

19세기 기독청년면려회들과 교회연합체들의 탄생
• 많은 사람들은 1910년 스코틀랜드의 에딘버러(Edinburgh)에서 모였던 **"세계선교대회"**(World Missionary Conference)를 자유주의자

들의 연합 운동(Ecumenical Movement)의 시작으로 간주한다. 이 **"세계선교대회"** 이전 영국과 미국에서 다양한 교회 연합기구들이 탄생되었다.

● 1792년 **"침례교선교협회"** (Baptist Missionary Society)가 조직되었다.

● 1795년 **"런던선교협회"** (London Missionary Society)가 조직되었다.

● 1846년 **"복음주의연맹"** (Evangelical Alliance)이 영국 런던에서 조직되었다. 이 회의에는 북미와 유럽에서 52개 기독교 단체로부터 800명의 대표들이 참석하였다. 1867년에는 미국 지부가 조직되었다.

● 1844년 **"기독청년면려회"** (YMCA: Young Men's Christian Association)가 영국 런던에서 조직되었다. 이 단체는 대략 1870년부터 1918년까지가 가장 전성기였으며, 회중 교회의 조지 윌리암(George William, 1821-1905), 부흥사 D. L. 무디(Moody, 1832-1899) 그리고 기독청년면려회 총무로 오랫동안 일한 존. R. 모트(John R. Mott, 1865-1955) 등이 중심인물들이었다.

● 1851년 **"기독청년여성면려회"** (YWCA: Young Women's Christian Association)가 영국 런던에서 조직되었다.

● 1895년 **"세계기독학생연맹"** (WSCF: World Students Christian Federation)이 스웨덴 바드스테나(Vadstena Sweden) 조직되었다.

● 1875년 **"개혁교회연맹"** (Alliance of Reformed Churches)이 영국 런던에서 조직되었다.

● 1881년 **"세계감리교협의회"** (World Methodist Council)가 영국 런던에서 조직되었다.

● 1905년 **"침례교세계연맹"** (Baptist World Alliance)이 영국 런던에서 조직되었다.

● 1908년 **"미국연방교회협의회"** (FCC: Federal Council of Churches: NCCC의 전신)가 미국에서 조직되었다.

이상의 기독청년면려회들, 선교단체들, 교회협의체들은 1910년 "세계선교대회"(WMC)를 위한 기틀을 마련하게 되었고, 종국에는 세계교회협의회(W.C.C)가 탄생하게 되었다.

세계교회협의회(W.C.C.)는 적어도 4개의 강물이 하나의 큰 바다로 흘러들어간 것으로 생각하면 이해가 잘 될 것이다. 세계선교대회(W.M.C.), 국제선교협의회(I.M.C.), 생활과 봉사운동(L.W.M.), 신앙과 직제운동(F.O.M.) 등이 합류하여 세계교회협의회가 탄생되었다.

세계교회협의회(W.C.C.)의 모체(母体)들

1. 세계선교대회(W.M.C.: World Missionary Conference)

1910년 스코틀랜드의 **에딘버러**(Edinburgh, Scottland)에서 미국 감리교 평신도인 **존 R. 모트**(John R. Mott)의 활약으로 159개의 선교회들로부터 1,196명의 대표들이 모여 세계선교대회를 개최하였다. 그는 세계선교대회 회장으로 에딘버러 8개 분과위원회 중 한 분과위원회를 준비하기 위하여 600명의 사람들에게 개별적인 질문을 담은 개인 서신들을 보낸 것으로 전해지고 있다. 다시 말하면 에딘버러 세계선교대회에 참석하였던 대표들 대다수는 교회들로부터 파견된 것이 아니라 선교에 관심이 있는 교회의 중진들이 참여한 것이다. 그리고 에딘버러대회에는 유럽과 북미에서 온 사람들이 대부분이었고 그 외의 나라들에서 온 사람들은 겨우 17명에 불과하였다. 그리고 이 세계선교대회 결과 1921년 **"국제선교협의회"**가 탄생되었다. 따라서 에딘버러대회는 에큐메니칼 운동의 탄생 장소로 일컫는다.

2. 국제선교협의회(I.M.C.: International Missionary Council)

국제선교협의회는 1921년 뉴욕 주 모혼크 호수(Mohonk Lake)에서 세계 선교에 관심이 있는 미국 내 30개 지역 또는 전국 기독교 단체들이 올드함 · 모트 · 패톤(Oldham, Mott, Patton) 등의 지도자들을 중심으로 조직하였다.

국제선교협의회(I.M.C.)는 1961년 인도의 뉴델리에서 개최되었던 W.C.C. 제3차 총회시 W.C.C.에 흡수될 때까지 40년 동안 생활과 봉사, 신앙과 직제를 위시하여 국제적 · 국내적 에큐메니칼 운동을 위한 많은 기구들이 탄생되는 데에 디딤돌이 되었다.

이 단체는 1928년에는 이스라엘의 예루살렘에서 개최되었는데, 이때 (1928)의 국제선교협의회는 1910년 국제선교협의회 창설 때와는 달리 지금은 교회의 연합 및 교회의 사회 참여를 강조하였다.

한국에서는 정인과 주일학교연합회 총무, 신흥우 YMCA(기독청년회) 총무, 김활란 이화여자전문학교 학감, 양주삼 NCC(한국기독교교회연합회) 회장, 윌리암 아터 노블(William Arthur Noble) 감리교 선교사 등이 참석하였다.[3]

1938년에는 스페인의 마드라스(Madras)에서, 1947년에는 위트비(Whitby, 캐나다 온타리오)에서, 1952년에는 윌링겐(Willingen, 서독)에서, 1958년에는 아프리카의 가나(Ghana)에서 대회를 개최하였다.

1961년에는 인도의 뉴델리에서 **W.C.C. 제3차 총회 시 W.C.C.에 합병**되어 지금은 W.C.C.의 "세계선교 · 전도위원회(Commission on World Mission and Evangelism)"로 되었다. 이 단체는 세계 최초의 에큐메니칼 기구이었다.

이 대회의 중요 인물들은 모트 · 올드함 · 윌리암 템플 등이었다.

---

[3] 박상증 편저, 『한국교회와 에큐메니칼운동』 대한기독교서회, 1992, p. 106.

존 R. 모트(John R. Mott, 1865-1955)는 미국 뉴욕 주 펄비스 (Purvis, N.Y. U.S.A.)에서 1865년 5월 25일 태어났고, 일리노이 주 에반스톤(Evanston, Il.)에서 1955년 1월 31일 별세하였다.

모트는 코넬대학교(Cornell University) 학창시절 부흥사 스터드(C. T. Studd)의 집회 참석 후, 불가지론 입장에서 신앙의 세계로 변화되었고, 1895년 세계기독학생연맹(W.S.C.F.)이 스웨덴에서 창설될 때 총무로 활약하였으며, 1910년 스코틀랜드의 에딘버러에서 조직된 세계선교대회의 회장으로, 1948년 화란의 암스텔담에서 W.C.C. 창립총회에서는 개회 설교를 하였다.

모트는 열심 있는 미국 감리교 가정에서 태어나 무디(D. L. Moody) 부흥사로부터 큰 영향을 받았다. 그는 **평신도**로서 20세기 상반기 동안 에큐메니칼 운동에 지대한 역할을 하였다. 그는 현대 에큐메니칼 운동의 선구자이었다. 그는 1915-1928년까지 기독청년면려회(Y.M.C.A.: Young Men's Christian Association)의 총무로 있었으며, 1910년 세계선교대회를 대부분 주재 진행하였다. 또한 1948년 W.C.C. 창립총회 시 명예회장으로 추대되었다. 그는 전(全)세계를 순회하며 기독청년면려회와 미국의 자유주의 교회들의 연합단체인 미국기독교교회협의회 (N.C.C.C.)를 조직하는 일에도 큰 공헌을 한 사람이었다.

조셉 올드함(Joseph Oldham, 1874-1969)은 스코틀랜드의 영국교회(Anglican Church)의 **평신도**로서 키가 작고 성격은 수줍은 사람이었다. 그러나 20세기 에큐메니칼 운동의 기수였다. 존 모트처럼 올드함도 기독청년면려회(Y.M.C.A.)와 세계기독학생운동(W.S.C.F.)의 총무로 있었다. 그는 1921-1938까지 국제선교협의회의 중요한 대회들을 주도해 왔으며, 특히 1937년 옥스퍼드에서 개최되었던 생활과 봉사 세계선교대회를 착실히 준비한 준비 위원장이었다. 그가 생각하는 가장 중요한 문제는 **'세상에서의 구원이란 무엇인가?'** 이었다. 그에게 있어서 세상에서의 구원이란 곧 사회 구원을 말한다.

윌리암 템플(William Temple, 1881-1944)은 영국의 요크(York) 대주교(1929-1942), 그 후에는 캔터베리 대주교(Archbishop of Canterbury, 1942-1944)로서 교회연합을 위한 에큐메니칼 운동에 적극 활동한 사람이었다. 그는 청년 및 학생모임에 자주 연사로 나가기도 하였다. 그는 "생활과 봉사운동"과 "신앙과 직제 운동"이 통합되는 1937년 에딘버러 에큐메니칼 대회의 회장이었다. 그는 1928년의 "국제선교협의회"와 1937년 "생활과 봉사대회"의 대부분의 메시지를 집필하였다. 그리고 1942년에는 영국교회협의회 출범 시 사회를 진행하였다. 그는 이러한 다양한 경험으로 세계교회협의회(W.C.C.)가 창립될 때 임시 의장직도 맡았었다.

윌리암 템플은 예수 그리스도의 처녀 탄생과 육체적 부활을 믿지 않는 극단의 자유주의자이었다. 그는 그리스도의 처녀 탄생과 육체적 부활이 이 시대 우리들에게 주는 의미가 무엇인가를 강조한 기독교 사회주의자(Christian Socialist)였다.[4]

3. 생활과 봉사 운동(Life and Work Movement)

웁살라의 대주교 **나단 죄더블롬**(Nathan Soderblom)의 주도 아래 스웨덴 스톡홀름(Stockholm)에서 1925년 8월 19-30일까지 **"생활과 봉사세계기독교대회"**(Universal Christian Conference on Life and Work)가 개최되었다. **죠지 벨**(George Bell)은 죄더블롬에 대하여 언급하기를 "죄더블롬은 공동체의 교제를 통하여 교회를 하나 되게 하는 에큐메니칼 운동을 위하여 20세기 전반부의 어떠한 다른 기독교 지도자들보다 일을 더 많이 하였다"고 말하였다. 죠지 벨은 W.C.C. 제1차 총회 시에는 W.C.C. 중앙위원회 의장을, 제2차 총회 시에는 6명의 회장단 중 한 사람이었다.

---

[4] J. D. Douglas, *Who's Who*, Tyndale, Wheaton, 1992, p. 662.

이 대회의 대표들은 그들이 속한 교단들이 파송한 대표들이었다. 이 대회에는 다수의 동방정교 대표들이 참석하였다. 스톡홀름 대회는 에큐메니칼 협의회를 조직하기 위한 바탕을 마련하였다. 죄더블롬은 기독교의 일치를 위하여 영구적 에큐메니칼 협의회가 시급히 필요함을 강조하였다. 그는 이미 1923년 영어로 발간된 『그리스도인의 교제』(Christian Fellowship)라는 책에서, 그리고 1925년 독일어로 발간된 『기독교의 일치』(Enigung der Christenheit)라는 책에서 영구적 연합기구의 필요성을 설명하였다.

1929년 독일 튀링겐주 아이제나흐(Eisenach)에서 개최된 **"생활과 봉사"** 에 관한 계속 위원회 모임에서는 "스톡홀름 운동을 영구적 조직"으로 제정할 것과 그 명칭을 "생활과 봉사를 위한 세계기독교협의회"(Universal Christian Council)로 하자는 제안이 있었고, 이 제안은 그 다음해(1929) 첵스브레스(Chexbres) 회의에서 채택되었다. 이 대회로부터 시작하여 "생활과 봉사 운동"이라고 불리는 일련의 모임들이 있었다.

1937년 4월에는 영국의 옥스퍼드(Oxford)에서 "생활과봉사대회" 가 개최되었고 생활과 봉사 운동에 적극적인 윌리암 템플·게르마노스·윌리암 아담스 브라운·존 모트·비셔트 후프트 등은 "신앙과 직제 운동"에도 적극 참여하였으므로 이들 모두는 옥스포드에서 개최된 생활과 봉사 대회에서 주도적 역할을 하였다. 옥스포드 대회의 관심은 사회·정치·도덕적 문제들에 대한 기독교적 원리들의 적용이었다.

윌리암 템플이 기초한 옥스포드 대회의 메시지는 다음과 같다. "교회의 첫째 의무와 세상에 대한 교회의 가장 큰 봉사는 교회가 행동을 통하여 교회가 되는 것이다 …그분 안에서 사랑과 봉사의 교제로서 결합되는 것이다"라고 하였다.[5] 이것은 기독교의 최대 사명인 복음전파

---

5) W. A. Visseht Hooft, *The Genesis and Formation of the W.C.C.*, 1987, ch. 12.

로 인한 영혼구원보다는 오히려 세상에 대한 교회의 사명을 강조한 것이다. 그리고 이러한 목적을 달성하기 위하여 그들은 세계교회협의회가 창설되기를 원하였다. **"생활과 봉사 운동"**은 동년(1937) **"신앙과 직제 운동"**과 통합하였다.

4. 신앙과 직제 운동(Faith and Order Movement)

미국 성공회의 감독 **찰스 브렌트**(Charles H. Brent)를 중심으로 스위스 로잔(Lausanne)에서 1927년 8월 3-21일까지 **"신앙과직제세계대회"** (World Conference on Faith and Order)라는 또 하나의 세계대회가 열렸다. 브렌트의 비젼은 전세계교회가 하나가 되는 것이었다. **로잔대회**는 신앙과 직제에 대한 첫 번째 세계대회이었다. 이 대회에서는 에딘버러 대회의 의장이었던 **윌리암 템플**(William Temple)이 개회 설교를 하였다. 그는 교회의 기구적 연합을 강조하였다. 이 대회의 주요 관심은 교회의 연합 문제였다. 이 대회로부터 시작하여 "신앙과 직제 운동"이라고 불리는 일련의 모임들이 있었다. 1936년 여름에는 "생활과 봉사 대회"가 스위스의 챔비(Chamby)에서, "신앙과 직제 대회"가 클라렌스(Clarens)에서 각각 개최되었다. 이 두 회의에서 30명, 나중에는 35명으로 증원 위원회가 구성되었다. 이 위원회의 목적은 **"생활과 봉사의 스톡홀름대회"**와 **"신앙과직제의 로잔대회"** 이래로 진행되어 온 에큐메니칼 운동의 조직과 사업에 관련된 권고문을 만들어 "생활과봉사운동" 옥스포드 대회(1937)와 "신앙과직제운동" 에딘버러 대회(1937)에 제출하고자 함이었다.

5. 세계교회협의회 탄생: 생활과 봉사 운동(1925) + 신앙과 직제 운동(1927) = 세계교회협의회(1937)

1937년 7월 8-10일까지 단지 이틀 반 동안이기는 하지만 35명의 위원들이 런던의 웨스트필드 대학(Westfield College)에서 모였다. 여기서 **"생활과봉사운동"**과 **"신앙과직제운동"** 소위원회가 구성되어 양대 운동의 통합계획을 세우기로 결의한 결정적 모임이었다.

캔터버리 대주교 **윌리암 템플**은 묻기를 "그러면 새 기구의 이름을 무엇이라고 할 것입니까?" **비셔트 후프트**는 "세계교회협의회(W.C.C., World Council of Churches)가 어떻습니까?" 윌리암 템플 캔터베리 대주교는 "좋은데요, 그 명칭이야말로 우리가 필요로 하고 또 원하였던 것입니다." 라고 하여 세계교회협의회라는 명칭을 만장일치로 채택되었다. 이 명칭 **"세계교회협의회"**는 1948년 8월 22일부터 9월 4일까지 화란의 암스텔담에서 개최되었던 제1차 W.C.C. 총회 11년 전 이었다.

세계교회협의회(W.C.C.)의
실상을 밝힌다
A Critique of the World Council of Churches

제 4 장

세계교회협의회(W.C.C.)의 조직

1937년 "**생활과봉사운동**"(Life and Work Movement)과 "**신앙과직제운동**"(Faith and Order Movement)은 서로 연합하게 되었고, 새로 선출된 위원들은 1938년 5월 스위스의 쥬리히(Utrecht)에서 세계교회협의회를 조직하려 하였으나 세계 제2차 대전(1939-1945)으로 인하여 연기되었다가 마침내 1948년 8월 22일 화란의 암스텔담에서 "**세계교회협의회**"가 조직되었다.

W.C.C.의 본부는 스위스의 제네바에, 사무소는 미국의 뉴욕과 이스라엘의 예루살렘에 있다.

본부: World Council of Churches. P.O. Box. 66. 150 Rout de Ferney, 1211 Geneva, Switzerland.

Tel. 스위스 +41. 22 791-6110, 6111. Fax. +41. 22 791-0361 Telex. 22423 OIK, CH. Cable: Geneva.

현재 W.C.C. 본부 건물(5개동)에는 루터교세계연맹(L.W.F.), 개혁교세계연맹(W.A.R.C.), 동방정교(O.C.), 에큐메니칼뉴스(E.N.I.) 도서관, 세계기독학생연맹(W.S.C.F.), 유럽교회협의회(C.E.C.), 에큐메니칼교회융자(E.C.L.O.F.) 등이 있으며,

그 근처에는 유엔(U.N.: 인권·난민 … 본부는 미국 뉴욕에 있음) 산하기구들인 국제노동조합(I.L.O.), 국제적십자연맹(I.F.R.C.), 세계보건기구(W.H.O.), 그리고 성 베드로성당, 종교개혁박물관, 종교개혁기념비, 스위스 최대의 레만 호수(Lake Leman), 140m까지 뿜어 올라가는 대분수 등이 있다.

미국 뉴욕사무소: World Council of Churches. New York Office Room 1371, 475 Riverside Dr. New York, N.Y. 10115. Tel. (212)870-3260, Fax. (212)870-2528

W.C.C. 미국 사무소는 오랫동안 미국 자유주의 교회들의 연합단체인 미국교회협의회(N.C.C.C. in U.S.A.)의 건물 안에 있었으나 극심한 재정난으로 2009년 12월 말 폐쇄하고, 유엔 연락사무소로 통폐합하였다.

유엔 연락사무소(U.N. Liaison Office): 777 U.N. Plaza, 9D, New York, N.Y. 10017, U.S.A. Tel. (212) 867-5890 Fax. (212) 867-7462. E-Mail unlo@ wcc-coe.org 유엔 연락사무소는 뉴욕 U.N. 본부 건물 안에 위치하고 있다.

예루살렘 사무소(W.C.C. Field Office in Jerusalem): Tel. +972 2 628 9402, Fax. +972 2 627 44 99.

보쎄 에큐메니칼 연구소(Bossey Ecumenical Institutes): W.C.C. 에큐메니칼 교육양성기관. Chemin Cheneviere 2, Bogies-Bossey, Switzerland. Tel. +41 22 960-7300 Fax. +41 22 960-7376. E-Mail bossey@wcc-coe.org

보쎄 에큐메니칼 연구소는 제네바 레만 호수(Lake Leman)에서 약 20km 떨어진 조용한 보쎄에 있으며 1946년 개원하였다. 이 연구소는 W.C.C.의 에큐메니스트(Ecumenists) 양성 기관이다.

보쎄 에큐메니칼 연구소는 4개 과정을 운영하고 있다.
1. 에큐메니칼 연구 대학원(1학기)
2. 에큐메니칼 연구 신학석사(2년)
3. 상급 에큐메니칼 연구(신학석사 1년)
4. 에큐메니칼 연구(박사, Ph.D. 5년 이하)

※ 2000년부터는 신학석사(Th.M.)와 박사(Ph.D.) 학위는 제네바 대학(University of Geneva)과 학점을 교류하여 수여한다.

보쎄 에큐메니칼 연구소는 예배당, 9개의 크고 작은 회의실, 66개의 침실이 구비되어 있다. 1946년 보쎄연구소 개설 후 10명의 연구소장이 교체되었다. 지금은 루마니아 정교 신부인 아이오안 싸우카(Ioan Sauca)로서 그는 2001년부터 연구소 소장직을 맡고 있다.

보쎄 에큐메니칼 연구소 **역대 소장들**은 다음과 같다.
제1대: 1946-55 Hendrick Kraemer(화란 개혁교)
제2대: 1955-66 Hans-Heinrich Wolf(독일 루터교)
제3대: 1966-74 Kikos Nissiotis(그리스 정교)
제4대: 1974-80 John Mbiti(케냐 성공회)
제5대: 1980-83 Karl Hertz(미국 루터교)
제6대: 1983-89 Adriaan Geense(화란 개혁교)
제7대: 1989-90 Samuel Amirtham(인도 성공회)
제8대: 1989-97 Jacques Nicole(스위스 개혁교)
제9대: 1997-2001 Heidi Hadsell(미국 장로교)
제10대: 2001-현재 Ioan Sauca(루마니아 정교)

에큐메니칼 뉴스 인터내셔널(E.N.I.: Ecumenical News International)

(세계교회협의회(W.C.C.) 기관지)

과거에는 WCC 기관지들로서 E.P.S.(Ecumenical Press Service), One World, Ecumenical Review 등이 있었다.

E.P.S.는 19세기 후반부터 20세기 초까지는 1925년 8월 19-30일까지 스웨덴의 스톡홀름(Stockholm, Sweden)에서 시작한 생활과 봉사운동(Life and Work Movement) 산하 국제기독신문위원회(I.C.P.C.) 신문으로 당시 교회 지도자들과 언론인들에게 배부되는 에큐메니칼 서신들(Ecumenical letters) 이었다.

1934년 3월부터는 I.C.P.C.가 E.P.S.로 개칭되었다. 불어와 영어로 발행되었다. 1980년대에 이르러는 보다 더 많은 후원자들로, 보다 더 광범위한 뉴스로, 보다 더 광범위한 독자들을 대상으로 확장되었다.

1994년에는 E.P.S. → E.N.I.로 개칭되었다. 그리고 E.N.I.는 세계교회협의회(W.C.C.), 루터교세계연맹(L.W.F.), 개혁교세계연(W.A.R.C.), 유럽교회협의회(C.E.C.)가 후원하고 있다.

2001년부터는 스위스 정부로부터 독립 언론기관으로 인가를 받고, 영어와 불어로 월간으로 간행되고 있으며, 매일 뉴스 서비스도 제공하고 있다.

E.N.I.: Tel. 41(0) 22 791 6515/6088
　　　　Fax. 41(0) 22 788 7244

제네바(Geneva): 제네바는 종교 개혁자·신학자·정치가인 **죤 칼빈**(John Calvin, 1509-1564 A.D.)이 A.D. 1536년부터 1564년 소천(召天)할 때까지 영적 지도자로 종교개혁을 성공시킨 도시이다. 바로 이 도시에 전(全) 세계 자유주의 교회들의 연합단체인 **"세계교회협의회(W.C.C.)"** 본부가 있다.

뉴욕(New York): 미국의 동북부 지역은 17세기 초부터 영국과 화란 등지에서 신앙의 자유를 찾아 대서양을 건너 북미 대륙으로 건너와 정착하고 미국을 건설한 청교도들의 터전이었다. 바로 이 도시에 W.C.C. 미국 사무소가 있었으며, 지금은 **유엔 연락사무소**가 있다.

독일(Germany) – 마틴 루터(Martin Luther, 1483-1546 A.D.)가 종교개혁을 일으킨 독일이 후에는 자유주의·신신학의 본산지가 되었다. 아이러니컬하다.

세계교회협의회(W.C.C.)의
실상을 밝힌다
A Critique of the World Council of Churches

제 5 장

세계교회협의회(W.C.C.)의 헌법

1. 기본 원칙
2. 회원
3. 기능과 목적

　세계교회협의회의 헌법은 1938년 화란의 암스텔담 남동쪽 42km에 위치한 유트레히트(Utrecht)에서 14명의 위원들이 모여 초안을 작성하였다. 14명의 위원들은 옥스포드 대회(생활과 봉사 운동, 1937)와 에딘버러 대회(신앙과 직제 운동, 1937)에 의하여 각각 임명된 7명의 위원들이다. 14인 위원회는 1938년 5월 유트레히트에서 모임을 갖고 템플(William Temple) 성공회 대주교가 의장직을, 성공회 평신도로 기독청년면려회(Y.M.C.A.)와 세계기독학생면려회(W.S.C.F.) 총무를 역임한 올드함(Joseph Oldham) 박사가 서기를 맡았다. 여기서는 웨스트필드 대학(Westfield College)에서 35명의 위원들이 작성한 통합 계획서를 출발점으로 사용하였으며, **W.C.C**의 권한, 교리적 기본 원칙, 총회 및 중앙위원회 대표 선출 방식 문제가 보다 더 구체적으로 토론되었다. 1938년 클래렌스(Clarens)에서 모인 속개위원회에서는 교리적 기본원칙에 관한 토론이 길었다. 앞으로 태동할 세계교회협의회의 교리적 기본원칙의 필요성을 누구나 인정하였으나 교리적 기본원칙으로 사도신경 혹은 니케아 신조를 채택할 것인가에 대해서는 약간의 논란이 있었으나 다수는 신앙과 직제가 사용한 기본원칙을 채택하기를 원하였다. 그 결과 W.C.C는 처음부터 사도신경을 W.C.C 헌장에서 배제하고, 니케아신조(A.D. 325년)와 콘스탄티노풀신조(A.D. 381년)를 W.C.C.의 신앙을 반영하는 신조로 채택하였다.

그렇지만, **사도신경**은 사도들의 신앙고백이요, 기독교의 핵심 교리들의 요약결정체요, 우리들의 신앙고백이다. 그러므로 종교개혁자 **마틴 루터**(Martin Luther)는 1529년 소요리문답 300문을 출판하면서 그의 서문 제 1항에서 "전도자는 십계명, 주기도문, 사도신경 등의 원문을 변경하지 않도록 하기 바란다. … 십계명, 사도신경, 주기도문 등을 언제나 동일한 성구와 언어를 사용하여 배우는 이들로 하여금 그대들과 같이 암송하여 기억하도록 하라"라고 유언하였으며, 그의 예배 순서에는 물론 칼빈, 쯔빙글리, 베자, 낙스 등을 위시한 종교개혁자들과 청교도들의 예배순서에 사도신경이 항상 들어있다. 그러나 오늘날은 상당수의 교회들이 무지와 불신앙으로 말미암아 사도신경을 신앙으로 고백하지 않고 있는 현실이다.

1. 기본원칙(Basis)

제1조, "W.C.C.는 성경대로 주 예수 그리스도를 하나님과 구주로 고백하는 교회들의 우호(협력)체로서 한 하나님이신 아버지와 아들과 성령의 영광을 위하여 공동적 소명을 함께 성취하기를 추구한다"

(I. BASIS : The World Council of Churches is a fellowship of churches which confess the Lord Jesus Christ as God and Saviour according to the scriptures and therefore seek to fulfil together their common calling to the glory of the one God, Father, Son and Holy Spirit).

비평(A Critique)

① **W.C.C.는 "우리 주 예수 그리스도를 하나님과 구주로 고백하는 교회들의 우호(협력)체"** 라고 선언하였으나 이 고백은 제한적이었다. 그러므로 W.C.C. 제3차 총회(인도의 뉴델리, 1961)에서는 "한 하나님이신 아버지와 아들과 성령의 영광을 위하여 공동적 소명을 함께 성취하기를 추구한다"라는 고백을 추가하였다.

② **"W.C.C.는 성경대로 주 예수 그리스도를 하나님과 구주로 고백하는 공동체"** 라고 하였으나 주 예수 그리스도가 어떠한 하나님과 어떠한 구주로 고백해야 한다는 세부적인 내용이 명시되어 있지 않다. W.C.C.는 회원 교회들이 기본원칙을 어떻게 해석하는가에 대해서는 관여하지 않는다. 따라서 기본원칙을 어떻게 해석하는가는 각 회원교회에 달려 있다. 교회들은 W.C.C.의 기본원칙을 해석함에 있어서 해석의 어떠한 규제도 받지 않는다. 그러므로 W.C.C. 회원 교회들 안에는 하나님을 해방자 하나님(고엘의 하나님), 주 예수 그리스도를 정치적 혁명가, 해방자로 또는 사회 구원자라고 주장하는 자들도 많다. 이는 남미의 해방신학(Liberation Theology)의 영향을 받은 자들이다.[6]

③ **"W.C.C.는 … 교회들의 공동체이다"** 라고 하면서 W.C.C. 총회와 총회의 결의 및 집행기구인 중앙위원회는 그 회원들에게 여하한 헌법적, 사법적 권한을 갖지 않는다라고 궤변한다. 그럼에도 불구하고 그들의 결의사항들이나 지시사항들은 매우 중앙집권적 권한을 행사하고 있다.

④ **"W.C.C.는 … 공동적 소명을 함께 성취하기를 추구한다"** 라고 하였는데 그러면 그들의 공동적 소명이란 무엇인가? 그들의 공동적 소

---

6) Segundo, *The Liberation of Theology*, Maryknoll, N.Y. Otbis Books, 1973, p. 352.

명이란 세계교회의 단일화, 다시 말하면 교회의 연합(일치)을 말한다. 그러나 교회의 연합과 일치의 성경적 원리에 대하여는 명시하지 않았다. 그러므로 W.C.C.에 속한 회원 교회들은 신앙고백이 일치하지 않는 교회들의 기구적·조직적·유형적·비성경적 연합을 추구하게 되었다.

2. 회원(Membership)

"W.C.C.의 기본원칙에 동의를 표명하는 교회들은 W.C.C. 회원이 될 수 있는 자격이 있다 …"

(Those churches shall be eligible for membership in the W.C.C. who express their agreement with the basis …).

비평(A Critique)

"W.C.C.의 기본원칙에 동의하는 교회들" 은 W.C.C.의 회원이 될 수 있는 자격이 있다고 하였는데 W.C.C.의 기본원칙이란 위에서 지적한 대로 기본원칙에 대한 세부적인 내용이 명시되어 있지 않을 뿐 아니라 그 기본원칙을 해석함에 있어서 여하한 해석원리의 규제도 받지 않으므로 W.C.C.는 가급적 많은 교회들을 회원으로 영입하고 있다. 따라서 W.C.C. 안에는 동에서부터 서에 이르기까지, 자유주의 교회로부터 신오순절 교회에 이르기까지, 오래된 교회로부터 신생아 교회에 이르기까지 온갖 종류의 교회들이 다 들어있다. W.C.C.야말로 신앙적, 교리적 일치란 불가능하다.

3. 기능과 목적(Functions and Purposes)

W.C.C.의 기능들과 목적들을 아래와 같이 제정한다.
"① W.C.C.는 그리스도 안에서 예배와 공동생활에서 표시된 한 신앙과 한 성찬의 교제로 **유형적 연합**(통일, visible unity)의 목적을 달성하도록 요청한다.

② 교회들이 각처에서 그리고 모든 장소에서 교회의 **공통된 증거**를 촉진한다.

③ 교회들의 전세계적 **선교와 복음화** 사역을 지원한다.

④ 인간 필요에 대한 봉사, 민족간의 장벽 철폐, 정의와 평화 속에서 인간 가정의 증진을 도모한다.

⑤ 연합 · 예배 · 선교 · 봉사 등에 있어서 **교회들의 갱신**을 촉진한다.

⑥ 전국교회협의회, 지역교회협의회, 세계적 기구 기타 연합기구들과의 관계를 수립하고 지속한다.

⑦ 신앙과 질서 운동, 생활과 봉사 운동, 국제 선교회 그리고 **W.C.C. 기독교 교육의 사역**들을 수행한다."

비평(A Critique)

① 세계교회협의회(W.C.C.)의 창립 목적과 같이 세계교회협의회는 **"유형적 연합"**을 목적으로 하고 있다. 신앙고백의 일치 없는 조직적 · 기구적 · 유형적 연합은 비성경적이다.

② **"교회의 공통된 증거"**는 불가능하다. 다양한 교파, 다양한 교리, 다양한 예배 의식 등으로 인하여 "교회의 공통된 증거"란 불가능하다.

③ W.C.C.는 **"선교와 복음화 사역을 지원한다"**는 것은 하나의 궤변이다. 실제상 W.C.C. 안에는 해방신학, 한국의 민중신학 등을 수용한 회원교회들이 소위 사회 복음을 주장하며, 특히 1970년대와 80년대에는 인종차별투쟁사업(P.C.R)이란 명목 하에 아프리카를 위시하여 여러 공산주의 게릴라 단체들에게 막대한 자금을 지원해 왔다.

④ W.C.C.에서는 연합을 강조하되 특히 1982년부터는 **세례 · 성찬 · 사역**(B.E.M.)이라는 구호를 내세워 초교파적 성찬식을 거행할 뿐만 아니라, W.C.C. 총회 때마다 천주교 · 불교 · 힌두교 · 이슬람교 · 유대교 등

의 대표들을 초청하여 종교다원주의를 모색·추진하고 있다.

⑤ W.C.C.는 W.C.C.에 속한 각 나라들의 전국교회협의회(N.C.C.)를 위시하여 세계적 에큐메니칼 기구들과 긴밀한 관계를 유지하며 사회적·경제적·정치적, 기타 국제적으로 당면한 문제들을 인본주의·사회주의 측면에서 적극 참여한다.

W.C.C.의 기능과 목적에서도 W.C.C.가 어떠한 기독교 단체인가를 여실히 보여주고 있다.

제 6 장

세계교회협의회(W.C.C.)의 기구

세계교회협의회 의장단, 중앙위원회, 실행위원회, 회원가입
세계교회협의회 5개 위원회
1. 신앙·직제위원회
2. 세계선교·전도위원회
3. 국제문제위원회
4. 교육·에큐메니칼 형성위원회
5. 에큐메니칼 청년위원회

1. 세계교회협의회(W.C.C.)

• W.C.C. 안에는 공동의장 7인, 총무 1인, 실행위원 약 20명, 중앙위원 150명이 있으며, 총무 산하에 교회와 에큐메니칼 관계, 타종교와의 관계, 에큐메니칼 연구원, 재정 및 중앙 봉사, 통신부처, 도서관 등이 있다.

• W.C.C.는 1948년 8월 화란의 암스텔담에서 창설된 이래 일반적으로는 7년 내지 8년에 한 번씩 세계대회를 가지며 그 사이에 각 부처마

다 회의를 개최한다.

• W.C.C.의 모든 정책은 W.C.C.의 정책기구인 중앙위원회와 실행위원회가 운영하며, 모든 일은 총무가 총괄한다. 현재(2009) W.C.C.에는 110개 이상의 나라에 349개의 교회(교단)들이 회원으로 가입되어 있으며, W.C.C.의 주요 사업은 소위 연합 운동과 종교들 간의 협동, 국제 문제들에 대한 적극적·정치적 개입 등이다.

• **통용어**: 영어, 불어, 독어, 러시아어, 스페인어 등 5개 국어를 사용한다.

• W.C.C.총회는 W.C.C.를 다스리는 최고의 입법기구로 통상적으로는 7년에 한 번씩 개최한다.

• 총회 총대(대표)들은 W.C.C. 산하 회원교회들 또는 회원 교회들이 속해있는 전국교회협의회(N.C.C.: National Council of Churches)에서 선출한 공적 대표들로 구성된다.

W.C.C. 총회의 권한과 의무

① W.C.C. 의장 또는 의장들을 선출한다.

② 중앙 위원들을 선출한다. 각 회원 교단들이 파송한 대표들 중 145명까지 선출한다.

③ 5명 이하는 W.C.C. 정회원 교단이 아닌 교단 또는 W.C.C.에 가입하기를 원하나 정족수(신자 수 10,000명) 미달인 교회에 W.C.C. 총대권을 허락한다.

④ W.C.C.의 모든 정책을 감독하고 결정하며 시행하는 프로그램들을 검토한다.

⑤ 총회 총대(대표)들은 성직자·평신도·남성과 여성 모두로 구성하되 총대의 ⅓은 평신도로 배분하도록 촉구한다.

2. 의장단(Presidents)

① 세계교회협의회 총대들은 의장 및 의장들을 선출하되 7명을 넘지 못한다. 의장들은 세계교회협의회를 대표한다.
② 의장단은 아프리카, 아세아, 라틴아메리카 및 카리브, 유럽, 중동, 북아메리카, 오세아니아 등 6대주 7개 지역을 대표하며, 각 지역의 에큐메니칼 운동(연합운동)을 촉진하는 인사들을 의장들로 선출한다.
③ 의장 또는 의장단은 직무상 중앙위원회와 실행위원회 위원이 된다.
④ 의장 또는 의장단은 완전한 발언권을 갖고서 총회에 참석할 수 있다.

3. 중앙위원회(Central Committee)

① 중앙위원들은 세계교회협의회(W.C.C.) 총회에 참석한 대표들이 선출한다.
② 중앙위원회는 W.C.C.의 의장 또는 의장들을 포함하며 150명을 넘지 못한다.
③ 중앙위원들은 각 교단들의 교세와 지역적 문화적 균형과 W.C.C.의 관심사에 적합한 인사인가를 고려하여 선출한다.
④ 중앙위원회의 공석이 있을 경우에는 결석한 위원이 소속한 교회의 대리인을 보낼 수 있다. 그러면 중앙위원회는 공석이 된 교단과 상의한 후 중앙위원회에서 보선하며, 언권과 투표권도 있다.
⑤ 중앙위원회는 W.C.C. 총회가 채택한 정책과 결의문들을 시행하는 책무를 지닌다.
⑥ 중앙위원회는 일상 1년에 한 번씩 회의를 한다. 중앙위원 1/3 이상이 서면으로 요청하면 비상회의를 소집할 수 있다.
⑦ W.C.C. 총무는 동시에 중앙위원회 총무, 실행위원회 총무를 겸한다.

중앙위원회의 권한들(Powers)
① 중앙위원회는 중앙위원들(150명) 중에서 중앙위원회 의장, 부의장 또는 부의장들을 선출한다.

② 중앙위원들 중에서 실행위원들을 선출한다.
③ W.C.C.의 5개 위원회 위원장들과 이사회의 이사들을 선출한다.
④ W.C.C.의 총무와 W.C.C.의 모든 사무국 참모들(staff)을 선출한다.
⑤ W.C.C. 총회 총대 수를 정하고 W.C.C. 총회를 위한 계획, 사업, 예배, 연구 등 일체 행사를 주관한다.
⑥ W.C.C. 총회가 채택한 정책들을 각 담당부서로 이첩하고, 각 프로그램들과 활동들의 우선순위들을 결정하고, 시행사항들을 감독한다.
⑦ W.C.C.의 예산을 심의하며 재정적 지원을 도모한다.
⑧ 중앙위원회는 임기동안에 시행해온 정책들에 대하여 총회에 보고한다.

4. 실행위원회 (Executive Committee)

① 실행위원들은 W.C.C. 총회가 중앙위원회 위원들을 임명한 후 중앙위원회는 첫 회의에서 실행 위원들을 선출한다. 공석인 경우 중앙위원회에서 선출한다. 실행위원회는 일반적으로는 1년에 2회 회의를 소집한다.
② 실행위원회는 중앙위원회의 회장, 부회장 또는 부회장들, 각 프로그램의 가 부서장들, 재정부 요원들 기타 다른 20명의 중앙위원들로 구성한다.
③ 중앙위원회 의장은 동시에 직무상 실행위원회 의장이 된다.
④ W.C.C. 총무는 동시에 실행위원회의 총무를 겸한다.
⑤ 실행위원회 실무진의 자문이 필요한 경우 실무진은 회의에 참석할 수 있다.
⑥ 만일 실행위원이 부득이 회의에 참석하지 못할 경우 의장이 동의하는 한 같은 지역, 같은 교단에서 대리인으로 파송할 수 있으며, 대리인도 발언권과 투표권리를 갖는다.
⑦ 실행위원회는 W.C.C.의 프로그램과 활동들을 감시 감독하는 책임

이 있다.

⑧ 실행위원회는 중앙위원회에서 결의한 정책을 수행한다.

⑨ 실행위원회는 중앙위원회의 감사를 받는다.

⑩ 중앙위원회에 의하여 선출된 실행위원회 위원들은 중앙위원회의 다음 회의 때까지 재직한다.

※ W.C.C. 총무는 동시에 중앙위원회 총무, 실행위원회 총무를 모두 겸하므로 W.C.C. 총무의 권한은 대단하다.

5. 세계교회협의회 회원가입(Membership)

① 세계교회협의회(W.C.C.) 회원이 되고자 하는 교회들은 가입 신청서(Applications for membership)를 W.C.C. 총무에게 서면으로 제출한다. 여기서 교회들이란 지역자치교회들(local autonomous churches)을 말한다.

② W.C.C. 총무는 가입신청서를 실행위원회를 경유하여 중앙위원회에 제출한다.

③ 가입신청서를 제출한 교회(교단)들은 W.C.C.의 기본원칙(basis)과 W.C.C.의 기능과 목적에 동의하여야 한다.

  * W.C.C.의 기본원칙, 기능과 목적 참조할 것.

④ 가입신청서를 제출한 교회(교단)들은 자국(自國)의 W.C.C. 회원교회들과 에큐메니칼 운동에 대하여 건설적 우호관계를 유지해온 교회이어야 한다.

⑤ 교단의 교세는 적어도 신도 수 5만이 있어야 한다. 신도 수 만 명 이상 5만 명 이하의 교회는 W.C.C.의 준회원 자격이 있으나 총회에서의 투표권은 없다.

⑥ W.C.C. 회원교회는 W.C.C.의 기본원칙에 충실하고, W.C.C.의 에큐메니칼 운동과 기타 W.C.C.가 시행하는 사업들에 적극 참여하여야 한다.

⑦ W.C.C.를 탈퇴하였다가 다시 가입하려면 모든 절차를 다시 밟아야 한다.

6. 세계교회협의회(W.C.C)의 5개 위원회

현재 W.C.C. 안에는 5개 위원회가 있다. 5개 위원회는 신앙·직제위원회, 세계선교·전도위원회, 국제문제위원회, 교육·에큐메니칼 형성위원회, 에큐메니칼 청년위원회 등이다. 이와 같은 조직은 회원 교회들의 변화와 재정난 등으로 인하여 여러 해 걸쳐서 개편한 기구이다. 그런데 지금은 심각한 재정난으로 교육·에큐메니칼 형성위원회와 에큐메니칼 청년위원회가 2009년도 말에 또 폐지되었다.

1) 신앙·직제위원회(Commission on Faith and Order)
● 신앙·직제위원회의 위원들은 W.C.C. 회원교회들이 추천한 남녀 목회자들, 평신도들, 전문학자들, 교회지도자들 등 120명으로 구성되어 있다.
● 신앙·직제위원회의 위원 120명중, 30명은 상임위원으로 그들은 매 1년 반(18개월)에 한 번씩 정기 모임을 갖는다.
● 신앙·직제위원회는 W.C.C.의 가장 중요한 핵심부서이다. 신앙·직제위원회의 가장 중요한 일은 주 예수 그리스도의 하나됨을 선포하며, 교회들로 하여금 가시적(유형적) 연합을 이루는 것이다.

비평(A Critique)
● 신앙·직제위원회에는 W.C.C. 회원 교단이 아닌 천주교와 기타 교단들도 정회원으로 가입되어 있다.
● 신앙·직제위원회는 유형적 연합(Visible Unity)을 위하여 교회들 사이의 공통점들을 모색하고 교회 연합에 장애물이 되는 모든 교리적·

신앙적 · 신학적 문제들을 연구하여 재해석하거나 또는 제거한다.
 • 신앙 · 직제위원회는 **세례 · 성찬 · 사역**(Baptism, Eucharist and Ministry) 등에 있어서 모든 회원교회들이 다 함께 참여하는 길을 모색한다. 따라서 W.C.C. 산하 교회들의 모임에는 성찬을 같이 한다. "W.C.C.는 신앙 · 직제위원회로 하여금 1977년 신앙 · 직제운동 50주년을 기념하면서 예배에서 세례 · 성찬 · 사역 등에 관하여 신학적 일치를 위하여 연구토록 하였다.

1978년 인도의 **방갈로**(Banglore)에서 있었던 "신앙 · 직제위원회"의 보고서는 **"한 희망을 나눔"**(Sharing In One Hope)이라는 제목으로 세례 · 성찬 · 사역 등에 있어서 교회들이 같이 참여할 것을 결의하였다.

신앙 · 직제위원회는 1982년 1월 남미 페루의 수도 **라이마**(Lima)에서 세례 · 성찬 · 사역(B.E.M.) 문서를 채택하고, 다양한 교파 교회들이 공동으로 성찬식에 참여하므로 일치운동을 지향하도록 하였다.

W.C.C. 제6차 총회(카나다 밴쿠버, 1983)에서는 **세례 · 성찬사역**(BEM = Baptism, Eucharist and Ministry)이라는 **"공동성찬식"**을 거행할 것을 결의하였다. 그리고 매번 W.C.C. 총회 때와 신앙 · 직제위원회 회의 때 공동성찬식을 거행한다.

W.C.C.는 각 회원 교회마다 각기 교회들의 전통에 충실하면서 동시에 교회의 연합을 도모한다.

신앙 · 직제위원회는 신앙고백이 일치하지 않는 교회들의 비성경적, 세속적 연합 운동을 적극 벌리고 있다.

2) 세계선교·전도위원회(Commission on World Mission and Evangelism)

 • **세계선교 · 전도위원회**는 1910년 스코틀랜드의 에딘벍(Edinburgh)에서 개최되었던 **세계선교대회**(WMC: World Missionary Conference)와 1921년 미국 주욕주 모혼크 호수(Mohonk Lake, New York)에서

조직된 **국제선교협의회**(IMC: International Missionary Council)는 1961년 11월 19일부터 12월 5일까지 인도의 뉴델리(New Delhi, India)에서 개최되었던 W.C.C. 제3차 총회에서 합병되어 W.C.C. 산하의 **세계선교·전도위원회**가 되었다.

• 세계선교·전도위원회는 약 25명의 회원들로 구성되어 있으며, 이 위원회에는 W.C.C.회원 교단들, 세계선교·전도위원회와 관계하는 선교단체들, 에큐메니칼운동 대표자들, 천주교 대표자들, 기독교내의 다수의 자유주의자들, 신복음주의자들, 신오순절주의자들도 정회원들로 모든 분야에 활동하고 있다.

비평(A Critique)

세계선교·전도위원회에서는 "예수 그리스도의 복음을 땅 끝까지 전파하여 모두가 구원받기를 원한다"고 하나 실제상 저들은 영혼 구원을 위한 구원의 복음을 증거하기보다는 오히려 교회들의 유형적 연합과 세계종교 단일화에 주력한다.

W.C.C.는 불교·유교·마호멧교·힌두교·유대교·천주교·맑스주의자들 기타 다른 종교인들과 대화와 교제(dialogue and fellowship)를 통한 이해의 가교(bridge)를 놓는다. 그리고 W.C.C. 총회 때나 또는 동위원회의 특별 모임 등에서는 타종교 대표자들을 초청하여 타종교들과 대화와 교제를 통한 상호이해를 증진한다. 국제적으로나 지역적으로나 기독교인들이 불교, 힌두교, 유대교, 모하멧교 그리고 다양한 무속종교인들과 더불어 종파를 초월한 공적 회합들을 갖도록 권장한다. 그러기 위하여 W.C.C.는 어떤 면으로든지 W.C.C.의 활동에 참여케 하고자 노력한다. 실례로 1983년 카나다의 밴쿠버에서 개최되었던 W.C.C. 제6차 총회 때에도, 1988년 노르웨이에서 개최되었던 "창조의 보존" 대회에도, 1989년에 있었던 "전도와 선교세계회의"에도, 1991년 호주의 캔버라에서 개최되었던 W.C.C. 제7차 총회 때에도, 1998년 짐바

웨의 하라레에서 개최되었던 W.C.C. 제8차 총회 때에도, 2006년 브라질의 포르토 알레그레에서 개최되었던 W.C.C. 제9차 총회 때에도, 불교, 힌두교, 유대교, 이슬람교, 무속종교인들을 초청하여 같이 예배를 드렸다.7) 저들의 궁극적 목적은 천주교, 유대교뿐만 아니라 타종교들과의 조직적 기구적 연합이다. 그것이 곧 그들이 주장하는 세계단일교회 (one world church)이다.

3) 국제문제위원회(Commission on International Affairs)

국제문제위원회는 W.C.C. 5개 위원회 중에서 가장 핵심 부서이다.

국제문제위원회는 국제 문제들 곧 국제 사회의 정치적 분쟁, 종교분쟁, 빈곤문제 등을 해결하는 것을 목적으로 한다. 그러므로 동 위원회는 사회의 정의, 인권, 종교 간의 대화와 협력 그리고 교회의 정치참여 등에 주력한다.

W.C.C. 제9차 총회에서는 W.C.C. 본부 부서들인 교회봉사·발전위원회(Commission of the Churches on Diakonia and Development), 정의·평화·창조의 보존위원회(Justice-Peace and Integrity of Creation), 종교간 관계들과 대화위원회(Dialogue with Other Living Faiths)를 **"국제문제위원회" 라는 명칭으로 통합·합병**하였다.

국제문제위원회 위원들은 W.C.C. 산하 교회들과 지역 에큐메니칼 기구들이 추천한 **38명의 위원들**로 구성되어 있다. 이 위원들은 남녀교회 지도자들, 목회자들, 평신도들 및 이 위원회의 사역과 관계되는 분야에서 일하는 전문인들이다.

국제문제위원회는 1년 반(18개월)에 한 번씩 정기적으로 회의를 소집하며, 특별한 논의 사항이 있으면 정기회의 사이에 회의를 소집하거나 또는 인터넷(Internet)으로 논의하고 W.C.C. 관계 부서에 대안을 제시한다.

---

7) *One World*, Jan. - Feb. 1989. p. 22.

비평(A Critique)

● **교회의 사여참여** : W.C.C.의 교회의 사회참여란 인간사회 모든 면에 **사회정의**(social justice)를 실현하자는 것이다. 어떤 국가나 지역들에서 발생하고 있는 정치적 · 경제적 · 사회적 제반 문제들에 교회들이 직접 참여하여 문제들을 해결하자는 주장이다.

● **경제 문제** : 19세기 산업혁명은 물품의 대량생산, 재정의 축적, 농어촌의 문화적 도시화 등 인류의 물질적 문명에 획기적 혜택을 가져왔다. 반면에 사회에 심각한 문제들을 안겨주기도 하였다. 즉 이익분배의 불공평으로 인한 빈부의 격차가 심화되었고, 자본주 · 기업주들은 부에 부를 더욱 축적시키고, 가난한 노동자농민들은 더욱 빈곤에 빠지게 되었다.

● **환경오염 문제** : 공업의 발달로 인한 심각한 환경오염 문제, 특히 공해로 인한 지구 주위의 오존층이 파괴됨에 따라 지구의 온도가 점점 높아져 각종 이상 기후가 발생하게 되었다. 대기오염은 80% 이상이 선진 공업국에 의하여 배출된다고 한다.

● **평화 문제** : 미국 · 러시아 · 프랑스 · 일본 · 중국 등 군사대국들은 앞을 다투어 핵무기를 계속 개발하고, 북한 공산국 · 라틴 아메리카 · 남미 · 아프리카 등지의 일부 군사독재정권들은 독재와 탄압으로 고통이 끊이지 않는다.

이러한 정치적 · 경제적 · 사회적 제반 문제들을 해결하기 위해서는 교회들이 사회에 직접 적극적으로 참여해야 한다고 주장한다. W.C.C.는 교회의 정치참여운동을 **정의 · 평화 · 창조의 보존**(Justice, Peace and Integrity of Creation, J.P.I.C.) 운동이라고 부른다. W.C.C. 제6차 총회(캐나다 밴쿠버에서 1983년 7월 24일-8월 10일)는 정의, 평화 그리고 창조의 보존을 위하여 교회가 적극 사회에 참여할 것을 강조하였다. 이 총회 이후 W.C.C.는 시시때때로 이곳저곳에서 J.P.I.C. 대회를 개최해왔다. 특히 1990년 3월 6일-12일까지는 한국의 서울 잠실 체육관에서 J.P.I.C. 대회를 개최한바 있다.

비평(A Critique)

우리는 W.C.C.가 주장하는 경제적 정의, 세계의 평화, 창조의 보존을 위한 환경의 오염으로부터의 해방을 원한다는 데 동의한다. 인간이 잘 살 수 있는 복지사회 건설을 위해서는 경제적 충족, 정치적 안정, 환경보호 등이 절대 필요하다. 우리는 이것을 위하여 힘써 노력해야 한다.

그러나 W.C.C.는 이 모든 문제들의 원인이 어디 있는지, 그 해결 방안은 무엇인지에 대하여 완전히 실패하였다. 저들은 이 모든 문제들의 원인은 정치적·경제적·사회적 제도와 체제에 기인한다고 주장한다.

W.C.C.는 경제적 평등을 위해서는 빈부의 격차를 심화시키는 자본주의를 반대해야 하며, 세계평화를 위하여는 핵무기를 폐기해야 한다고 주장한다. W.C.C.의 **"멜보른 대회"**(Melbourne)에서 **데이빗 스토우**(David Stow)는 말하기를 "멜보른 대회는 불평등한 경제구조는 경제적으로 평등한 사회와 같은 어떤 이상(理想) 즉 어떤 형태의 사회주의를 불가피하게 인출한다"[8]라고 하였다. 경제적 불평등은 사회의 큰 문제들 중 하나임에는 틀림없다. 그러나 그것이 사회의 근본적 문제는 아니다. 그리고 경제적 불평등은 항상 사회적 구조 때문에 오는 것만도 아니다. 게으름과 낭비 때문에 올 수도 있고(잠 6:10, 11; 10:4), 재난을 맞아 올 수도 있고, 사회의 구조악 때문에 올 수도 있고, 자신의 능력이 부족하여 올 수도 있고, 어떤 사람들은 가난한 것이 부한 것보다 신앙적으로 더 유익이 될 것이므로 하나님께서 가난을 허용 하시는 경우도 있다.

W.C.C.는 또한 핵무기를 국가의 보위와 국민의 생명과 자유를 지키

---

8) *What Did Melbourne Say?*, 1981. 9. 26. pp. 33-34.

기 위하여 의의 병기로 사용하는 것과 공격과 침략을 위하여 악하게 사용하는 것을 구별하지 않고 무조건 핵무기 반대만을 주장한다.

우리는 주어진 처지와 환경 속에서 정의 · 평화 · 창조의 보존을 위하여 최선의 노력을 경주해야 한다. 그리고 이런 제반 문제들의 원인을 규명하고 해결 방안을 모색하기 위해서는 성경으로 돌아가야만 한다. 성경은 밝히 계시하기를 세상 모든 사람들의 모든 문제들은 다 우리가 범한 죄 때문이라고 가르친다. 따라서 우리는 죄를 회개하고 하나님께로 돌아오는 것이 첫째 할 일이다. 사회의 구조적 악을 제거하기 위하여는 인간 개조의 역사가 선행되어야 한다. 그래도 또 한 가지 기억할 것은 우리 자신들이 개조되고 또 아무리 노력할지라도 정의가 강같이 흐르는, 빈부의 격차가 없는, 다시는 전쟁과 기근이 없는, 환경의 오염이 없는 이상적 세계는 사탄이 계속 공중의 권세를 잡고 맹활약하는 동안 그리고 사람의 죄성이 있는 동안은 불가능하다. 오로지 예수 그리스도께서 재림하셔서 사탄을 지옥에 가두고 사람들의 죄의 성질을 죄 없는 의로운 성질로 변화시켜 주실 때 비로소 W.C.C. 사람들이 말하는 정의 · 평화 · 창조의 보존도 이루어질 것이다.

4) 교육·에큐메니칼 형성위원회(Commission on Education and Ecumenical Formation)

교육 · 에큐메니칼 형성위원회는 W.C.C.의 교회들과 교육기관들로 하여금 에큐메니칼 교육을 실시케 한다. 2006년도 W.C.C. 제9차 총회에서는 이 위원회의 정책을 우선 정책으로 결정하였다.

이 위원회는 전(全)세계 W.C.C. 회원교회들로부터 임명된 28명의 위원들로 구성되어 있다. 이 28명의 위원들 중 2명은 천주교 **"교황청 기독교일치촉진위원회"**(Pontifical Council for Promoting Christian Unity)와 제네바대학교에서 임명한 위원들이다. 이 위원회에는 남녀, 안수 받은 목사들(감독들), 평신도들이며, 이중 21%는 젊은층이다. 이

위원회는 1년 반(18개월)마다 정기 회의를 갖는다.

그러나 교육 · 에큐메니칼 형성위원회는 W.C.C.의 극심한 재정난으로 2009년 말 폐쇄되었다.

5) 에큐메니칼 청년위원회(Commission on Youth in the Ecumenical Movement)

W.C.C. 제9차 총회는 청년들로 하여금 청년 단체들을 조직하여 연합운동에 대한 비젼(vision)을 발전시키며, W.C.C.의 정책 결정에 그들의 역할을 강화할 것을 촉구하였다. W.C.C. 제9차 총회의 요청에 따라 그들은 2007년 5월에 25명의 위원들이 에큐메니칼 청년위원회를 조직하였다. 여시서는 젊은층이 W.C.C. 에큐메니칼 운동에 어떻게 참여하여 활동하여야 하는가에 대한 새로운 아이디어를 구상하고 또 광범위한 Network를 추진하는 Active Think Thank를 설치하였다.

그러나 에큐메니칼 청년 위원회도 W.C.C.의 극심한 재정난으로 2009년 말 폐쇄되었다.

프로그램(Program)과 운영(Management)

W.C.C. 총회가 결의한 사항들은 전문인들로 구성된 신앙 · 직제위원회, 세계선교 · 전도위훤회, 국제문제 · 교회위원회 등 자문단체들(Consultative Bodies)과 가톨릭과 W.C.C.연합사업부(JWG), 오순절교회와 W.C.C.협력자문그룹, 기독교세계공동체들과 W.C.C.협력자문그룹, 21세기 에큐메니즘위원회 등 4개 협력단체들(Joint Bodies)의 자문을 받아 W.C.C.총무와 중앙위원회의 감독 하에 W.C.C.내(W.C.C. 본부)의 각 프로그램마다 팀장과 몇 명의 실무직원들에 의해서 시행되고 있다.

※ 자문단체들과 협력단체들은 W.C.C. 총회가 결의한 사항들을 시행토록 하는 W.C.C. 외곽 단체들이다. 그들은 월요일에서 금요일까지(오전 9시부터 오후 4시30분까지) 일을 한다.

세계교회협의회(W.C.C.)의
실상을 밝힌다
A Critique of the World Council of Churches

제 7 장

세계교회협의회(W.C.C.)의 역대 총무들

1. 제1대 총무 : 비서트 후프트(1948-1966)
2. 제2대 총무 : 유진 칼슨 브레이크(1966-1972)
3. 제3대 총무 : 필립 포터(1972-1984)
4. 제4대 총무 : 에밀리오 카스트로(1985-1992)
5. 제5대 총무 : 콘라드 레이저(1993-2002)
6. 제6대 총무 : 사무엘 코비아(2004-2008)
7. 제7대 총무 : 올라브 트비트(2009→)

W.C.C. 총무는 중앙위원회에서 선출하며, 임기는 5년으로 1회 연임이 가능하다. 지금까지 W.C.C. 총무는 유럽, 미국, 남미, 아프리카 출신들이었으며, 아시아와 오세아니아 지역에서는 선출된바 없다.

W.C.C. 총무는 W.C.C.를 이끌어 가는 주역이다. W.C.C.의 역대 총무들의 약력을 간단히 살펴보고자 한다.

1. W.C.C. 제1대 총무:

비서트 후프트(Willem Visser't Hooft, 1900.9.20- 1985.7.4, 총무재직 1948-1966) - 화란, 화란개혁교회 목사

화란개혁교회(Reformed Church)의 목사인 비서트 후프트는 초기 많은 에큐메니칼 운동의 지도자들처럼 **세계기독학생운동**(W.S.C.F. = World Student Christian Movement)에 발을 내디디면서 교회연합운동(Ecumenical Movement)에 가담하게 되었다. 그는 1900년 화란 하알렘(Haarlem)에서 태어나 레이든 대학교(University of Leiden) 신학과를 졸업하였으며, 1920년대 초반기에 "화란 학생단체 구제위원회 위원장"으로 봉사하였으며, 1924년에는 제네바 "기독청년면려회" (Y.M.C.A.)의 청소년 담당 직원으로 근무하였으며, 1925년에는 처음으로 W.C.C. 창설에 큰 영향을 준 기독청년 운동 지도자 **모트**(John R. Mott)와 함께 미국을 방문하였다. 후프트는 1925년 스웨덴의 스톡홀름(Stockholm)에서 개최된 "생활과봉사국제대회"(International Conference of Life and Works)에 참석하였으며, "교리는 달리하나 봉사는 같이한다"(Doctrine Devioles, Service Unites)라는 슬로건(선전문구)을 보았다. 후프트는 미국에서 사회복음(Social gospel) 운동에 큰 관심을 갖게 되었다. 그것이 계기가 되어 1928년 레이든 대학교에서 **사회복음주의 운동**(Social gospel movement)에 관하여 박사 학위 논문을 썼다. 후프트는 1928년 이래 "세계기독학생연맹"(W.S.C.F.)의 총무로 있으면서, 1933년에는 아시아 지역 기독학생 운동 조직을 위하여 처음으로 아시아를 방문하였다.

후프트는 1937년 영국 옥스포드에서 개최되었던 **"생활과 봉사사역"**(Life and Work) 대회라는 범세계적 에큐메니칼 회의에 참석하였으며, 에딘버러에서 개최되었던 **"신앙과 직제대회"**(Faith and Order Conference) 대회에 실행위원으로 참석하였다. "삶과 봉사 운동"과 "신앙과 직제 운동"은 W.C.C.가 창설된 후 W.C.C. 기구의 중요 분과로 계속 활동하게 되었다. 1938년 스위스의 쥬리히(Utrecht)에서 W.

C.C.가 조직되었을 때 임시 위원회의 총무가 되었다.

후프트는 1948년 W.C.C.가 창설됨에 따라 36세의 젊은 나이에 윌리암 템플의 강한 추천으로 W.C.C.의 행정을 총괄하는 W.C.C.의 제1대 총무로 선임되어 1966년 은퇴할 때까지 총무직을 계속 수행하였으며, 1968년 W.C.C. 제4차 총회에서는 그를 명예 회장으로 추대하였다. 그는 보쎄 에큐메니칼 연구소 대학원에서도 정기적으로 강의하였다.

후르트는 일평생 교회연합운동에 헌신하였다. 그는 "에큐메니칼 운동의 궁극적 목적은 대화가 아니라 참 연합이다. 우리 주는 모두가 서로 대화하게 해주소서라고 기도하지 않고, 모두가 하나되게 해주소서"라고 하였다.

그의 1973년 "회고록"(Memoirs)과 1982년 "세계교회협의회의 기원과 형성"(Genesis and Formation of the W.C.C.)는 에큐메니칼운동의 기원에 관한 가치 있는 자료이다.

그는 은퇴 후에도 1980년대까지 제네바에 머물러 있으면서 W.C.C. 안에서 적극적으로 활동을 벌여왔다. 그는 제네바에서 1920년대부터 세상을 떠날 때까지 동방 정교(Eastern Orthodox Church)와 로마 천주교(Roman Catholic)와의 연합 운동을 위하여 많은 사람들을 접촉한 W.C.C.의 설계사였다. 후프트는 W.C.C. 태동에 중요한 역할을 한 사람이었다. 그는 말년의 몇 년 동안 폐기종으로 고생하고 1985년 7월 4일에 세상을 떠났다.

2. W.C.C. 제2대 총무:

유진 칼슨 블레이크(Eugene Carson Blake, 1906.11.7- 1985.7.13. 총무재직: 1966-1972) - 미국, 연합장로교 목사

1906년 11월 7일 미국 중부 미조리 주, 세인트 루이스(St. Louis) 도시에서 태어났으며, 동부 뉴저지 주 프린스톤 시(市) 소재 프린스톤

대학교(Princeton Univ.)와 영국 에딘벍대학교(Edinburg Univ.)에서 공부하였다.

1928년-29년에는 인도(지금은 파키스탄) 라호레(Lahore) 소재 포만 기독대학(Forman Christian College)에서 교수하였으며,

1932년-35년까지는 뉴욕 시에서 부목사로,

1935년-40년까지는 뉴욕 주 알바니(Albany, N.Y.)에서 미국 북장로교의 목사로,

1940년-51년까지는 캘리포니아 주 파사디나(Pasadina, Ca.)에서 목회하였으며,

1951년-58년까지는 미국북장로교 총회 서기로,

1966년까지는 미국연합장로교의 총무로,

또 다른 한편 그는 1954년부터 1957년까지는 미국 자유주의 교회들의 연합 단체인 미국교회협의회(N.C.C.C. in U.S.A.)의 총무로,

동시에 1954년부터 1961년까지는 W.C.C.의 중앙위원 실행위원 및 재정분과 위원장직을 겸임하였다. 블레이크는 당시 미국 장로교의 **"1967년 새 신앙고백서"** (1967 New Confession)의 주작성자이었다.

그는 성공회 신부인 **파이크**(James Pike)와 함께 러시아 **크레믈린의 변호자**였으며, W.C.C. 회원 교단인 러시아 정교(Russian Orthodox Church)와 밀접한 관련하에 일하였다. 그는 W.C.C.의 직원들을 인종·피부·성·교파·신앙·이념 관계없이 골고루 채용하여 W.C.C. 기구를 한층 더 다원화하였고, 세속적 연합 운동과 **민권 운동**(Civil right movement에 더욱 튼튼한 기틀을 마련하였다. 블레이크는 미국의 흑인 민권 지도자 마틴 루터 킹(Martin Luther King)의 워싱턴 군중 데모에 가담하여 1963년 투옥된 일도 있었다. **블레이크는 월남전 당시 미국을 침략자로 정죄하였으며, 닉슨 행정부의 요시찰 인물 중 한 사람이었다.** 그는 1972년 65세로 그의 총무직을 정년 퇴직하였다. 1985년 7월 13일 그의 고향인 코넥티컷 주 스탬포드(Stamford, Connecticut)에 있는

자택에서 78세로 세상을 떠나 스템포드 롱 리지 유니온 공동묘지(Stamford Long Ridge Union Cemetery)에 장사되었다.

3. W.C.C. 제3대 총무:

**필립 포터(Philip Potter, 1921.8.19 - 총무재직: 1972- 1984) -
도미니카, 감리교 목사**

필립 포터는 서인도 제도의 도미니카(Dominica) 섬 출신으로 아프리카 조상과 불란서와 아이리쉬가 합친 혼혈인이다.

그는 1921년 8월 19일 로제우(Roseau)에서 가톨릭 교인인 아버지와 개신교 교인인 어머니 사이에 태어났다. 그는 도미니카 공화국의 법무부 장관의 젊은 보좌관으로서의 직업을 그만두고, 1944년에는 자메이카로 가서 캔우드 신학교(Caenwood Theological Seminary)에서 신학 공부를 하였으며, 학창 시절 기독학생 운동(W.S.C.F.) 회장이 되었다. 네비스(Nevis) 섬에서 **감리교 목사**로 재직했으며, 그는 1947년 자메이카 기독학생회를 대표하여 놀웨이의 오슬로(Oslo)에서 개최된 세계 기독 청년회의에 참석한 것으로부터 국제적 에큐메니칼 운동의 경험을 쌓기 시작하게 되었다. 그 다음해인 1948년 W.C.C.가 화란 암스텔담에서 처음으로 조직되고 제1차 총회가 개최되었을 때와 1954년 미국 에반스톤에서 W.C.C. 제2차 총회가 개최되었을 때에도 필립 포터는 청년 대표들을 대표하여 연설하였다.

필립 포터는 생애의 대부분을 에큐메니칼 운동에 바쳤다. 그는 아이티(Haiti)에서 5년 간 90%의 문맹인들을 위해 선교사로서 근무하고 난 후에는 1954년부터 스위스 제네바로 옮겨 W.C.C. 청년분과위원회에서 근무하기 시작하여 1984년 W.C.C. 총무로 은퇴하기까지 24년 간 W.C.C.에서 봉사하였다. 그는 세계기독학생회 총무 및 카리비안과 서아프리카 교회들과의 관계를 관할하는 감리교 선교회(런던 주재)의 직원으로 있었다. **그는 국제선교협의회(I.M.C. : International Missionary Council)가 1961년 W.C.C. 제3차 총회시 W.C.C.에 흡수 통합되도록 하는 일에 중요한 역할을 하였다.**

포터는 1967년 W.C.C.의 세계선교전도부(Division of World Mission and Evangelism) 국장이 되었다. 그러면서 그는 보다 더 적극적으로 인종차별 반대, 인권 운동, 공산주의 게릴라 단체들과의 직접적인 관계에 깊이 개입하였다.

당시 W.C.C. 120명의 중앙위원회는 1972년 8월 16일 감리교 흑인 목사 필립 포터를 W.C.C. 제3대 총무로 임명하였다. W.C.C. 중앙위원회에서 포터(Potter)를 총무로 추천했을 때 아무도 반대없이 선출된 것은 소련 정교의 **니코딤**(Nikodim) 대주교가 이끄는 공산진영 대표들이 전적으로 지지하였기 때문이다.

필립 포터는 W.C.C. 총무로 선출된 직후 가진 기자 회견에서 자신은 블레이크 박사(전 총무)가 수행해 온 W.C.C.의 인종차별 반대 투쟁을 계속하겠다고 선언하였다. **포터는 인종차별투쟁사업**(Program to Combat Racism) **운동으로 제3세계와의 유대를 더욱 강화하였다.**

그는 1977년 W.C.C. 중앙위원회에서 "공산주의가 베트남에서 승리한 것은 베트남 인민의 위대한 해방이며, 하나님의 나라가 임할 것이다. 이 위대한 베트남의 승리는 해방을 위하여 투쟁하고 있는 전(全) 세계 인민을 고무시키고 있다."9) "W.C.C.는 만일 폭력이 정치적·경제적 독재를 전복하는 최후의 수단이라면 그 폭력을 지원해야 한다."10) 고 역설하였다.

그는 신앙을 행동으로 보고 W.C.C. 교회 연합 단체가 국제적·인종적·사회적·경제적·정치적·종교적 제 분야에서 W.C.C.의 강령들을 행동으로 옮기는 일에 주력하였다. 그는 "크리스천들의 영적 생활은 세상에서 순종적 행동이다"라고 강조하였다. 그는 맑스주의 사상과 이

---

9) *Ecumenical Press Service*, 1977.6.9.
10) *Los Angeles Times*, 1969.5.25.

념을 지지하는 자, 폭력을 정당화하는 자이었다.

그는 또 1982년 1월 예배에 **세례 · 성찬 · 사역**(B.E.M.)이라는 공동 성찬식을 도입하고, 전통적 예배 음악을 현대 교회음악(C.C.M.)으로 전환하는데 크게 기여하였다. **교회의 혼합주의와 예배의 세속화**를 가속시킨 사람이다.

4. W.C.C. 제4대 총무:

에밀리오 카스트로(Emilio Castro, 1927.5.2 - 총무재직: 1985.1.1 - 1992.12) - 우루과이, 감리교 목사

에밀리오 카스트로는 1984년 필립 포터의 뒤를 이어 W.C.C.의 제4대 총무에 올랐다.

그는 라틴 아메리카에서 가장 진보적인 나라로 꼽히는 우루과이의 몬테비데오(Montevideo, Uruguay)에서 노동자의 9남매 중 하나로 자랐다. 그는 로마 천주교에서 영세를 받았다. 그러나 그는 젊었을 때 감리교회의 설교를 듣고 깊은 영향을 받았다. 그는 말하기를 "나는 감리교인으로서 그리스도를 발견하였다"고 진술한다.

그는 브라질의 부에노스 아이레스(Buenos Aires)에서 신학을 공부하고, 1948년 우루과이 복음감리교(Evangelical Methodist Church)에서 안수 받았다. 1953년-54년에는 W.C.C.의 장학금으로 스위스의 바젤(Basel)에서 칼 발트(Karl Barth)의 지도하에 대학원 과정을 이수하였다. 그는 1954년-56년까지 볼리비아의 라파스(Lapaz)에서, 그리고 1957-65년까지 우루과이의 몬테비데오(Montevideo)에서 감리교 목사로 시무하였으며, 동시에 몬테비데요 메노나잇 신학교에서 강의하였다.

1962년-66년까지는 라틴 아메리카 복음연합회(the Commission for Evangelical Unity in Latin America)의 책임자로 있었다.

1965년-72년까지는 남미신학교협의회 사무총장직을,

1966년-69년까지는 우루과이 복음감리교 감독직을,

1964년-68년까지는 Christian Peace Conerence 부회장으로 그는 W.C.C.의 세계 선교 전도부 국장으로 11년 간 봉직하였고, 로잔 대학교(University of Lausanne)에서 1984년 11월 박사 학위를 받았다.

그리고 고향인 라틴 아메리카로 가서 신학교에서 일하려고 준비하던 차 몇 개월을 앞두고 세계교회협의회(W.C.C.) 제4대 총무로 선출되었다. 그는 진보적인 인물로 라틴 아메리카의 해방신학(Liberation Theology)을 W.C.C.내에 확산시킨 자이었다.

5. W.C.C. 제5대 총무:

콘라드 레이저(Konrad Raiser, 1938.1.25 - 총무재직, 1993.1 - 1996.9.18 ; 재임명 1996.9.18-2002.12.) - 독일, 독일복음주의루터교회 목사

콘라드 레이저는 1938년 1월 25일 독일 막그드북(Magdeburg)에서 태어났다. 그는 1963년 튜빙겐(Tubingen)에서 신학을 공부한 후 1964년에는 목사 안수를 받았다. 1965년에는 석사학위를, 1970년에는 박사학위를 과정을 밟았다. 그리고 약 1년간을 하바다(Harvard) 대학교에서 사회학과 사회심리학을 공부하였다. 처음에는 W.C.C.의 신앙·직제 위원회에서 근무하기 시작하였다. 그리고 1969년에는 그리고 W.C.C. 신앙·질서위원회의 연구비서로, 1973년에는 W.C.C.의 부총무로, 1983-1992년까지는 복금(Bochum)에 있는 루(Ruhr) 대학교 조직신학과 에큐메닉스(Ecumenics) 교수로 재직하였다.

1990년에는 서울에서 개최된 "정의·평화·창조의 보존"(JPIC) 대회 소집자로, 1991.2.7-20까지 호주의 칸바라(Canvara)에서 개최된 1991년 W.C.C. 제7차 총회 시에는 그가 속한 교단 대표들을 인솔하였다.

레이저는 1992년 W.C.C.의 제5대 총무가 되었고, 1996년 9월 18일 W.C.C. 총무로 재임명되어 2002년 12월말까지 총무로 재직하였다.

그는 1996년에는 제네바대학교(University of Geneva)에서 명예박사학위를 받았다.

레이저 총무와 그의 일행은 1999. 4. 17 - 20일까지 북한을 방문하고, 4250,000(425만불) 상당의 식료품·의약품·씨앗들 등을 제공하였다. 그리고 "북한에는 약 12000명의 개신교도, 3000명의 천주교도, 그리고 가정교회들이 있다고 보도하였다."[11] 북한 공산주의자들의 허위·기만전술에 속아서 하는 말이다.

6. W.C.C. 제6대 총무:

사무엘 코비아(Samuel Kobia, 1947 - 총무재직, 2004.1-2008.12) - 케냐, 케냐감리교 목사

사무엘 코비아는 케냐 메루 미아덴(Miathene, Meru, Kenya)에서 1947년 3월 20일 태어났다. 그는 케냐 소재 세인트 폴 연합신학대학(ST. Paul's United Theological College)과 미국 시카고에 있는 매코믹 신학교(McCormick Theological Seminary)[12]를 졸업하고(1978), 미국 보스톤에 있는 MIT 공과대학에서 도시계획학을 전공하고, 공학석사 학위를 취득하였다.

코비아는 룻(Ruth)과 결혼하여 카브로(Kaburo)와 느카타(Nkatha) 2딸과 무웬다(Mwenda)와 무투아(Mutua) 2아들 등 2녀 2남을 두었다.

코비아는 케냐전국교회협의회(All Africa Conference of Churches)의 사무총장직을 역임하였고, W.C.C. 아프리카 특별대표를 역임하였으

---

11) *ENI.* 1999.4.29.
12) 5460, S. University Ave., Chicago, Ill. 60615-5108, Tel. (773) 947-6300, Fx. (773) 288-2612.

며, 1993년에는 WCC의 정의 · 평화 · 창조의 보전(JPIC)의 실행 위원장으로 임명되었고, 드디어 2003년 8월에 노르웨이 루터교 목사 캐논 트론드 박케빅(Canon Trond Bakkevig)과 경합하여 78:52로 W.C.C. 제6대 총무로 선출되었고, 2004년 1월부터 업무를 시작하여 2009년 12월말까지 재직하였다.

코비아는 당초 총무 연임이 예정되었었으나 허위 학위 논란 문제로 2008년 2월 사의를 표명하였다. 본 저자가 W.C.C. 본부에 가서 직접 확인한 바에 의하면 코비아는 미국 남부 루이지애나 주(州) 훼어휙스 대학(Fairfax College)에서 철학박사(Ph.D.) 학위를 받은 것으로 되어 있지만, 이 학교는 당시 무인가 대학이었고, 현재는 대학의 존재마저 없어졌다. 이 같은 논란이 일자 W.C.C.의 최고 결의기관인 중앙위원회(Central Committee)는 2008년 2월 18일 장기간 격론 끝에 사임 결정을 내리게 되었다.

코비아는 교회연합 일치운동에 앞장설 뿐만 아니라, **다른 종교들과의 대화를 통한 종교다원주의를 주장하였다.**

2009년 10월 17일-20일까지 평양 방문
코비아 총무 평양방문 후 허위선전

코비아는 대표단을 이끌고 2009년 10월 17일-20일까지 평양을 방문하고, 조선기독교도연맹 강영섭위원장과 19일에는 김영남위원회의장을 면담한 후 성명서를 발표하였다.

"나는 W.C.C. 회원교단들로 하여금 그들의 정부에 북한에 대한 경제제재를 철회하도록 요청해왔다.

북한과 미국은 휴전협정을 평화협정으로 대치하여야 한다. 휴전협정은 1953년 7월27일 체결되었다.

교회는 교회의 사명을 수행하는 자유를 가지고 있다. 그러나 아직도 다소 제한은 있으나"[13]

비평(A Critique)

북한은 6.15공동선언과 7.4공동선언(화해와 협력)을 위반하고, 계속 핵무기 개발과 실험을 일삼고 평화를 위협하고 있다.

휴전협정이후 청와대 기습사건, 아황산 폭발사건, 김현희 KAL기 폭파사건, 속초해안 잠수함 침입사건, 판문점 도끼 만행사건, 이수근 간첩사건, 3.8선 땅굴 등 수없는 만행을 자행하여오고 있다. 휴전협정을 평화협정으로 대치하라고 요구하는 것은 미군철수와 한반도의 평화를 위협하기 위함이다.

북한에는 신앙의 자유란 상상할 수도 없다. W.C.C.는 북한 공산정권이 주장하는 것을 그대로 허위선전하고 있다.

7. W.C.C. 제7대 총무:

올라브 트비트(Olav Fykse Tveit, 2010.1.) - 놀웨이, 루터교 목사

트비트는 1960년 11월 24일 노르웨이에서 태어났으며, 노르웨이 루터교 신학자이다. 그는 노르웨이 신학교에서 신학석사, 신학박사 학위를 취득하였고, 노르웨이교회에서 안수받고 하람(Haram)에서 목회하였으며, 1987-1988년에는 군목으로, 1999-2000년에는 노르웨이교회 교회위원회 서기로, 2001-2002년에는 국가와 교회와의 관계위원회 서기로 봉직했다.

트비트 목사는 2002년 오슬로(Oslo)에 있는 놀웨이 신학교에서 신학박사 학위(논문제목: 에큐메니칼 자세로서 상호 책임성, Mutual Accountability as Ecumenical Attitude)를 받았다.

2002년부터 노르웨이 루터교회 에큐메니칼 국제관계협력위원회 총무(General Secretary of the Church of Norway Council on Ecum

---
13) *ENI*

enical and International Relations)로 섬겼으며, W.C.C. 신앙·직제 위원회 위원과 팔레스타인-이스라엘 에큐메니칼 포럼 공동의장으로 활동해 왔다. 그는 당선 소감으로 로마 천주교와 좋은 협력관계를 맺어 갈 것을 언급했다.

코비야 총무는 2008년 12월로 임기가 만료되었고, 차기 총무후보는 2009년 1월 중 접수를 마감하고 6월 그레데(Crete)섬에서 모인 W.C.C.중앙위원회에서 3일 동안(2009년 6월 23-26일) 6명의 후보자 인터뷰를 거쳐, 신임 총무는 스위스 제네바 에큐메니칼 센터에서 2009년 8월 27일 밤 11시경 제58차 W.C.C.**중앙위원회**(150인)에서 노르웨이의 **올라브 트비트** 목사(49세)가 한국의 **박성원** 목사(61세, 영남신학대학교(장로교) 석좌교수)를 81대 58표, 23표차로 누르고 당선되었다. 임기는 2010년 1월부터 시작되었으며, 그의 임기는 5년이다. 한국의 박성원 목사는 아시아, 아프리카, 중남미의 W.C.C. 중앙위원들로부터 전폭적 지지를 받았으며, 트비트 목사는 노르웨이, 독일, 스웨덴, 덴마크 등 유럽의 중앙위원들로부터 전폭적 지지를 받았다.

W.C.C.는 4대 총무 에밀리오 카스트로, 5대 총무 콘라드레이저, 특히 6대 총무 사무엘 코비아에 의하여 산더미처럼 누적되어 온 적자를 노르웨이, 독일, 스웨덴, 덴마크, 화란 등 서방 유럽 W.C.C. 회원 교단들로부터 지원을 받아 극심한 재정난을 극복하기를 기대하고 있다.

제 8 장

세계교회협의회(W.C.C.)의
총회들(Assemblies)

세계교회협의회(W.C.C)는 1948년 8월 화란의 암스텔담(Amsterdam, Netherlands)에서 제1차 총회를 개최한 이래 2006년 2월 브라질의 포르토 알레그레(Porto Aregro, Brazil)에서 제9차까지 총회를 개최하였으며, 앞으로 2013년에는 제10차 총회를 대한민국 부산(Pusan, Korea)에서 개최할 예정이다.

1. 제 1차 총회 : 화란 암스텔담(1948)
    토론토 성명서(1950)
2. 제 2차 총회 : 미국 에반스톤(1954)
3. 제 3차 총회 : 인도 뉴델리(1961)
    연합연구그룹(J.W.G., 1965)
4. 제 4차 총회 : 스웨덴 웁살라(1968)
    인종차별투쟁사업(P.C.R., 1969)
5. 제 5차 총회 : 케냐 나이로비(1975)
    리마 문서(1982)

6. 제 6차 총회 : 캐나다 밴쿠버(1983)
           정의 · 평화 · 창조의 보전(서울 1990)
7. 제 7차 총회 : 호주 캔버라(1991)
8. 제 8차 총회 : 짐바웨 하라레(1998)
9. 제 9차 총회 : 브라질 포르토 알레그레(2006)
10. 제 10차 총회 : 한국 부산 예정(2013)

1. 세계교회협의회(W.C.C.) 제1차 총회

일시 : 1948. 8. 22. - 9. 4.
장소 : 화란 암스텔담(Amsterdam, the Netherlands)
주제 : 인간의 무질서와 하나님의 계획
참가 회원교단 : 44개 국, 145 회원 교단, 351명 총대
명예 의장 : 쫀 알 모트(John R. Mott)
의장 : George Bell
부의장 : Franklin Clark Fry
의장단들 : Marc Boegner, Geoffrey Chakko, T.C. Chao(1951년부터 Sarah Chakko), G. Bromley Oxnam, Germanos, Erling Eiden
총무 : 비서트 후프트(Visser't Hooft)

총회 개최지는 세계의 이목을 받고있는 주요 도시들에서 개최되어 왔다.

암스텔담 총회는 세계 제2차 대전이 끝나고 곧 이어서 냉전시대(cold war age)가 시작되면서 소련을 위시한 동구 공산국가들과 미국을 위시한 서방 자유국가들 간의 대립(對立)이 심각하게 일어나기 시작하였다. 이와 같은 현상은 암스텔담 총회에서부터 나타나 한편은 공산주의를, 다른 한편은 자본주의를 변호하고 선전하게 되었다.

W.C.C. 제1차 창립총회는 화란의 **암스텔담**(Amsterdam, Netherlands)에서 1948년 8월 22일 부터 9월 4일까지 44개 국, 147개 회원 교단, 351명의 대표들이 모여서 W.C.C.를 조직하고, **"우리는 다 함께 머물기를 의도한다"**(We intend to stay together)는 모토(motto)와 **"인간의 무질서와 하나님의 계획"**(Man's Disorder and God's Design)이라는 주제(theme) 하에 회의를 진행하였다.

회원교회들 다수는 유럽과 북미의 교회들이었다. 단지 30개 교회들만이 아시아, 아프리카, 라틴 아메리카에서 온 교회들이었다. 이들 지역

의 대다수 교회들은 자치적 독립 교회들이 아니라 유럽과 영국과 북미 교회들의 영향권 하에 있었다. 유럽과 영국과 북미 교회들의 선교사들이 복음을 전하여 피선교지의 교회들을 키워 왔기 때문이다.

동방정교, 성공회, 침례교, 회중교, 루터교, 개혁교, 장로교, 감리교, 메노나잇, 퀘이커 교회, 모라비안 교회, 그리스도의 제자 교회, 구카톨릭, 구세군 등의 교회들이 참석하였다. 이 교회들 중 가장 오래된 교회들은 동양정교(Oriental Orthodox)의 4대 총교구 즉 알렉산드리아 교구, 안디옥 교구, 코스탄티노플 교구, 예루살렘 교구와 동방정교(Eastern Orthodox)의 그리스 정교, 소련 정교, 미국 정교 등이며 구세군 같은 신생 교회들도 가담하였다. 로마 가톨릭교와 소련 정교를 제외한 대다수의 교회들이 참여한 편이다.

중국에서는 T. C. Chao가 이끄는 중국의 4대 교회 대표들(장로교·감리교·침례교·성공회)이 W.C.C.의 기초위원으로 참석하였다.

이 총회에서는 개신교들의 연합에 관한 열망을 품고 W.C.C.의 헌장, 회원의 자격, 협의회의 성격(Constitution Conditions for membership, nature of the Council) 등에 관한 성명서를 채택하였다. W.C.C.의 본질, 특성, 회원교회들과의 관계 등은 1950년 캐나다의 토론토에서 개최된 W.C.C. 중앙위원회에서 채택하였다. 이것을 토론토 성명서(Toronto Statement)라고 한다.

이 때 대한예수교장로회는 당시 한국기독교교회협의회(N.C.C.K.) 총무 김관석 목사와 청년 대표로 엄요섭을 참석케 하였다. 그리고 장로교는 W.C.C.에 가입하였다.

주제(Theme) : "**인간의 무질서와 하나님의 계획**"이라는 주제 하에 4개 분과 위원회에서 본질적이고 신학적인 주제들을 토의하고 보고서를 채택하고, 시행토록 권고하였다.

제1분과(Section 1), 신앙과 직제 : 하나님의 계획안에 있는 우주적 보편적 교회(The Universal Church in God's Design)

제2분과(Section 2), 선교와 복음전도 : 하나님의 계획에 대한 교회의 증거(The Church's witness to God's Design)

제3분과(Section 3), 생활과 봉사운동 : 교회와 사회의 무질서(The Church and the Disorder of Society)

제4분과(Section 4) : 교회와 국제적 무질서(The Church and the International) 등 4개 분과위원회로 나누어 토의하였다.

이 총회의 주제는 **바르트**(Karl Barth)와 **다드**(C. H. Dodd)가 제시하였다. 칼 바르트는 신정통(Neo-Orthodox) 신학자요, 다드는 자유주의신학자요, W.C.C.총회 대표자들 다수가 자유주의자들이었으므로 하나님의 계획보다는 정치적·경제적·사회적 무질서가 주관심사였다. 그들은 사람들의 영혼구원보다 사회·정치·경제문제 등에 더 큰 관심을 쏟았다. 물론 그때는 세계 제2차 대전이 종결된 직후로서 나치(Nazis) 독재가 패망하여 화란에서 철수한 후 처음으로 열리는 국제적인 자유주의 교회들의 모임이었으므로 전후(戰後) 재건의 기대감을 안고 축제 분위기 속에서 회의가 개최되었음은 이해가 간다.

그때는 미국의 경제적 원조로 유럽이 재건되던 때이다. 그 때는 또한 냉전(Cold War)이 구축되기 시작하던 때이었다. 그러한 때에 W.C.C. 총회 내에서는 이념적·정치적·기독교 윤리적 측면에서 소련을 주축으로 한 동방 공산권 대(對) 미국과 영국을 주축으로 한 서방 자본주의 논쟁이 심화되던 때이었다. 이런 때에 W.C.C. 총회는 "공산주의와 자본주의 이데오르기(이념)를 모두 거절하여야 한다"고 한 후 W.C.C.는 공산주의를 찬양하고, 자본주의를 정죄하는 비판적 성명서를 채택하므로 W.C.C.는 처음부터 공산주의에 편중하였다.

※ **바르트**(Barth, Karl)는 1886. 5. 10. 스위스의 바젤(Basel)에서 태어나 1968. 12. 10. 바젤에서 별세하였다. 그는 신학교 교수로 20세기 개신교의 신학계에 큰 영향을 끼친 에큐메니칼 운동의 기수였다.

바르트는 다드(C. H. Dodd)와 함께 W.C.C. 제1차 암스텔담 총회의 주제를 제시하면서 "하나님의 계획과 인간의 무질서"를 반대로 "인간의 무질서와 하나님의 계획"으로 뒤집어 놓았다.

바르트는 또한 개신교회들과 가톨릭교회와 대화를 통한 에큐메니칼 운동을 한층 더 격상시킨 자이다. 그는 스위스의 바젤(Basel)에서 회중들에게 "누구든지 그리스도께 Yes라고 하는 자는 교회의 분리에 대하여 No라고 하여야만 한다"(Anyone who says "Yes" to Christ must say "No" to the division of the Churches."

바르트는 로마서 주석(1919년)과 1932년부터 1967년까지 13권의 교의신학(Dogmatic Theology)을 위시하여 수많은 논문들을 썼다.

※ **다드**(Dodd, Charles Harold, 1884. 4. 7. - 1973)

다드는 영국의 자유주의 신약신학자, 에큐메니칼운동가로서 바르트(Barth)와 함께 W.C.C. 제1차 총회의 주제 "인간의 무질서와 하나님의 계획"을 제시하였다.

다드는 1884. 4. 7. 웨일즈(Wales)의 렉함(Wrexham)에서 태어나 영국 옥스포드(Oxford) 대학교에서 고전문학과 신학을 전공하고, 회중교회의 목사가 되었다. 1930년부터는 맨체스터(Manchester)대학교에서, 1935-49년까지는 캠브리지(Cambridge) 대학교에서 성경비평과 성경주해를 강의하였다.

다드는 영국·유럽·미국 등지에서 강의하고, 20권 이상의 저서들과 70편 이상의 논문을 쓴 20세기 중엽 영국 신학계에 큰 영향(부정적)을 끼친 사람이다.

다드는 말하기를, "[성경의] 외적 권위는 엄밀한 의미에서 더 이상 절대적이지 않다," "우리가 계시에 관해 말할 수 있는 어느 것도 그것을 받는 사람에게 상대적이다. 아무 곳에서도 진리는 우리가 자존적·외적 권위를 찾을 수 있는, 순수하게 '객관적인' 형태로 주어지지 않는다"고 하였다.

다드는 구약에 약속한 하나님의 왕국과 왕국의 도래(임하심)에 관한 예수 자신의 말씀은 예수가 도성 인신하므로 성취되었다고 하면서 소위 실현된 종말론(realized eschatology)을 주장하였다. 그는 왕국의 현세성과 내세성에서 내세성은 경시하였다.

제1분과(Section 1): "하나님의 계획안에 있는 보편적 교회"에서는 신앙과 직제(Faith and Order)의 가장 중요한 사역인 교회의 일치·연합문제를 논의하였다.

제6항, "세계교회협의회", "에큐메니칼 운동에 대하여 우리는 하나님께 감사드린다. 왜냐하면 우리는 에큐메니칼 운동이야말로 하나님께서 원하시는 방향으로 나아가는 운동이라고 믿고 있기 때문이다"라고 하였다.

비평(A Critique)

위와 같이 W.C.C.는 W.C.C.에서 주력하는 에큐메니칼 운동은 하나님께서 원하시는 방향으로 나아가는 운동이라고 강변한다. 그러나 W.C.C.의 에큐메니칼 운동을 자세히 살펴보면 하나님께서 원하시는 방향으로 나아가는 운동이 결코 아니다.

제2분과(Section 2): "하나님의 계획에 대한 교리의 증거"

"선교와 전도 사이에는 더 이상 구별이 없다. 왜냐하면 지금은 전통적인 구별 곧 기독교 나라들과 비기독교 나라들이 더 이상 존재하지 않기 때문이다." [14]

비평(A Critique)

지금까지 교회 역사와 전통은 전도(Evangelism)는 국내에서, 선교(Mission)는 국외에서 복음 전하는 것으로 이해되었었다. 그러나 지금은 전도와 선교의 분명한 개념도 희미하게 사라졌다.

"무엇보다도 평신도(the laity)의 사역이 강조된다. 지금은 평신도를 위한 기회의 때이다. 교회에서 평신도 사역의 중요성은 암스텔담 총회의 특징들 중 하나이었다." 15)
"교회에서 여성들의 역할도 같은 맥락이다." 16)

비평(A Critique)

성경이 교훈하며 교회가 지켜 내려오는 평신도의 직분은 집사의 직분 곧 봉사의 직분이었다. 물론 여성의 직분도 봉사의 직분이었다. 그러나 자유주의 교회들과 신오순절주의 계통의 교회들은 오래 전부터 교회 내에서 평신도와 여성들의 신분과 직분이 섬기는 봉사의 직분에서 사역자의 직분으로 전환되기 시작하였다. 그 결과 지금은 평신도 사역자?여자 목사들이 난무하게 되었다.

제3분과(Section 3): "교회와 사회의 무질서"
제4항, "공산주의와 자본주의" 에 의하면, "기독교인들은 왜 … 공산주의가 세계의 많은 지역에서 엄청나게 많은 사람들에게 그토록 강한 매력을 지니는지 그 이유를 물어야 한다."

"기독교인들은 공산주의에게 많은 힘을 갖다 주는 부정의(不正義; 불의)에 반대하는 군중의 폭동에서 하나님의 손길을 파악해야 한다. … 많은 사람들에게 있어서 특별히 많은 젊은 남녀들에게 있어서 공산주의

---

14) Amsterdam p. 66.
15) Ibid., p. 68.
16) Ibid., pp. 146-8.

는 인간의 평등과 보편적 형제애에 대한 비전을 상징하는 것으로 보이고 있다는 사실을 깨달아야 한다. … 또 공산주의는 가난과 불완전으로부터 구원의 수단이라고 보고 있는 세상임을 직시하도록 해야 한다. … 공산주의의 무신론과 반종교적 가르침은 부분적으로 허위적인 기독교 사회의 얼룩진 기록에 대한 반동이라는 사실을 통회하는 마음으로 깨달아야 한다. … 공산주의는 많은 사람들의 도덕적·심리적 공허감을 채워주었다는 사실을 깨달아야 한다 …"

"기독교회들은 공산주의와 자본주의 이념을 모두 거절해야 한다. 그리고 사람들을 그 거짓된 추측으로부터 멀리 떠나게 하여야 한다. 공산주의 이데올로기는 경제정의를 강조하며 … 자본주의는 자유를 강조하면서 … 이것 역시 거짓이 드러난 하나의 이데올로기이다"라고[17] 하면서 공산주의의 병폐보다 자본주의의 병폐가 훨씬 더 심하다고 하였다.

비평(A Critique)
공산주의(Communism) 대(對) 자본주의(Capitalism)

공산주의(Communism):
① 공산주의는 자유기업(Free Enterprise)을 허용하지 않는다. 심지어는 고귀한 인간의 생명마저도 국가에 예속시킨다. 고로 사회주의 체제하에서는 인간의 기본 권리인 자유조차 유린당할 수밖에 없다.
② 공산주의는 자본의 개인 소유화(Private Ownership)를 부정한다. 그 결과 생산의 장본인들인 노동자 농민들을 위시한 각계각층의 사람들은 맡은 일에 의욕을 잃게 된다.
③ 공산주의는 노동의 대가를 지불하지 않음으로 생산을 감소시키는 경제 제도이다.

---

[17] *Man's Disorder and God's Design*, N.Y. Harper and Brothers, 1948, S.Ⅲ., p. 195.

④ 공산주의는 정성이 결여(缺如)된 제품을 생산함으로써 상품의 저질화를 가져온다.

⑤ 공산주의는 물품 가격의 상승화를 가져온다. 일의 근면성, 정성, 정확한 계산을 산출, 가격을 정하는 시장이 없기 때문이다.

⑥ 공산주의는 생산을 수요자의 필요에 맞추지 못한다. 그 이유는 통제 정책을 그 기본으로 하기 때문이다. 자율적 경쟁과 수요자들의 필요에 의하여 수요 공급이 원활하게 이루어져야 하는데 그것이 불가능하기 때문이다.

⑦ 공산주의는 일부 특권 계급층에 의하여 다수 노동자, 농민들을 주축으로 한 무산대중을 인격적, 정치적, 경제적, 그리고 심리적, 종교적 모든 면에서 노예화 한다.

⑧ 공산주의 경제는 시장 조절을 고려하지 않는 경제 제도, 즉 배급 제도를 채택 시행하므로 항상 궁핍을 면할 길이 없다.

⑨ 공산주의는 경제적 체제를 잘못 선택하였으므로 그들을 돕는 사람들에게 까지도 손해를 끼친다. 실제상 사회주의 속에는 자본주의에 대한 비판 요소들이 더욱 많다. 그들은 경제적인 모순투성이와 손실을 나누는 문제에는 전혀 언급을 회피하면서 자본주의가 바로 잡고자 하는 체제마저도 공격한다.

그들은 인간이 요구하는 2대 요소, 즉 빵과 자유를 인간에게 제공하지 못한다. 인간은 빵도 필요하고 또한 자유도 절대 필요하다. 인간은 인격적 존재 곧 하나님의 형상대로 지음을 받은 존재들이기 때문이다 (창 1:26, 5:1, 9:6, 약 3:9).

⑩ 공산주의는 경제적 부를 가져온다고 주장하면서 빈곤을 축출하기는커녕 오히려 빈곤을 끌어들이고 자유를 축출하였다. 고로 공산주의야 말로 우리 모두에게 원수이다.

자본주의(Capitalism):
① 자본주의(Capitalism)는 자유기업(Free Enterprise)을 보장 권장

한다. 사업가들이 소신껏 투자하여 기업을 운용할 수 있는 자유기업은 사회복지 건설의 기본이 된다.

② 자본주의는 자본의 개인 소유화(Private Ownership)를 보장 및 권장한다. 이로 말미암아 가난한 자들로 하여금 부유한 자들이 되도록 그들의 경제 상황을 변화시킨다. 인간이 재물을 정당하게 소유하기만 한다면 그들의 소유권을 주장할 자격이 있다.

③ 자본주의는 시간, 노동, 기술, 투자 등의 비율에 따라서 이율의 비교적 공정한 분배를 보장한다. 그 결과 기업주와 종업원, 생산업자와 소비자를 총망라한 모든 사람들이 비교적 균등하게 혜택을 부여 받는다.

④ 자본주의는 이윤 추구로 인한 맡은 일에 근면성을 촉진시킨다. 사람이 모든 분야에 있어서 투자한 비율에 따라 이윤을 추구하는 것은 성경적 원리로서 우리가 본받아야 할 진리이다. 성경은 이르기를 "일하기 싫거든 먹지도 말라"(살후 3:10)고 하였으며, 또 이르시기를 "심은 대로 거두리라"(갈 6:7)고 하였다.

⑤ 자본주의는 상품에 있어서 질적으로 고급화를 가져오며 반면에 생산품의 원가 절감을 가져온다. 그 이유는 생산업자와 종업원들은 자기중심이 아닌 타인위주(他人爲主), 즉 고객을 위주로 유사업체(類似業體)들과 치열한 경쟁 속에서 상품들을 전문적으로 다량 생산하기 때문이다.

⑥ 자본주의는 사회발전의 가장 중요한 요소이다. 자본주의야말로 인류사회 복지를 위한 경제적인 원동력으로서 사회와 국가에 이바지하기 때문이다.

⑦ 자본주의는 투자가들로 하여금 그들의 이익을 추구하기 위하여 모험을 감행할 특권을 부여한다. 그러므로 자본주의 사회에 있어서 순수한 경쟁은 실패와 손해의 가능성을 내포하고 있는 반면에 이윤추구를 위한 모험도 내포하고 있다.

⑧ 자본주의는 비교적 공정하고 자발적인 교환 수단에 의하여 생산자와 소비자 서로의 욕구를 충족시켜 준다. 자본주의의 기본적 교환 수

단은 일반적이고 압력적이 아니라, 자아 의지에 의한 상호협조의 정신 아래 성행하는 자유 교환이기 때문이다.

⑨ 자본주의는 경제적, 정치적 독재를 낳지 않는다. 자유경쟁, 자유무역을 위주로 한 제도로서 통제학적 간섭을 배제하기 때문이다. 실제상 자본주의 경제제도를 채택한 나라들마다 정치적인 민주주의들로 자유를 누리고 있지 않는가?

⑩ 자본주의는 그 제도 자체가 경제성장을 위한 정보수집(情報蒐集)과 전달을 위한 도구로서의 기능을 발휘한다. 양심과 상업 윤리에 기초하여 이루어지는 정보 수집은 기술개발(技術開發) 및 시장판매 동향에 큰 유익을 준다.

⑪ 자본주의는 도덕적인 우월성을 지니고 있다. 사회주의, 공산주의의 경제체제와 제도에 비교하여 볼 때 실제상 그 탁월성을 누가 부인하랴! 자본주의야말로 소비자가 요구하는 상품을 정당한 경쟁 속에서 제공하여야 하기 때문에 상기에서 언급한 바와 같이 상품의 고급화, 생산단가의 절감으로 인하여 탐심을 이룰 수 없다.

⑫ 자본주의는 경제적 부유와 정치적 자유를 보장한다. 경제적 부(富) 없이는 정치적 안정과 정신적 자유란 불가능하며, 정치적 자유가 없는 양심적, 신앙적 자유란 존재하지 않는다. 우리 인간은 빵도 필요하며, 인격적 존재이기 때문에 자유도 절대 필요하다. 그런데 경제적 자본주의와 정치적 민주주의는 불가분리의 관계로서 우리 모두에게 빵과 자유를 동시에 제공한다. 우리는 자본주의의 우월성을 깊이 인식하고, 그 기틀을 튼튼히 하며 그것이 제공하는 혜택들을 값있게 누려야 할 것이다.

제4분과(Section 4): "교회와 국제무질서"

제1항, "전쟁은 하나님의 뜻에 반대된다."

제2항, "기독교는 어떤 정치적 체제들과도 동일시 할 수 없다 … 모든 종류의 독재와 제국주의는 투쟁을 불러일으키며, 인권·기본적 자유,

특히 종교의 자유를 위한 노력을 불러일으켰다."

비평(A Critique)

이 W.C.C. 총회에서는 공산진영의 대표들과 자유진영의 대표들 사이에 격렬한 논쟁이 있었다. 특히 **로드마카**(Hromadka)와 **덜레스**(Dulles)와의 논쟁은 그 대표적 사례였다. 로드마카는 공산주의를 찬양하고 반면에 덜레스는 자유주의와 자본주의 시장경제를 주장하였다.

W.C.C.의 중앙위원 중 한 사람인 체코슬로바키아의 **죠셉 호로마드카**(Josef Hromadka)는 W.C.C. 제1차 총회에서 "지금 동유럽에서는 공산주의가 전통교회와 서양문명이 이미 오래 전에 잃어버렸던 사회의 비전(vision)을 대변하고 있다"고 주장하면서 공산주의를 극도로 찬양하였다. 그는 체코슬로바키아 공산당 중앙위원회의 위원 중 한 사람이었다.

반면에 미국 장로교 대표들 중 한 사람인 **죤 F. 덜레스**(John Foster Dulles, 후에 미 국무장관이 됨)는 공산주의는 세계 평화에 가장 커다란 장애물이라고 하면서 크게 반박하였다.[18]

W.C.C.는 처음부터 사회복음, 사회구원, 사회주의, 하나님의 왕국의 지상 건설, 기구적·조직적·유형적·비성경적 교회연합 등에 관심을 가지고 출발하였으며, 공산주의에 대한 미온적 태도와 자본주의에 대해서는 부정적 태도로 흐르기 시작하였다.

---

18) 임희국, 『21세기 한국교회의 에큐메니칼 운동』 대한기독교서회, 2008, p.265.

토론토 성명서(Toronto Statement) - W.C.C. 중앙위원회, 1950년

(1950. 7. 8 - 15, 카나다 토론토에서)[19]

주제(Theme): 교회 · 교회들 그리고 세계교회협의회(The Church, the Churches, and the World Council of Churches)

세계교회협의회(W.C.C.)는 1948년 8월 화란의 암스텔담에서 제1차 창립총회를 개최하였으나 W.C.C.의 본질(nature), 특성(characteristic), 회원 교회들과의 관계(relationship) 등에 관한 본질적 질문들에 대한 해답들은 1950년 카나다 토론토에서 개최된 W.C.C. 중앙위원회에서 발표한 **"토론토 성명서"**에 잘 나타나 있다. 토론토 성명서는 W.C.C. "신앙과 직제위원회" 총무 올리버 톰킨스(Oliver Tomkins : 영국)와 W.C.C. 제1대 총무 비서트 후프트(Vissert Hooft : 미국)가 초안을 작성하고, 신학자들의 자문을 받아 토론토 성명서가 탄생하게 되었다.

W.C.C.는 **W.C.C.의 근본적 본질과 특성에 대하여** "… 이다"와 "… 아니다"로 규정하였다.

1. 부정적인 면에서 W.C.C.는 … 아니다(What the World Council is not).

① 세계교회협의회는 초대형 단일 교회(one super church)가 아니며, 결코 되어서도 안 된다.

② 세계교회협의회의 목적은 회원 교회들의 통합(union)을 주도하는데 있지 않다. 교회의 연합을 위한 연구 · 토의 · 결의하는 것 등은 자체 교회들

---

[19] *The Ecumenical Movement, An Anthology of Key Texts and Voices*, W.C.C., 2006, pp. 463-468.
Dictionary of the Ecumenical Movement, W.C.C., 2002, pp. 1137-39.

의 권리이며 동시에 의무이다.

③ 세계교회협의회는 어느 교회의 한 특정 개념에 근거할 수 없으며 근거해도 안 된다.

④ 세계교회협의회 회원교회는 교회의 개념에 대한 자체의 개념을 단순히 상대적으로 다른 교회에 적용하지 않는다.

⑤ 세계교회협의회 회원 교회들은 교회 연합의 성질에 관하여 어떤 특정한 교리의 승인을 적용하지 않는다.

2. 긍정적인 면에서 W.C.C.는 … 이다(What the World Council is).

① 세계교회협의회(W.C.C.) 회원 교회들은 교회들 간의 대화·협력 그리고 공동의 증거는 "그리스도는 몸(교회)의 신적 머리(the Divine Head of the Body)"라는 공동인식에 근거하여야 한다.

② 세계교회협의회 회원 교회들은 신약 성경에 근거하여 "그리스도의 교회는 하나(Church of Christ is one)"라고 믿는다.

③ 회원 교회들은 가시적 교회(visible church)의 지체됨보다 더 포괄적(more inclusive)이다. 다시 말하면 가시적 몸에 속하지 않은 지체들이라도 신비적 몸(the mystical body)의 지체들임을 인정하고 교제를 추구하는 것이다.

④ 회원 교회들은 다른 교회들과의 관계에 있어서 다른 교회들을 인정하고, 신앙과 직제의 다른 점들을 서로 고려한다(consider).

⑤ 회원 교회들은 다른 교회들에도 참된 교회의 요소들(elements)이 있음을 인정한다(recognize).

⑥ 회원 교회들은 주 예수 그리스도께서 증거하신 것을 찾아 배우기 위하여 다 함께 기꺼이 의논한다(willing to consult).

⑦ 회원 교회들은 각기 다른 교회들의 일치성(solidarity)을 인정하여야 한다(should recognize).

⑧ 회원 교회들은 그리스도의 몸(교회)이 세워지고, 교회 생활의 갱신을 위하여 서로 배우고 돕는 것을 모색함을 통하여 영적 관계에 들어간다

(enter into).″

비평(A Critique)

"**토론토 성명서**"는 W.C.C.의 근본적 본질과 특성을 비교적 잘 반영한 성명서라고 생각한다. 왜냐하면 신앙고백·교리·예배·형식 등이 각기 상이한 회원 교회들이 하나가 되기 위하여는 그와 같은 성명서를 작성할 수밖에 없었기 때문이다.

뿐만 아니라, W.C.C.가 토론토 성명서를 발표하기까지는 "**국제기독교연합회**"(I.C.C.C. = International Council of Christian Churches) 총재 **칼 맥킨타이어 박사**(Dr. Carl McIntire)를 위시한 보수주의자들의 비판의 공격이 거세기 때문이기도 하였다.

그런데 2013년 W.C.C. 제10차 총회를 유치한 "한국기독교교회협의회" 지도층 인사들은 W.C.C.를 반대하는 보수 교단들의 계속되는 성명서들에 대하여 변명할 여지가 없으므로 W.C.C. 중앙위원회의 "토론토 성명서"(1950)를 언급하면서 W.C.C.를 미화하고, 분별력 없는 목회자들과 평신도들을 기만하고 있다.

W.C.C.가 토론토 성명서를 발표한지가 벌써 60년이 지났으며, 이 장구한 세월이 흐름에 따라 W.C.C.는 초창기보다 훨씬 더 신앙·교리적인 면에서, 도덕·윤리적인 면에서, 사상·이념적인 면에서 더욱 배교와 불신앙으로 극도로 타락되어왔음을 분명히 알아야 한다.

2. 세계교회협의회(W.C.C.) 제2차 총회

일시 : 1954. 8. 15. - 31.
장소 : 미국 일리노이주 에반스톤(Evanston, U.S.A.)
주제 : 예수 그리스도 - 세상의 희망
참가 회원교단 : 161개 회원 교단, 502명 총대
명예 의장 : 죤 알 모트(John R. Mott, 1955년 별세)
　　　　　 죠지 벨(George Bell)
의장단 : John Baillie, Sante Uberto Barbieri, Otto Dibelius, Juhanon Mar Thoma, Michael(from 1959 Iakovos), Henry Knox Sherill.
총무 : 비서트 후프트(Visser't Hooft)

　W.C.C. 제2차 총회는 미국 일리노이 주 **에반스톤**(Evanston, ILL.)에서 1954년 8월 15일부터 31일까지 개최되었다. 이 총회에는 **161개 회원 교단, 502명의 총대들**이 참가하였다. W.C.C. 제2차 총회는 원래 1952년에 개최키로 예정되어 있었으나, 미국 정부가 기독교의 탈을 쓴 공산주의자들의 입국을 거부하였기 때문에 2년이 지연되었다. 이는 공산주의 파괴분자들을 미국에 입국할 수 없도록 규정한 법에 따른 것이었다.

　이승만 박사는 한국기독교교회협의회 대표들의 W.C.C. 총회 참석을 금하였다[20]

　한국의 장로교 총회는 **명신홍** 박사와 **김현정**을 총회 대표로 참석케 하였다.

　세계 제2차 대전이 끝나고 1954년 W.C.C. 에반스톤 총회가 개최되

---

20) 박상증, 『한국교회와 에큐메니칼 운동』 대한기독교서회, 1992, p. 107.

기 이전에 인도, 파키스탄, 미얀마, 세이론, 인도네시아 등이 이미 독립하였고, 아프리카에서는 나이제리아, 가나, 시에라 레온, 소말리아 등이 독립을 준비하고 있었다. 이런 때에 W.C.C.는 제3세계의 정치 · 경제 · 사회문제들을 논의하고 교회의 사회 참여를 강조하였다.

그들은 정치적 자유 민주주의와 경제적 자본주의를 지향하는 서방국가들을 식민주의 제국주의(Colonialism, Imperialism)라고 공격하면서 공산주의의 팽창에 대해서는 온건한 태도를 보였다. W.C.C. 방향이 전통적 신학에서부터 사회적 행동으로 전환된 것뿐이다.

"우리는 다 함께 성장"(growing together)이라는 모토(motto)와 **"예수 그리스도 - 세상의 희망"**(Jesus Christ - the Hope of the World)이라는 주제(theme) 하에 회의를 진행하였다.

제1차 총회의 모토(motto)는 "다함께 머물기를 원한다"에서 제2차 총회의 모토는 "다함께 성장하기를 원한다"로 진일보하였다.

매 총회의 표어는 W.C.C.의 실행위원회와 중앙위원회(W.C.C. 최고 결의 기구)가 오랜 토의와 연구 끝에 총회가 개최되기 훨씬 전에 이미 결정하고, 그 주제를 각 교단, 기관, 지도자들, 총대들로 하여금 W.C.C.의 지침서에 기준하여 연구토록 한다. 그것은 곧 다가오는 W.C.C. 총회의 정책 · 방향 · 노선 등을 사전에 W.C.C. 지도자들이 그들의 생각과 주장대로 결정하고, 그대로 시행한다는 것을 뜻한다. 즉 W.C.C. 지도자들은 그들이 수행하고자 하는 의도를 회의 순서에 반영시킴으로써 W.C.C. 산하 회원들은 그들의 조직적 계획대로 추종하게 마련이다.

25인 위원회

W.C.C. 중앙위원회는 1950년 25명의 신학자들로 하여금 다가오는 W.C.C. 제2차 총회를 준비하기 위하여 주요 신학적 문제들을 연구 · 토론하고, 그 보고서를 W.C.C. 총회에 제출토록 하였다. 그러나 그 위원들은 의견의 일치를 이룰 수 없었다. 각자 자신들의 신학적 관점에서

의제들을 연구하고 토론하였으니 당연한 귀결이었다. 3차에 걸쳐서 회의가 결렬되었다.

특히 하나님 나라의 도래(임하심)가 이 세상에서 현세에 이루어진다는 미국과 서방 교회들의 낙관론자들과 종말론적 입장을 취하는 유럽 교회의 신학자들 사이에 의견의 일치는 불가능하였다.

그러므로 25인 위원회의 의장이었던 **뉴비긴 레슬리**(Newbigin Lesslie)는, "우리는 여기에서 그리고 지금(이 세상에서 현세에서 -) 그리스도인의 희망과 그리스도인의 궁극적 희망과의 관계에 있어서 합의를 보지 못하였다"(We are not agreed on the relationship between the Christian's hope here and now, and his ultimate hope)고 총회에 보고하였다.

※ **뉴비긴 레슬리**(Newbigin Lesslie)는 영국 뉴캐슬(Newcastle)에서 1909. 12. 8. 출생 - 1998. 1. 30 런던(London)에서 별세.

뉴비긴은 웨스트민스터 대학(Westminster College)에서 공부하고, 1936년 목사 안수 받고, 스코틀랜드 교회(교단)에서 선교사로 인도의 마드라스(Madras) 지역으로 파송을 받았다. 후에 1948년 W.C.C. 창립총회 시에는 신학적 통찰력을 가진 교회 일치자로 알려지게 되었다[21]

뉴비긴은 1959년에는 런던에 본부를 둔 국제선교회(I.M.C. = International Missionary Council)의 총무가 되었고, 1961년 인도의 뉴델리(New Delhi)에서 개최된 W.C.C. 제3차 총회 시에는 I.M.C. 대표들을 인솔하였으며, 제3차 총회 시에 뉴비긴은 I.M.C.를 W.C.C.의 세계선교·전도위원회(C.W.M.E. = Commission on World Mission and Evangelism)에 합병하는 일에 주도적 역할을 하였다. 그리고 뉴비긴은 1965년까지 세계선교·전도위원회의 협동 총무로 있었다. 그는

---

21) *W.C.C. Dictionary*, pp. 821-822.

W.C.C. 에큐메니칼 운동의 초기 지도자 중 한 사람이었다.

에반스톤 총회는 암스텔담 총회 때보다 훨씬 더 제3세계의 개발도상국들에 대하여 큰 관심을 가지고 자본주의·식민주의·인종차별 등에 대하여 신랄하게 비판·정죄하기 시작하였다.

W.C.C. 총회는 **"예수 그리스도 – 세상의 희망"** 이라는 주제(theme) 하에 **6개 분과위원회**(Six Sections)에서 다양한 주제들을 토의하고 보고서를 채택하고, 회원교단들로 하여금 시행하도록 권고하였다.

① **제1분과(Section 1),** 신앙과 직제 : 그리스도 안에서 우리의 일치와 교회로서 우리의 불일치(Our Oneness in Christ and our Disunity as Churches)

② **제2분과(Section 2),** 전도 : 교회밖에 있는 생명들에 대한 교회의 사명(The Mission of the Church to those outside her life)

③ **제3분과(Section 3),** 사회문제 : 책임 있는 사회(The Responsible Society)

④ **제4분과(Section 4),** 국제문제 : 세계 공동체를 위한 투쟁하는 기독교인들(Christians in the Struggle for World Community)

⑤ **제5분과(Section 5),** 교회와 사회관계 : 종족들 민족들 분쟁 와중에 있는 교회들(The Churches amid Racial and Ethnic Tensions) 급변하는 사회에 대한 연구는 ① 제3세계의 정치적 독립과 민주주의, ② 공업과 도시 발전, ③ 빈민촌 생활 등에 집중하였다. 그리고 W.C.C.

는 아프리카, 아시아, 라틴아메리카 등 지역에서의 급변하는 사회에 관한 연구로 시작하였으나 W.C.C. 제3차 총회 때(1961년)에 이르러는 급변하는 제3세계의 정치적·경제적·사회적 변화에 주요 관심사가 되었다.

⑥ **제6분과(Section 6)**, 평신도 : 직분을 맡은 자로서의 그리스도인(The Laity: the Christians in his Vocation) 등 6개 분야로 나누어 토의하였다.

제1분과(Section 1): "그리스도 안에서 우리의 하나 됨과 교회들 간의 분열"에서는 교회의 분열에 대하여 신랄하게 비판하였다.
Ⅲ-15. "오직 그리스도 안에서 교회의 하나 됨이라는 시각에서만 우리는 교회내의 다양성과 분열간의 차이점과 그것들의 죄와의 관계를 이해할 수 있다 …"

비평(A Critique)
다양성이란 동질적 다양성(variety in the same quality)과 이질적 다양성(variety in the different quality)이 있다.

동질의 다양성은 성경적이며 분열이 있을 수 없다. 그러나 이질적 다양성은 성경적이 아니므로 분열이 불가피하다. 그런데 동일한 신앙을 고백하는 교회들의 분열이 큰 문제이다.

W.C.C. 안에는 온갖 "더럽고 가증한 새들이 모이는 곳(계18:2)"이므로 분열은 무조건적으로 죄라고 정죄하는 것은 잘못이다. 우리는 교회 분열의 원인들이 무엇인지 규명하고, 성경적 연합에 주력하여야 할 것이다.

제2분과(Section 2): "교회 밖에 있는 생명들에 대한 교회의 사명"에서는 교회 밖을 향한 평신도의 선교사역(the missionary task of laity)을 강조하였다.

비평(A Critique)
평신도의 선교사역이란 의료·교육·봉사·구제 등등으로 복음전도에 큰 유익을 준다. 우리나라에도 초대 선교사들 중에는 의료선교사들도 있었다. 반면에 준비되지 않은 소위 평신도의 선교사역이란 십중팔구 피 선교지의 새신자들을 처음부터 잘못된 신앙의 길로 오도하기 일수이다. 따라서 피선교지에 나가는 선교사들은 바른 인격, 정상적 정통 신학교육, 그리고 일정한 기간의 훈련과 연단을 쌓은 후 사명지로 나아가야 할 것이다.

제3분과(Section 3): "… 책임 있는 사회"(The Responsible Society)

제28항, "… 반공주의자들의 히스테리를 따르는 유혹과 서구의 정치체제 및 사회체제에 관련한 자기의 확신에 위험이 있다 …"

제29항, "공산국가이든 비공산국가이든 간에 기독교인들은 모든 장애물을 넘어서 특별한 형제애적 관심과 기도로 서로 하나가 되도록 부름을 받고 있다 …"

제33항, "… 미국의 외교정책이 주로 반공주의라는 기준에 의해 결정될 때 일반적으로 그 정책은 동아세아 지역의 반동적인 정치 집단들을 강화시키고, 또 건전한 사회개혁의 세력들을 약화시키는 경향이 있다. 이러한 노선은 자기 패배적이 될 수밖에 없는데 왜냐하면 결국에는 사회적, 영적인 건강이 공산주의에 대한 가장 좋은 해답이기 때문이다"라고 하였다.

비평(A Critique)
상기와 같이 W.C.C. 제2차 총회는 제1차 총회 때와 같이 공산주의를 높이 찬양하고, 미국을 위시한 서방 자유국가들을 신랄히 비판·정죄하였다. 이에 반대하여 한국에서 W.C.C. 총회에 대표로 참석하였던 존경하는 저의 스승이셨던 고(故) **명신홍** 박사님은 "경험한 바에 의하면 공산주의야말로 모든 종교를 말살하려는 전 세계적인 제국이다." 그러므로 "공존"이라는 말과 "반공주의적 히스테리"라는 말을 삭제할 것을 건의하였다. 냉전(Cold War)의 긴장을 잘 반영하였다.

3. 세계교회협의회(W.C.C.) 제3차 총회

일시 : 1961. 11. 19 - 12. 5.
장소 : 인도 뉴델리(New Delhi, India)
주제 : 예수 그리스도 - 세상의 빛
참가 회원 교단 : 197개 회원 교단, 557명 총대
명예 의장 : 죠셉 올드함(Joseph Oldham)
의장단 : A Michael Ramsey, Francis Ibiam, Iakovos, David G. Moses, Martin Niemöler, Charles C. Parlin.
총무 : 유진 칼슨 블레이크(Eugene Carson Blake)

이 총회는 종교의 정치적 자유, 동서간의 긴장완화(緊張緩和), 평화공존(平和共存) 등을 선전하여 자유진영 국가들의 많은 젊은 층에게 사상과 이념, 정치적 제도 등에 관한 뚜렷한 상이점들을 붕괴시켜 왔다. 그들은 또 제3세계 국가들을 포함한 미개발 국가들의 빈곤과 기아상태는 서방 자본주의 선진 국가들의 책임으로 전가시키고 자본주의 타도에 온갖 수단방법을 다 사용하였다. 해방신학이 저들의 기본 강령이 되었고, 교회들은 해방신학의 실천 장들이 된 셈이다.

W.C.C. 제3차 총회는 인도의 **뉴델리**(New Delhi, India)에서 예수 그리스도 - 세상의 빛(Jesus Christ - the Light of the Word)이라는 주제 하에 1961년 11월 19일부터 12월 5일까지 유네스코 빌딩에서 개최되었다. 이 총회에는 세계 각국에서 198개 교단의 577명의 대표들 이외에도 상당수의 조언자들, 청년대표들, 옵저버들, 방문자들이 참석하였다.

당시 인도의 **네루** 수상은 W.C.C. 총회에서 연설하면서 국제문제를 냉전의 방식으로 접근하지 않도록 권유하였다.

소련 정교(Russian Orthodox Church)를 위시한 제3세계 교회들 W.C.C.에 대거 가입.

당시 소련 정교의 **니코딤**(Nikodim)은 KGB(소련 비밀경찰)의 요원이요, "**세계기독교평화회의**" 의장 자격으로서 16명의 대표단을 이끌고 W.C.C. 제3차 총회에 참석하였다.

이때에 동유럽 공산권 교회들, 특히 러시아 정교, 루마니아 정교, 불가리아 정교, 폴란드 정교 등을 포함한 제3세계의 공산주의 경향을 띤 23개 교회들이 W.C.C.에 대거 가입함으로써 W.C.C.내의 세력 균형은 서방 자유주의 교회들로부터 동구 공산권과 제3세계 교회들로 전향하게 되었고, W.C.C. 내의 용공세력(容共勢力)은 점차 강화되었다. 23신입회원 교단들 중, 11교회는 아프리카에서, 5교회는 아시아에서, 2교회는 남미의 칠레(Chile)에서, 5교회만 유럽과 북미에서 가입하였다. 이렇게 23개 신입회원 교단들 중, 18개 교단은 제3세계의 교회들이다.

W.C.C. 제1대 총무 비서트 후프트는 동유럽 정교들(Orthodox Churches)의 W.C.C. 가입을 매우 중요시 하였으며, 제2대 총무 **유진 칼슨 블레이크**(Eugene Carson Blake)는 총회 석상에서 소련 정교의 대 주교인 **니코딤**(Nikodim)을 열렬히 환영하였다.

한국기독교장로회(기장)는 **강원용** 목사(크리스챤 아카데미 원장, 서울 경동교회 목사)를 대표로 W.C.C. 제3차 총회 때 정회원으로 가입하였다. 한편 대한예수교장로회(통합측)는 합동측과의 통합문제로 W.C.C. 제3차, 제4차 총회에는 참석하지 않고 제5차 총회 때 대표단을 파송하였다. 우리나라에서는 이 총회에 김활란(이대 총장), 강원용(경동교회 목사), 길진경(N.C.C. 총무), 김길창(N.C.C. 회장), 박상증, 오재식(청년 대표) 등이 참석하였다.

국제선교협의회(I.M.C.) → 세계교회협의회(W.C.C.)에 합병

뉴델리 총회에서 **"국제선교협의회"**(I.M.C.: International Missionary Council)는 W.C.C.의 **"세계선교와전도위원회"**(W.C.C. Commission on World Mission and Evangelism)에 합병되었다. 이 때까지 이 두 (2) 협의회는 서로 긴밀한 관계 속에서 서로 협력하여 왔었다.

"국제선교협의회"를 W.C.C.의 "세계선교와전도위원회"에 합병케 한 주도적 인물은 1959년부터 국제선교협의회의 총무를 지닌 스코틀랜드 교회의 목사 **뉴비긴 레슬리**(Newbigin Lesslie) 이었다. 그는 1965년까지 "W.C.C.의 세계선교와전도위원회"의 협동총무를 지냈다.

주제(Theme): "예수 그리스도 – 세상의 빛" (Jesus Christ – the Light of the World)이였다.

3개 분과위원회(3 sections)에서 다양한 주제들을 토의하고 보고서를 채택하고, 시행하도록 회원교단들에게 권고하였다.
 제1분과 : 증거(witness)
 제2분과 : 섬김(service)
 제3분과 : 일치(unity) 등이다.

제1분과 (Section 1): "증거" (Witness)에서는 "예수 그리스도 – 세상의 빛" 아래서 다른 이방 종교들을 어떻게 이해할 것인가? 에 대한 신학적 토론이 있었다. 이에 대하여 교회내부에서는 하나님께서 다른 종교를 갖고 있는 사람들과 무종교인들에게 주신 지혜와 사랑과 능력에 대한 이해가 거의 없다. 혹은 타종교가 기독교와 오랫동안 만남으로서 그들 종교 내부에 발생한 변화에 대하여 거의 알지 못한다. 우리는 그리스도께서 우리를 통하여 그들에게 말씀하시고 또한 그들을 통하여 우리에게 말씀하고 계신다는 사실을 인식하고서 그리스도에 대하여 그들과 대화를 가져야한다"고 하였다.[22]

---

22) Marlin Van Elderen, *W.C.C. First 40 Years*, 1998, 이형기 역, W.C.C. 40년사, 한국 장로교 출판사, 2쇄, 2005. p. 86.

비평(A Critique)

① **"다른 종교를 가지고 있는 사람들"** 은 불교, 유교, 신토이즘, 힌두교, 이슬람교, 유대교 등을 신봉하는 자들이다.

② **"무종교인"** 이란 종교를 가지고 있지 않는 사람들 곧 불신자들이다. 불신자들 중에는 심지어는 종교를 반대하는 무신론자들도 들어있다.

③ **"하나님이 주신 지혜·사랑·능력"** 이란 불신자들이 가지고 있는 자연적 지혜·사랑·능력인데, 이것은 세상의 지혜, 인류애, 그리고 제한된 능력을 가리킨다. "기록된바 지혜 있는 자가 어디 있느냐? … 하나님께서 이 세상(사람)의 지혜를 미련하게 하신 것이 아니냐? 하나님이 지혜에 있어서는 이 세상 사람들이 자기 지혜로는 하나님을 알지 못한다"(고전 1:19-21).

④ **"또한 그들을 통하여 우리에게 말씀하고 계신다."** 그들은 이방 종교인들과 무종교인들인데 그들을 통하여 우리에게 무엇을 말씀하고 있다는 말인가?

⑤ **"그들과의 대화"** 는 이방 종교 신봉자들과의 대화를 말한다. W.C.C.는 기독교안의 각종 교단들과의 대화는 물론 이방 종교들과의 대화(Dialogue with other faith)도 매우 강조한다. 스위스 제네바에 있는 W.C.C. 본부 안에는 "종교간 대화" (Inter-Religious Dialogue)부서가 있다. 전화번호 (+41-22) 791-6306번이다.

제2분과(Section 2): "섬김"(Service)

Ⅳ. "인종적 평등을 위한 투쟁" "실천 방법들" 제42, 43, 44조에 의하면,

제42항, "교회는 인종적 정의(Justice)를 위해 적극적으로 노력해야 한다. 기독교인들은 어떤 한 가지 행동방법에 얽매어서는 안 되며, 다양한 수단들 예를 들면 조정·소송·법률제정·중재·시위·경제적 제재·비폭력적 행동들, 또한 같은 목적을 위하여 일하는 사회 집단들과

의 협력과 같은 수단들을 창조적으로 사용해야 할 것이다."

제43항, "압제·차별·인종분리가 있는 곳에서 교회는 정의를 이루기 위하여 눌림 받는 인종들의 투쟁에 동참해야한다. 기독교인들은 기거이 이 투쟁을 주도해야 할 것이다 …"

제44항, "현대세계에서 인종차별과 그에 따른 인간의 존엄성에 대한 모욕은 종종 압제받는 사람들로 하여금 그들이 다른 선택의 여지가 없을 때 폭력에 의지하게끔 만든다."

비평(A Critique)

① W.C.C.가 주장하는 **"인종적 평등을 위한 투쟁 – 실천방법들"** 이란 제목 자체가 공산주의자들의 전투적 선전구호를 연상케 한다

② **"투쟁에 동참하여야 한다"**? "투쟁에 참여 할 뿐 아니라 투쟁을 주도하여야 한다"?

주님은 말씀하시기를 "칼(검)을 도로 칼집에 꽂으라 칼을 쓰는 자는 칼로 망하느니라"(마 26:52)고 말씀하셨다. 우리의 싸움은 혈과 육이 아니요 통치자들과 권세들과 이 어두운 세상 주관자들과 하늘에 있는 악의 영들과의 싸움이다(엡 6:12).

폭력을 포함한 모든 수단과 방법이 과연 인종적 평등을 위한 정당한 수단과 방법인가?

제3분과(Section 3): "일치"(Unity) – "성령에 의하여"에 의하면,

교회의 연합은 ;

제10항, 한 헌신적 교제,

제11항, 한 사도적 신앙을 붙잡고,

제12항, 한 복음을 전하며,

제13항, 한 떡을 떼며,

제14항, 공동기도에 동참하며,

제15항, 증거에 모든 교회가 동참하며,

제16항, 모든 이에게 봉사하므로 이루어진다고 하였다.

비평(A Critique)

만일 지상(地上)의 모든 교회들이 저들이 말하는 대로 한 헌신적 교제, 한 사도적 신앙, 한 복음, 한 성찬, 한 공동기도, 한 증거, 한 봉사를 가지고 실행한다면 그것은 성령님의 역사에 의한 일치(연합)가 될 것이다. 그러나 W.C.C. 안에 있는 회원 교단들은 신앙·신앙고백·교리·예배의식, 도덕적 기준 그리고 삶의 양식이 각기 상이하므로 참된 성경적 연합이란 불가능하다. 성경적 연합은 성별에 기초한 동일한 신앙고백 위에 기초한 연합이어야 한다.

상호방문(W.C.C. ↔ R.C.C.)

뉴델리 총회에서 또 하나의 획기적 변화는 로마 천주교 교황청이 방문단 일행을 뉴델리 총회에 파견한 것이다. 총회가 끝난 지 일주일이 되던 때에 **교황 요한 23세**는 1962년에 "제2차 바티칸공의회"를 개최하겠다고 공포하면서 W.C.C.에 대표단을 초청하겠다고 밝혔다. 이에 W.C.C.는 교황청의 초청에 응하겠다고 화답했다.

※ **니코딤**(Nikodim)은 러시아비밀경찰(K.G.B.) 요원으로서 동구 공산권과 제3세계(개발도상국)의 교회들을 W.C.C.에 가입 토록한 주요 인물이었으며, W.C.C. 중앙위원회와 실행위원회의 의원으로, 1975년 케냐의 나이로비에서 개최된 W.C.C. 제5차 총회에서는 W.C.C. 6명의 회장단 중 1인이 되었다.

니코딤은 로마 천주교와의 관계 개선도 계속적으로 추진하였으며, 교황 요한 23세(John ⅩⅩⅢ)를 존경하였다. 그는 당시 W.C.C.를 동구 공산진영의 선전도구로 사용하였다. 그때부터 공산주의 국가들에서의 인권, 신앙의 자유 등은 더욱 매장되었다.

니코딤(Nikodim): 소련 정교 레닌그라드의 대주교로서 세계 제2차 대전 이후 국제관계에 있어서 소련 정교를 대변한 제1인자로 활약하였다.

니코딤(Boris Georgievich Rotor)은 1929년 10월 14일 소련 서남부 지역 흘로로보(Frolovo)에서 태어났으며, 1947년 수도사 서원 이후 니코딤이란 이름으로 소련 정교의 신부로 사역을 시작했다. 1955년 레닌그라드 신학교를 졸업하고, 1956년 소련 정교 예루살렘 선교사로, 1959년 소련으로 돌아온 후에는 모스코바 대주교 사무실에서 근무하였고,

1960년에는 포돌스크(Podolsk)의 감독으로 승진했으며, 1961년에는 야로슬랍블(Yaroslavl)의 대주교로, 1963년에는 민스크(Minsk)와 레닌그라드(Leningrad)의 대주교로, 1967-1978년까지는 레닌그라드와 노브고로드의 대주교로, 여러 국제종교회의들에 참석하였다.

니코딤은 1960년부터 1972년까지 해외 종교관계 책임자로, 1975년에는 당시 W.C.C.의 6명의 회장단 중 1인으로, 1978년 9월 5일 요한 바울 1세(John Paul Ⅰ) 교황 즉위 시 갑자기 사망하였다. 그는 로마를 방문했으며, 레닌그라드 니콜스코이(Nikolskoe) 공동묘지에 안장되었다. 그는 소련 K.G.B. 요원으로 간주되었다.[23]

연합사업그룹(J.W.G.: Joint Working Group)

1965년 W.C.C.와 로마 교황청은 관계 개선을 위한 **"연합사업그룹"**(J.W.G.)를 조직하고, 그 이후로는 해마다 J.W.G.가 소집되고 있다.

연합사업그룹(J.W.G.)에서는 이방 종교들과의 대화를 통한 연합도 강조한다.

W.C.C. 제1분과 위원회는 "교회 내부에는 하나님께서 다른 종교를 가지고 있는 사람들과 무종교인들에게 주신 지혜와 사랑과 능력에 대한 이해가 거의 없다. 또는 타종교가 기독교와 오랫동안 만남으로서 그들

---

23) Orthodoxwiki. Org/ Nikodim.

종교 내부에 발생한 변화에 대하여 거의 알지 못한다. 우리는 그리스도께서 우리를 통하여 그들에게 말씀하시고 계시며, 또한 그들을 통하여 우리에게 말씀하고 계신다는 사실을 인식하고서 그들과 그리스도에 대하여 대화를 가져야 한다"고 주장하였다.

세계기독교 평화회의(The Christian Peace Conference)

1953년 6월 스탈린(Stalin)이 사망한 후 후루시초프(Khrushchov)는 스탈린이 조직한 "세계평화연맹"을 1958년 11월 "세계기독교평화회의"(The Christian Peace Conference)로 확대 개편하였다. 그리고 1967년 세계기독교평화회의 제3차 총회 때에는 K.G.B.의 요원인 니코딤을 의장으로 임명하였고, 니코딤은 W.C.C.에서 공산주의를 선전하는 대변인의 역할을 하기 시작하였다.

오래전부터 소련은 소련의 정교(Russian Orthodox Church)를, 중국은 삼자 교회를, 북한은 조선기독교도연맹을 허수아비 어용단체로 이용해 오고 있다.

교회와 사회세계대회(The World Conference on Church and Society) - Geneva, Switzerland, July, 1966

세계교회협의회(W.C.C.)의 **"교회와 사회위원회"** 는 1966년 7월 제네바에서 2주간 동안 **"교회와 사회세계대회"** 를 개최한바 있다.

이 대회에는 80개국 164회원교단에서 338명의 대표들이 참석하였다. 76명은 서유럽, 65명은 북유럽, 46명은 아시아, 45명은 소련과 동유럽, 4명은 라틴 아메리카, 42명은 아프리카, 17명은 중동, 5명은 오스트레일리아(호주)와 뉴질랜드에서 온 대표들이었다.

직종별로는 158명은 신학자와 성직자, 180명은 평신도이었으며, 평신도 다수는 정치적 경험들이 있는 사회과학분야의 전문가들이었다. 주최 측의 공식 발표에 의하면 50명은 정치 지도자들과 고위 공무원들, 19명은 사업가들과 기업가들, 28명은 경제전문인들, 36명은 전문직인들, 9명은 노동계 지도자들이었다. 각 분야의 전문인들로 구성한 이유는 급변하는 사회에서 이념적 변혁을 꾀하였기 때문이다.

이 대회의 **주제(Theme)**는 **"우리 시대의 과학(기술)과 사회혁명에서의 그리스도인들**(Christians in the Technical and Social Revolutions of our Time)"이었다.

이 대회에서는 약 40여명이 연설하였는데 그들 중 약 절반은 미국과 서유럽의 인사들이었고, 그 이외 다수는 제3세계에서 온 대표들이었다.

일요일 예배(Sunday Service) 시에는 흑인민권운동가 **마틴 루터 킹**(Martin Luther King JR.) 목사가 시카고에서 보내온 동영상으로 설교하였다. 저들은 주일(Lord's Day)이라고 부르지 않는다.

제네바세계대회에서는 다양한 주제(의제)들이 **"4가지 기본 주제**(4 principle theme)" 하에서 논의되었는데, 그 4가지 주제는 다음과 같다.

① 부한 나라들과 가난한 나라들의 격차가 단절되어야 한다.
② 국가는 국가 안에 있는 모든 중심 세력들을 통제하여야 한다.
③ 제3세계에서의 신민족주의(The New Nationalism)는 전쟁으로 이끈 구민족주의(Old Nationalism)와는 다르다.
④ 혁명적 폭력은 억압하는 엘리트들(Oppressive elites)을 전복하는 최후의 수단으로서 허용된다."

상기와 같이 제네바 대회의 기본적 주제들은 공산주의(전체주의) 독재 정치를 주장하였으며, 혁명적 폭력을 정당화하였다.

이 대회에서 **볼라 이게**(Bola Ige)는 "현존하는 모든 억압하는 헌법들, 제도들, 그리고 그것들을 지키기 위한 기득권 세력들을 모두 때려부셔야 한다"고 주장하였다. 그는 과거에 나이제리아 기독학생들을 이

끌어 온 소위 인권변호사였다.

에두라도 몬드라네(Edurado Mondlane)는 볼라 이게 보다 더 과격하였다. 그는 제3세계 나라들은 정치성을 가지고, 기독교들과 교회들은 억압당하는 자들을 해방시켜야 한다고 역설하였다. 에두라도 몬드라네는 아프리카를 폴투갈의 식민지배로부터의 독립을 위한 해방 투쟁(liberation struggle)의 시조이다.

제네바 세계대회가 열렸던 다음해인 1967년에는 W.C.C. 산하 **미국기독교교회협의회**(N.C.C.C. in U.S.A.)는 미국 중북부 미시간 주 디트로이트(Detroit) 시(市)에서 **"교회와 사회대회"**를 개최하였다. 이 대회에서는 미국의 월남 정책을 제네바 대회 때보다 훨씬 더 강도 높게 비판적이고 공격적으로 정죄하였다. 그러나 소련, 중공, 쿠바 등이 월맹을 지원해 온 것에 대하여는 침묵으로 옹호하였다. 기독교 단체라는 W.C.C.의 정체가 무엇인가를 분명히 보여주는 한 대목이다.

1960년대야말로 구미 역사상 가장 혼란에 빠졌던 시대로 히피들 · 반전 데모자들 · 여권 운동 · 호모 섹스자들 · 민권 운동 · 노조 파업 · 자유주의 교회의 지도자들 · 공산주의자들이 난무한 그야말로 혼란의 극한 상황을 보이던 시기였다.

4. 세계교회협의회(W.C.C.) 제4차 총회

일시 : 1968. 7. 4. - 19.
장소 : 스웨덴 웁살라(Uppsala, Sweden)
주제 : 보라! 내가 만물을 새롭게 하노라.
참가 회원 교단 : 235개 회원 교단, 704명 대표
중앙위원회 의장 : M. M. Thomas
부의장 : Pauline Webb
명예 의장 : 죠셉 올드함(Joseph Oldham),
　　　　　비서트 후프트(W. A. Visser't Hooft)
의장단 : Patriarch German, Hanns Lilije, Daniel T. Niles, Kiyoko Takedo Cho, Ernest A. Payne, John Coventry Smith, Alphaeus H. Zulu
총무 : 유진 칼슨 블레이크(Eugene Carson Blake)

웁살라 총회 때부터는 동구 공산권과 제3세계의 교회들이 합세하여 W.C.C.의 방향과 정책이 해방신학을 기본으로 하여 과격하고도 급진적인 변화 곧 교회의 사회 참여 → 정치 참여, 투쟁에 돌입하게 되었다.

그것이 곧 소위 인종차별투쟁사업(P.C.R.)이란 명목으로 성도들이 바친 귀한 헌금을 해방운동 단체들(게릴라 단체들)을 위시하여 급진 좌경 단체들을 위시하여 지원하기 시작하였다.

W.C.C. 제4차 총회는 스웨덴의 **웁살라**(Uppsala, Sweden)에 있는 700년 된 고틱(Gothic) 대성당에서 1968년 7월 4일부터 19일까지 개최되었다. 웁살라는 스톡홀름에서 41마일 북쪽에 위치한 인구 약 9만의 대학 도시이다.

이 총회에는 80개 이상의 나라, 235개 회원교단에서 704명의 대표들이 참가하였다. 이 대회에는 W.C.C. 회원교단 아닌 교회들의 64명의

옵저버들도 참석하였는데 그들 중에는 15명의 캐톨릭 대표단도 들어 있었다.

한편 대한예수교장로회(통합측)는 1959년 제44차 대전 총회에서 대한예수교장로회(합동측 = 보수측)으로부터 분열된 이후 재통합을 위한 방안의 하나로 W.C.C.를 탈퇴한지 10년 만인 1969년도에 W.C.C. 재가입을 결정하였다.

이 대회에는 성공회(Anglican Church)의 수장(首長)인 캔터베리 대주교 **마이클 램세**(Michael Ramsey)24)와 북남미 그리스정교 대주교 **이아코보스**(Iakovos)의 인솔로 입장하였다. 이 총회에서 **블레이크**(Blake) 총무는 이 총회의 주제는 빈부나라들의 격차(gap)가 될 것이라고 하였다.

W.C.C. 제4차 총회 개막식 설교는 미국의 민권운동가 **마틴 루터 킹 (Martin Luther King)** 목사로 예정되었었으나 개막식 4개월 전 1968년 4월 4일 암살당했다.

주제(Theme) : "보라 내가 만물을 새롭게 한다" (Behold, I Make All Things New)였다.

웁살라 총회에서는 새로운 부서들이 증설되었다. "**인종차별투쟁사업**"(P.C.R.), "개발의교회참여위원회"(C.C.P.P.), "의료위원회"(C.M.C.), "산 신앙들과 이데올로기와의 대화 위원회"(D.F.I.), "교육위원회" 등 W.C.C.의 새로운 부처들이 신설되었다.

---

24) 마이클 램세(Michael Ramsey) : 램세는 1904. 11. 4. 영국 캠브리지(Cambridge)에서 출생 - 1998. 4. 23. 옥스퍼드에서 별세. 그는 캠브리지에서 공부하고, 1928년 사제가 되었다. 덜함(Durham)대학교, 캠브리지대학교 교수, 덜함의 감독, 욕크(York)의 대감독(1956-61), 1961-74 캔터베리 대주교, 1961-68 W.C.C. 회장단 중 1인, 그는 성공회와 다른 교회들과의 연합운동을 추진하였으며, 1962년에는 콘스탄티노플의 아데나고라스 1세(Athenagoras Ⅰ) 대주교를 방문하고, 1964년에는 런던 주재 알렉시스(Alexis) 대주교를 영접하였으며, 1966년에는 로마 교황청 예배실에서 교황 바오로(Paul Ⅵ)를 면담하였다. 그는 1969년과 1972년 감리교와의 연합이 이루어지지 못하였음을 실망하였다.

이 총회에서는 **6개 분과위원회**(6 Sections)에서 6개 분야를 연구·토의·가결하였다.

① **제1분과(Section 1)** : 성령과 교회의 사도성(the Holy Spirit and the catholicity of the church)
② **제2분과(Section 2)** : 선교에 있어서 갱신(Renewal in mission)
③ **제3분과(Section 3)** : 세계 경제와 사회 발전(World economic and social development)
④ **제4분과(Section 4)** : 국제 문제에 있어서의 정의와 평화를 향하여(Towards justice and peace in international affairs)
⑤ **제5분과(Section 5)** : 예배(Worship)
⑥ **제6분과(Section 6)** : 삶의 새로운 스타일을 향하여(towards new styles of living) 등 6개 분야를 연구·토의하였다.

제1분과(Section 1): "성령과 교회의 보편성"
제3항. "… 교회는 오늘의 삶속에서 사람들을 보다 밀접히 단결시킬 수 있는 인종평등(racial equality) 투쟁과 같은 세력들과의 연대를 통해서 교회의 하나 됨을 추구해야 하고 … 이러한 도전에 대하여 우리는 경청하고 응답하여야 한다."

비평(A Critique)
"**인종**"(race)이란 백인종·흑인종·황인종 등과 이 기본적 인종들과의 혼혈들로 인한 다양한 인종들을 말한다. 이들은 이들 간에 인종적 불평등이 있어 왔다. 뿐만 아니라 선진국들과 후진국들, 문명국들과 비문명국들 간에도 불평등이 있어 왔다.

그러므로 인종적 평등을 위하여는 인종적 평등을 위하여 투쟁하는 세력들과 연대하여 교회의 일치를 추구해야 한다고 주장한다. 그들이 말하는 인종적 평등을 위하여 추구하는 세력들은 어떤 세력들인가? 남부 아프리카를 중심한 소위 해방운동 단체들을 말한다. 소위 해방운동 단체들이란 공산주의 게릴라 단체들을 말한다. 이것이 W.C.C.의 인종평등을 위한 투쟁이요 이 투쟁에 적극 가담하여야 교회의 일치를 가져온다고 주장하면서, W.C.C.는 기독교 단체로서 기독교 본래의 사명을 떠나 투쟁 세력들의 편에 서서 그들을 지원하기 시작하였다. 그것이 곧 인종차별투쟁사업(P.C.R.)이라는 것이다. 그것이 교회 일치를 위한 하나님의 뜻이란 말인가?

제7항, "그리스도께서 모든 인류를 위하여 사셨고 죽으셨으며, 또한 다시 살아나셨기 때문에 …"

비평(A Critique)

그리스도는 모든 사람을 구원하기 위하여 죽으셨음으로 모든 사람이 구원을 받는다는 것은 자유주의자들의 만인구원설이다. 그러나 성경은 예수 그리스도의 속죄의 능력은 무한하나, 그 능력의 적용은 만세전에 그리스도안에서 택함을 받은 사람, 예수 그리스도를 구주로 영접하는 사람만이 구원의 반열에 참여함을 계시한다. 우리 주님 예수 그리스도께서는 결코 이 세상의 모든 사람들을 모두 구원하시기 위하여 죽으신 것이 아니다.[25]

제2분과(Section 2): 선교에 있어서 갱신

I. **제6항**, "다른 종교를 갖고 있는 사람 혹은 무(無) 종교의 사람들과 만날 때 기독교인이 다른 종교인과의 대화를 갖는다는 것은 기독교의 독특함을 부인하는 것도 아니며, 그리스도에 대한 그의 헌신을 잃어버린다는 것을 의미하지 않는다"

---

25) 조영엽, 『기독론 5판』 생명의말씀사, 2007.7. pp. 431-462.

비평(A Critique)

여기서 다른 종교란 불교·힌두교·이슬람교 등 이방종교들을 말한다. W.C.C는 이방 종교들과의 대화를 강조하면서 기독교의 독특성이나 그리스도에 대한 헌신을 부인하는 것은 아니라고 괘변한다. 그러나 그들은 이방종교들과의 대화를 강조함으로 그들의 죽은 영혼들을 구원하는 것이 아니며 오히려 종교다원주의→혼합주의로 나아가는 결과를 초래한다.

Ⅱ. 제2항, "…새로운 인간성을 위하여 세력 없는 자들이 세력을 행사하여야 한다… 정의로운 사회에 대한 갈망은 전 세계에 걸쳐서 혁명을 유발하고 있다… 정의사회 없이는 새로운 인간성이 완전히 도래할 수 없기 때문에 그 사회를 위하여 투쟁할 것이다…"

비평(A Critique)

선교(Mission)는 다른 지역 다른 나라 사람들에게 예수 그리스도의 참된 복음을 증거하므로 죽은 영혼들을 살리는 구원의 역사이다. 그런데 W.C.C에서는 "선교에 있어서 갱신"이라는 주제하에 정의사회를 구현하기 위한 투쟁을 강조한다. 따라서 W.C.C.의 선교는 부정의(injustice)를 제거하고 정의사회를 구현하기 위한 투쟁이 되고 교회는 투쟁의 본부가 되었다. W.C.C.의 선교의 갱신이란 바로 이런 것이다.

제3분과(Section 3): "세계 경제와 사회 발전"

제1항, "역사상 처음으로 실제상 인류의 하나 됨을 볼 수 있다. 처음으로 우리는 모든 사람이 세계의 자원을 적절하게 나누어 사용할 수 있음을 안다. 새로운 기술적 가능성들이 우리의 꿈들을 실제로 전환케 한다 …"

비평(A Critique)

저들의 주장은 이루어질 수 없는 허무한 이상이다. 우리 주님 예수 그리스도께서 재림하셔서 공중의 권세 잡은 사탄과 그의 추종자들을 무저갱에 가두고, 만물을 새롭게 갱신(Renewal)할 때 비로소 모든 사람이 세계의 자원을 적절하게 사용할 수 있을 것이다.

로마서 8:19-22, "피조물의 고대하는 바는 하나님의 아들들의 나타나는 것이니 피조물이 허무한데 굴복하는 것은 자기 뜻이 아니요 오직 굴복케 하시는 이로 말미암음이라 그 바라는 것은 피조물도 썩어짐의 종노릇 한데서 해방되어 하나님의 자녀들의 영광의 자유에 이르는 것이니라 피조물이 다 이제까지 함께 탄식하며 함께 고통하는 것을 우리가 아나니"

제4분과(Section 4): "국제 문제에 있어서의 정의와 평화를 향하여"

제6항, "하나님의 말씀은 그리스도께서 가난한 자들과 압제받는 자들 편에서 계심을 증언하고 있다 … 우리는 가난한 자들과 압제받는 자들이 권리를 옹호하고 국내 및 국가 간에 경제정의가 확립되도록 일해야 한다."

제10항, "정의와 평화를 위한 투쟁에서 교회는 증거해야 한다. … 교회는 그 어느 누구도 감히 말하려고 하지 않는 곳에서, 진리가 존중되지 못하고 있는 곳에서, 인간적인 삶과 인간의 존엄성이 위협받고 있는 곳에서, 보다 나은 미래를 위한 기회가 무시되는 곳에서 담대히 말해야 할 것이다. 필요하다면 기꺼이 구조와 태도를 변화시킴으로써 교회는 끊임없이 시대의 징조를 분별하는 노력을 기울여야 한다 …"

비평(A Critique)

W.C.C.는 가난한 자들, 억압받는 자들 편에 서서 그들을 도구로 이용하며, 그들을 오도하고 있다. 그들의 주장은 해방신학에 근거하고 있

다. 해방신학에서 가난한 자들은 가진자·자본가·지주(地主)·기업가·권력층에 의하여 착취당한 결과라고 주장한다.

W.C.C.는 또한 억압받는 자들 편에 서서 억압받는 자들을 옹호하며, 오도하며, 목적달성을 위한 도구로 이용한다. 그들의 주장은 정의 사회를 구현하기 위하여 모든 악법을 폐지하고, 지배층(권력층)을 끌어내려야 한다고 한다. 그럼에도 불구하고 공산주의 독재 정권에 대하여는 일언의 반구도 없다.

기독교는 경제적으로 어떤 부류에 국한된 또는 어떤 특정 부류만을 위하는 편견적 성향을 띈 종교가 아니다. 기독교는 물질로 인한 상류, 하류 등의 구별이 존재하지 않는 종교이다. 경제적으로 궁핍한 자들은 다 부자가 되고자 하는 생각도 하나님의 말씀에 비추어 한번쯤은 반성하여야 할 필요성이 있다. 또한 우리는 물질적으로만 부자된 자들에게 야고보 사도를 통하여 경고한 말씀도 기억하여야 할 필요가 있지 않는가?(야고보서 4:2- 5:1-6)

"정의와 평화를 위한 투쟁에서 교회는 증거해야 한다 … 필요하다면 기꺼이 구조와 태도를 변화시키는 노력을 기울여야한다"?

W.C.C.는 아가페 사랑보다 정의·평화를 더 중요시한다. 정의 평화를 쟁취하기 위한 최후의 수단은 폭력이라고 주장하면서 폭력적 혁명을 정당시한다. 이것이 해방신학이요, 맑스 공산주의 사상이 아니고 무엇인가?

제5분과(Section 5): "예배"

제28항, (1) "팀 사역(team work)을 통해 회중은 설교준비와 설교 후의 토론에 참여한다.

(2) 표현의 다른 형식들, 예를 들어서 대화·드라마·영상매체를 사용해 본다. 현대인들이 기독교 메시지를 이해하는 것을 돕기 위하여 새로운 교회·건축·치장·음악 등을 사용할 때에는 보다 세심한 주의가

요구된다."

제35항, "따라서 우리는 신앙과 직제위원회에게 예배와 현대 문화에서 사용되는 상징들(언어적 상징도 포함하여)에 대한 연구에 착수해 줄 것을 촉구한다." "왜냐하면 기독교 상징들은 커뮤니케이션에 필수불가결하며 상징들은 그 시대에 적합해야 하기 때문이다."

제35항, "그러나 대부분의 기독교인들은 전통과 오늘의 것을 결합하는 새로운 방식을 추구하고 있다." "또 각 개 교회들은 신도들이 자기들 예배와는 다른 예배방식에 보다 친숙해지도록 해줄 것을 촉구하는 바이다."

비평(A Critique)

W.C.C.는 40여 년 전에 이미 일종의 열린 예배의 형태를 부추겼다. 열린 예배는 타락한 예배이다.

제28항, (1) **"회중은 설교 후에 토론에 참여한다."** 오늘날 소위 열린 예배 보는 교회들은 주일 오전 예배 후 오후 또는 저녁 예배 시간에 공적 예배는 폐지하고 그 대신 쎌(cell)모임, 순모임, 제자훈련, D-12, 목장 등 모임을 갖고, 어떤 주제들을 선정하고, 지도자·순장·목자 등이 중심이 되어 토론하고 간증하며 시간을 보낸다. 목회자가 할 임무를 평신도가 대신하니 소경이 소경을 인도하는 꼴이다. 그러면 목회자의 사명은 무엇인가?

(2) 오늘날 열린 예배 보는 교회들의 모습이다. 강단 뒷벽에는 대형 전광판을 설치하고, 찬송대신에 현대 복음송을, 설교대신에 간증을, 소돔과 고모라의 타락상, 다윗이 우리아의 아내를 강간하는 장면 같은 것을 몸동작으로 연극한다. **미국의 새들백공동체교회**(Saddleback Community Church, Rick Warren 목사 시무), 한국에서는 한강변에 있는 **온누리교회**(하용조 목사 시무) 강동에 있는 **명성교회**(김삼환 목사 시무),강남에 있는 **사랑의교회**(옥한음·오정현 목사 시무), 부산의 **풍성한교회**(김성곤 목사 시무) 등을 위시하여 수많은 교회들이 현대 복음

송, 춤, 연극, 간증 등 열린 예배로 떠들썩한다.

　교회건물 외부도 너무 종교적으로 보이지 않게 하기 위하여 십자가를 내리고, 교회를 일반건물(빌딩)처럼 개조한다. 교회 내부도 극장식으로 개조하고, 강단. 강대상. 의자등도 모두 개조한다. 강단은 낮고 넓게, 강대상은 유리와 플라스틱 같은 작게 그리고 이동하기 쉽게, 교회 실내와 의자들은 극장식으로 개조한다. 그 이유가 무엇인가?

　제37항, "대부분의 기독교인들은 전통과 오늘의 것을 결합하는 새로운 방식을 추구하고 있다." "멧세지는 변치 않으나 멧세지를 전달하는 방법은 시대에 따라서 변화하여야 한다."

비평(A Critique)
　우리는 알아야 한다. 메시지와 방법은 결코 분리할 수 없다. 방법은 목적을 달성하기 위한 수단과 방편이기 때문이다. 메시지는 변치 않으나 메시지를 전달하는 방법은 시대에 따라 변하여야 한다는 것은 메시지도 이미 변한 증거이다. 이 시대의 문화는 세속화된 문화, 타락된 문화이다. 우리는 시대에 따라 변천하는 상황 하에서 악은 모양이라도 버려야 한다.

제6분과(Section 6): "삶의 새로운 스타일을 향하여"
　제16항, "몇 가지 행동지침으로서 다음을 소개한다."
　(1) "단체교섭 기구들(노조. 정당, 국제기구들, 법원)에 참가하라."
　(2) 권력의 지위에 있는 자들과 기득권이 없는 자들을 자극하여 어떤 조치를 취하게 하라.
　(예를 들어서 국회의원에게 편지쓰기, 데모, 파업, 농민연합, 빈민굴 거주자들을 훈련시키고 조직하기, 가르침과 복음전도, 데모가 부르기)"

비평 (A Critique)
(1) "단체교섭 기구들(노조, 정당·국제기구들·법원) 등에 참가하라"?
우리나라의 현재 상황 하에서 민주노총, 민노당, 민주당의 일부 좌파, 전교조, 우리법 연구회 등에 참가하여 기득권이 없는 자들을 자극하여 어떤 조치를 취하게 하라고 충동하며 그들 배후에서 조종하고 전면에서 이마에 빨간 띠를 두르고, 주먹을 불끈 쥐고, 민중 노동가를 부르며, 데모를 주도하니 이것이 과연 기독교 단체이며, 소위 성직자들이 하여야 할 일인가?

제21항, "또 자신은 무기를 들 수 없고 또 양심상 군복무를 할 수 없다고 생각하는 사람들에 대해 영적인 관심을 보이고 또 이들을 지지해 주어야 한다. 이러한 지지에는 필요한 법률개정에 대한 압력도 포함되며 나아가 대량인명살상 무기에 관한 과학적 연구에 대해 도덕적 혼란에 빠져 있는 모든 이들에게까지 확대되어야 한다."

비평(A Critique)
W.C.C.는 소위 양심적 병역 거부를 부추긴다. 그런데 인류의 시조 아담·하와가 범죄 타락한 이후 사람들의 양심이란 화인 맞은 양심(딤전 4:2), 어두워진 마음(롬 1:21), 더러워진 양심(딛 1:15), 굳어진 마음(엡 4:18), 완고한 마음(마 13:15), 악한마음(마 9:14), 속이는 마음(렘 17:9)이다. 따라서 우리의 양심은 결단코 가치 판단의 표준이 될 수 없다.

특히 대한민국은 정치적 자유 민주주의, 경제적 자본주의를 지향하는 나라이다. 국토를 방위하고, 국민의 생명과 재산을 보호하는 것은 우리 모두의 사명이요, 의무요, 특권이다.

소위 양심적 병역거부란 양심을 빙자한 병역기피이며, 조국과 민족에 대한 반역이며, 여호와의 증인 같은 이단들의 주장이다.

제26항, "교회는 소수가 탄압받거나 위협받을 때 그들을 지켜야 한다 … 또 소수가 정의를 위한 투쟁에서 인내하지 못할 경우에 다수가 이에 창조적으로 대처하도록 도와야 한다."

비평(A Critique)

우리나라 같은 경우 "소수"란 소위 민주노총, 민노당, 민주당의 일부 좌파, 전교조, 우리법 연구회, 한국기독교교회협의회(N.C.C.K.)의 일부 극렬 세력, 천주교의 정의사회구현사제단 같은 부류의 사람들이다. 교회는 "그들이 벌리고 있는 투쟁"을 정의를 위한 투쟁이라고 하며, 그들을 "창조적으로 대치하도록 도와야 한다"고 주장하니 그것이 과연 민주화 운동인가?

즉 그들은 교회의 사명들 곧 전도·교육·봉사구제 사업에서부터 궤도를 이탈하여 교회 자체들의 변화와 병행하여 사회의 급진적 개혁을 주장하게 되었다. 요한계시록 21:5, "보라 내가 만물을 새롭게 하노라"에 대한 W.C.C.의 해석은 성경 본문의 교훈과는 전연 상관없이 오히려 혁명적 폭력의 원리를 하나의 방편으로 포용하기 시작하였다. 웁살라 총회는 소위 **급진적 변화, 경제적 정의, 해방**(radical change, economic justice, liberation) 등에 대한 **교회와 사회세계대회**(제네바 1966)의 강조점들을 반영하였다.

제3세계의 해방과 발전이 지연됨을 서구 자본주의 국가들에게 그 책임을 돌렸다. 이 총회에서는 미국 대표들이 월남전에 개입한 미국의 죄, 그리고 민권운동가들을 억압한 죄를 회개한다고 고백하는 기회를 부여하였다. 그들은 사회 정의, 경제 정의, 해방 등 그럴 듯한 표어들을 내걸고 자유 민주주의 국가들을 식민주의·제국주의·자본주의 운운하면서 정죄하고, 맑스공산주의 단체들의 활동을 지지하였다. 저들은 모택동의 사진을 보고 기뻐하였으며, 사회 변화를 위하여 폭력을 정당화하였다. 그리고 공산주의 게릴라 단체들을 지원하기 시작하였다. 여기에 자세한 내용은 그들이 공산주의 게릴라 단체들을 지원하는 P.C.R.(인종차별투쟁사업) 사업을 설명하는 항목에서 언급하고자 한다.

해방신학이라는 기독교의 탈을 쓴 맑스주의(Marxism)가 W.C.C.교회들 안에 씨를 뿌리고, 싹이 트고, 자라나기 시작된 것이다.

해방신학(Liberation Theology)[26]

1. 해방신학은 기독교의 옷을 입은 맑스주의이다(Liberation Theology is Marxism is Christian Dress).

2. 해방신학은 하나님과 예수 그리스도를 해방자라고 주장한다.

해방신학은 창조주 하나님과 죄인의 구주 예수 그리스도를 사회적, 정치적 해방자로 왜곡(歪曲)한다. 그들의 성경 해석은 상황(狀況)에 의하여 좌우되는 매우 편협적(偏狹的)이고 단편적(斷片的)이며 맑스주의적인 변질된 복음에 기초하고 있으므로 하나님과 예수 그리스도를 해방자로 제시하였다.

3. 해방신학은 "가난"과 "가난한 자"들을 이용한다.

해방신학은 제3세계의 빈곤(貧困)에 대한 책임을 서구(西歐) 자본주의 사회(資本主義社會)에 돌린다. 그리고 빈부(貧困)의 격차(隔差: Gap)는 자본주의의 폐단(弊端) 때문이라고 주장한다. 해방신학은 가난, 억압, 착취, 가난한 자, 억압당하는 자로부터 시작한다. 그리고 가난한 자들은 억압과 착취의 결과라고 한다.

4. 해방신학은 자본주의를 반대하고 사회주의를 찬동한다.

---

26) 조영엽, 『해방신학』 군국정신전력학교, 1988. 10.
본 저자는 한국 사회가 이념적으로 매우 혼란할 때, 국군정신전력학교에서 전군의 정훈장교, 군목, 대대장, 연대장, 향군지휘관, 정부기관 고위직 등을 중심으로 여러 해 동안 김대중 정권 이전 까지 해방신학, 민중신학으로 사상교육을 하였다.

5. 해방신학은 폭력을 정당화 한다.

그들은 현 정부의 조직의 세력을 조직적 폭력이라고 한다. "자기방어를 위한 반동적 폭력(Counter-Violence)은 기존 폭력을 제거하기 위한 방편으로 정당화 되어야 한다. … 폭력은 새로운 권력을 산출하는데 필요하다. 폭력은 인간의 이성과 의지에 대한 유토피아 개념을 가진 것이다"라고 한다. "이 점에 있어서 폭력은 자체의 목적에서가 아니라, 최후의 수단으로서 필요하다'고 한다.

해방신학은 협동적 폭력을 권장한다. 해방신학은 계속적 협동적 폭력을 권장한다.

6. 해방신학에서 구원은 정치적 해방을 뜻한다.

해방신학은 성경의 구원관을 전적으로 묵살하고, 만인 구원설(Universal salvation)을 주장한다. 그들의 구원은 현실적, 보편적, 사회적 구원이다.

그들은 구원과 정치적 해방을 동일시한다. 그리고 그들의 구원은 현세적 사회 구원만을 말한다. 그들은 영혼 구원에는 전연 관심이 없다.

그들은 또 구원과 해방을 동일시하여 주장하기를 "그리스도의 구원은 모든 형태의 비참과 착취와 소외에서 인간을 풀어 주는 철두철미한 해방이다."라고 한다.

해방신학은 구원을 정치적, 경제적 해방이라는 개념으로 왜곡시키고 있다. 해방신학에 있어서 구원이란 기쁜 소식을 간주한다. 억압적인 상황하에서 사회적인 해방을 통하여 자신들도 해방을 받는다고 믿기 때문이다. 미국의 흑인 신학의 대표자로 일컫는 제임스 콘(James Cone)은 그의 저서 흑인 신학(Black Theology)에서 "하나님의 해방에 은혜를 보답하는 이난의 길은 억눌린 형제자매들을 위한 행동이다."라고 주장하였다.

7. 해방신학은 거짓 정의를 주장 한다.

그들은 그들의 저서들 전반(全般)에 걸쳐서 가난한 자, 소외된 자, 억압당하는 자, 사회 저변에 있는 자, 사랑, 평화, 해방, 구원, 사회주의, 맑스주의, 폭력적 혁명, 투쟁, 계급 없는 사회, 정의사회, 유토피아 등의 선전 문구를 가진 자, 억압하는 자, 폭력, 불의, 증오, 구속, 죄, 회개, 자본주의, 계급사회, 억압적 구조와 체제 등의 술어들과 대조하여 항상 사용하고 있다.

해방신학은 정의, 평화, 자유, 평등을 내세우나, 그들의 이론에는 자체의 모순을 내포하고 있다. 고로 사람이 해방신학을 추종하는 한 영원히 올바른 정의, 참된 평화와 자유, 만민의 평등은 소유할 수 없다. 그들이 주장하는 정의와 평등은 계급사회를 타파하고 모든 기업체들, 농장들, 공장들, 사업체들을 국영화(國營化)할 때 이루어진다고 한다. 즉 모든 사람들의 재산뿐만 아니라, 몸과 정신까지도 다 국가화 할 때 정의사회가 건설된다고 한다. 이것이 맑스주의 사상이요 우매한 자들을 기만하는 처사이다.

8. 해방신학이 내세우는 또 하나의 기만적 술어는 평화이다.

그들이 주장하는 평화(Peace) 역시 현실적이고, 세속적인 면에 국한시켜 해석한다. 그들에 의하면 평화는 해방의 결과로 오는 상태로서 럿셀(Russel)은 이 낱말을 "개인, 가족, 그리고 사회적인 일체감과 안녕과 풍요를 내포하는 광범위한 의미를 가지고 있다"고 한다.

그들이 말하는 평화는 폭력을 포함한 모든 수단 방법을 동원하여 억압하는 자들과 자본주의 사회를 전복함으로서 달성할 수 있다고 한다. 그런 의미에서 "모든 원수들을 물리치고 승리하는 것이 하나님의 축복이다"

"평화는 정의의 실현을 전제로 하는 법이다. … 룻 평화란 약자들의 권리 수호, 억압자들에 대한 징벌, 타인들에게 속박 당하지나 않을까? 하는 공포에서 벗어난 생활, 피억압자들의 해방운동을 전제하고 있다"고 하였다. 해방신학을 추구한다면 참된 평화는 영원히 불가능하다.

9. 해방신학은 맑스주의 유토피아를 주장한다.

해방신학은 맑스 사회주의에 너무나 많은 희망을 걸고 있다. 사회적 정치적 해방을 통하여 인간이 지상천국을 이룩한다고 주장한다. 이것이 바로 거짓된 인본주의의 환상에 근거한 것이다.

해방신학이 주장하는 하나님의 왕국(Kingdom of God)은 이 세상에서 경제적 계급사회를 조성하는 자본주의, 인종적 차별을 주장하는 식민주의 정책 이것들을 뒷받침하는 정치적 폭력 정부들을 과격한 폭력적 혁명으로 전복하고 노동자 농민들을 비롯한 가난한 자들과 억압받는 자들이 중심 세력이 되어 정의, 평등, 평화의 지상천국을 건설하여야 한다는 것이다. 그리하여 모든 인류에게 새 사회건설을 주장한다. 해방신학은 "인간역사는 유토피아 세계를 향하여 나아가는 과정이다. 이 과정에서 제일 큰 장애물은 자본주의이다. 자본주의는 악이요 불의이므로 제거하여야 한다"고 역설한다.

5. 세계교회협의회(W.C.C.) 제5차 총회

일시 : 1975. 11. 23. - 12. 10.
장소 : 케냐 나이로비(Kenya, Nairobi)
주제 : 자유하게 하시며 하나 되게 하시는 예수 그리스도
참가 회원 교단 : 285개 회원 교단, 676명 대표.
명예 의장 : 비서트 후프트(Visser't Hooft)
의장단 : Annie R. Jiagge, Jose Miquez Bonino, Nikodim, T.B. Simatupang, Olof Sunby, Cynthia Wedel.
총무 : 필립 포터(Philip Potter)

W.C.C. 제5차 총회는 아프리카에서 개최되는 첫 번째 총회이었다. 나이로비 총회 때는 웁살라 총회에서부터 시작한 인종차별추쟁사업 (P.C.R.)이 절정에 이르렀다.

W.C.C. 제5차 총회는 케냐의 **나이로비**(Kenya, Nairobi)에서 1975년 11월 23일부터 12월 10일까지 285개 교파의 676명의 대표들이 참가하였다. 지역적으로는 147명의 서유럽 대표들, 137명의 북미 대표들, 107명의 아프리카 대표들, 97명의 동유럽 대표들, 92명의 아시아 대표들, 42명의 호주와 남태평양 대표들, 21명의 남미 대표들, 20명의 중동 대표들, 9명의 카리비안 대표들이었다.

나이로비 총회 때부터는 여성·청년·평신도들을 일정한 비율로 총회 총대(대표)로 참석케 하기 시작하였다. 따라서 나이로비 총회는 676명의 총대들 중 여성 152명, 30세 미만의 청년 62명, 평신도 287명 등 501명이나 총대가 되었다.

주제(Theme) : "예수 그리스도는 해방하고 연합 한다"
(Jesus Christ Frees and Unites)는 주제 하에 6개 주제로 토의하였다. 본래는 W.C.C. 제5차 총회를 인도네시아 자카르타(Jakarta,

Indonesia)에서 개최될 예정이었으나 인도네시아 내 회교와 기독교간의 분쟁으로 인하여 취소되었고, 아프리카 대륙 케냐의 나이로비로 결정되었다.

대한예수교장로회(통합측)는 1969년 W.C.C.의 회원으로 복귀는 하였으나 1975년 제5차 W.C.C. 총회에 대표단을 파송하였다.

나이로비 총회는 **6개 분과**(6 Sections) 주제로 회의를 진행하였다.

제1분과(Section 1): "오늘날 그리스도를 고백"(Confessing Christ Today)에서는 예수 그리스도는 정치적·경제적·사회적 억압으로부터의 해방을,

제2분과(Section 2): "연합이 요구하는 것들"(What Unity Requires)에서는 거리·문화·시간상 분리되어 있는 교회들의 조직적·기구적 연합을,

제3분과(Section 3): "공동사회를 모색(Seeking Community); 다양한 신앙·문화·이데올로기의 공동 연구"에서는 그리스도인들은 "우리와는 다른 신앙을 갖고 있는 이웃들과의 대화에 개방적이어야 하며"라고 주장하므로 불교·힌두교·유대교·이슬람교·시크교 등과의 대화를 통한 혼합주의를,

제4분과(Section 4): "해방과 공동사회를 위한 교육"(Education for Liberation and Community)에서는 맑스주의 해방신학을,

제5분과(Section 5): "불평등의 구조와 해방을 위한 투쟁"(Structures of Injustice and Struggles for Liberation)은 인종차별 투쟁사업(P.C.R.)을,

제6분과(Section 6): "인간 개발"(Human Development) 에서는 삶의 질을 높임 등 6개 주제로 회의를 진행하였다.

"예수 그리스도는 해방하고 연합 한다"는 이 표어는 과거의 표어들과는 달리 매우 급진적이고, 혁명적인 술어이다. 1973년 방콕

(Bangkok)에서 개최된 **"오늘날의 구원"**(Salvation Today) 대회에서는 구원·전도·선교에 관한 성경적 교리들을 세속적 해방으로 재 정의하였다. 이때까지 신앙과 직제위원회가 주도해온 전도와 선교가 소위 해방으로 전환된 것이다. 그들에게 있어서 해방이란 사회적·정치적·경제적·제도적인 억압으로부터의 해방을 의미한다. 저들이 주장하는 해방은 식민주의·제국주의·자본주의로부터의 해방인데 이 모든 것은 다 미국을 비롯한 서방 자본주의 국가들로부터의 해방을 의미한다. 일명 **백인 신학**(White Theology)이 **흑인 신학**(Black Theology)로 넘어간 것이다.

미국의 기독교 윤리학 교수인 **로버트 브라운**(Robert Brown)은 W.C.C. 총회 기조연설에서 자신은 미국 사람임에도 불구하고 미국이 아프리카에 해온 일들이 너무나 부끄럽고 죄악되다고 하면서 의도적으로 자기 모국어(영어) 대신 **스페인어**로 연설하였다.

이 총회 대표자들의 과반수는 개발도상국(開發途上國)들이라고 칭하는 제 3세계에서 온 사람들로 그들의 연설 속에는 호전적인 반서방 분위기가 그대로 반영되었다. 연사로 등단한 자메이카의 수상 **미카엘 맨리**(Michael Manly)는 연설을 통하여 무산 대중 인민들이 단합, 궐기하여 자본주의 국가들을 밀어내야 한다고 역설하였다. 그는 서방 자본주의 국가들이 제3세계에서 착취를 감행하고 있으므로 그들을 축출하고 자본주의를 멸망시켜야 한다고 주장하였다.

이 총회에서는 웁살라 총회(제4차 총회, 1968)에서 논의하고 W.C.C. 실행위원회(1969)에서 조직화하고 실행해 온 **"인종차별투쟁사업"**(P.C.R.)을 압도적으로 재지지하였으며, 인종차별투쟁 방법도 "1973년도 W.C.C. 성명서"에서 밝힌 폭력과 비폭력을 포함한 모든 방법을 다 권장하였다.

나이로비 총회는 총회로서는 처음으로 불교, 힌두교, 유대교, 이슬람교, 시크교 등 이방종교 지도자들을 옵저버로 초청하였다. 종교적 혼합주의를 연출한 것이다.

그들은 사신 우상을 섬기는 이방 종교들을 **"다른 산 신앙"**(other living faith)이라고 부른다. 그것은 기독교의 독특한 계시관, 예수 그리스도로 말미암은 구원관을 부정하는 결과를 가져온다.

이 기간 중, 기독교장로회(기장측) **강원용** 목사(크리스챤 아카데미 원장, 장충동 소재 경동교회 목사)는 W.C.C.의 중앙위원과 실행위원을 차례로 거치면서 한국의 민주화운동이라는 명분을 내세워 민중신학을 주장하며, 도시산업선교를 지원하며, 안병무 · 김경재 · 김용복 · 김정준 · 서남동 · 문익환 · 박형규 · 홍근수 등과 더불어 반정부활동을 크게 하였다.

한편 W.C.C.와 세계 여러 나라의 인권운동 단체들과 좌파 단체들에게 한국은 종교의 자유와 인권을 탄압하는 나라라고 악선전을 계속 해왔다. 그 영향을 받은 W.C.C.에서는 한국은 종교의 자유와 인권을 탄압하는 나라로! 북한 공산정권은 종교의 자유를 누리는 나라로! 미국은 한국전쟁에 개입하였을 뿐만 아니라 독재정권을 지지하는 것으로 악선전 · 역선전 해왔다. 이는 W.C.C. 산하 기구인 한국기독교교회협의회(N.C.C.K.)와 코드를 같이 하는 사람들이 계속 반정부 운동을 하면서 W.C.C.에 그렇게 부정적으로 보고해 왔기 때문이다.

1976년 4월 30일 **필립 포터**(Philip Potter) W.C.C. 총무는 미국 동부 펜실베니아 주 필라델비아 시(市) 소재 Friend Meeting House에서 미국 독립 200주년 기념 연설에서 "미국과 친밀한 동맹관계를 맺고 있는 한국에서 기독교인들은 인권을 유린당하며, 종교의 자유를 거의 표현하지 못하고 있다. 고문과 학대 그리고 기독교인으로서의 권리를 억압당하고 있다. 심각한 문제는 미국의 군사와 경제 원조에 의존하는 한국정부는 인권을 유린하는 것이다"라고 하였다.

북한 찬양 고무

1978년 W.C.C. 공식 간행물인 『**하나의 세계**(One World)』 7-8월호에는 한국에 대한 기사가 실렸는데, 남한에는 종교를 탄압하는 무서운 음모가 있다는 내용이었다. 이에 반해 북한에 대해서는 "북한 기독교인들은 그들의 신앙을 공개적으로 실행할 만큼 자유롭다"라는 거짓말을 하였다. 이외에도 다음과 같은 거짓말도 하였다.
"① 자유란 국가 충성에 역행하는 것이어서는 안 된다.
② 북한에서 기독교의 복음화 노력은 한국전쟁에 개입한 미국 때문에 타격 받았다.
③ 북한에는 전통적 교회는 없지만 새로운 세속적 종교를 즐기고 있다.
④ 이 새 국가 종교에서 김일성은 예언자적 제사장적 역할을 하고 있다.
⑤ 북한은 물질적 사회적 발전은 의심할 나위가 없으며, 아시아에서는 그 유래가 없다."라고 찬사를 하였다.

이 총회에서는 **문투**(Muntu)라는 아프리카인들의 연극이 발표되었다. 이 연극은 서양 선교사들이 식민주의·제국주의·노예·원주민들의 종교 파괴·혼돈 등을 초래한 것으로 선교사들이 아프리카에 들어온 것은 큰 과오라며 다시 돌아가야 한다는 내용이었다. 그리하여 미개한 아프리카 사람들의 미신적 예배가 다시 살아나게 된 것이다.

나이로비 총회에서는 결의하기를 "이 총회는 로마 천주교가 W.C.C.의 정회원으로 되는 날이 오기를 진정으로 기대한다"고 하였다. 실제상 천주교에서는 16명의 천주교 옵저버들을 1975년 나이로비 총회에 파견한 바 있다.

나이로비 총회 폐막 시에는 춤(dancing)으로 마쳤다. 이는 마치 구약시대 거짓 선지자들이 껑충껑충 춤을 추며 온갖 감정적 표현들을 말과 행동으로 나타내며 음행을 일삼았던 것 같은 인상이 짙게 풍겼다. 총무 **필립 포터**(Philip Potter)와 W.C.C. 지도자들이 춤을 추며 계단 밑으로 내려와 서로 포옹하고 키스하며 "예수 그리스도는 해방하고 연합한다"고 떠들었다. 그 총회 기간 동안 여성 해방, 억압으로부터의 해방 등은 수없이 강조되었으나 예수 그리스도의 대리적 속죄의 죽음으로 성취하신 구원을 오직 하나님의 은혜와 믿음으로만 죄 사함 받는 죄로부터의 해방, 사탄의 권세로부터의 해방, 사망으로부터의 해방이란 한 마디의 언급도 없었다. 그것이 과연 우리 주 예수 그리스도께서 해방하며 연합시키시는 일인가?

6. 세계교회협의회(W.C.C.) 제6차 총회

일시 : 1983. 7. 24. - 8. 10.
장소 : 캐나다 밴쿠버(Vancouver, Canada)
주제 : 예수 그리스도 - 세상의 생명
참가 회원 교단 : 301개 회원 교단, 847명 대표
명예 의장 : 비서트 후프트(Visser't Hooft)
의장단 : Nita Barrow, Marga Bührig, Paulos Mar Gregorios, Johannes W. Hempel, W.P. Khotso Madhulu, Lois M. Wilson
총무 : 필립 포터(Philip Potter)

W.C.C. 제6차 총회는 캐나다의 밴쿠버(Vancouver, Canada)에 있는 **리전트 대학** (Regent College)에서 1983년 7월 24일부터 8월 10일까지 세계 301개 교파에서 847명의 대표들과 천주교 사절들, 이방 종교 대표자들 및 보도진 등 총 3,500명이 참석하였다. 여기에는 러시아 대표 61명을 필두로 한 동구 공산권과 제3세계에서 온 상당수의 대표들도 참가하였다. 847명의 대표들 중에는 여성들 30% 이상, 30세 미만의 청년들 13%, 평신도들 46% 이상이었다.

벤쿠버총회도 나이로비 총회에 이어 사신우상을 섬기는 이방종교 대표들 15명을 옵저버로 초청하였다. 그리고 그들과의 대화를 통하여 연합을 시도하였다.

매일 수천 명의 사람들이 노란색흰색의 천으로 엮어 만든 대형 천막에서 예배를 드렸다. 천막의 무늬는 밴쿠버 총회의 상징으로 언어·문화·신앙고백 등의 장벽을 넘어(초월하여) "다양한 교회, 다양한 신자들이 다함께 예배"라는 뜻이다. 천막 예배는 38년 전 일본의 히로시마와 나가사끼(Hirosima and Nagasaki)에 원자폭탄 투하를 기념하는 평화를 위한 철야 집회이었다.

실로 밴쿠버 총회의 예배의 특징은 언어·문화·신앙고백 등을 초월

한 예배, 세례·성찬·사역(B.E.M.)에 의한 예배, 전통적 예배형식과 자유분방한 신오순절 형식의 예배, 찬송과 아프리카 식 현대복음송의 혼합이었다.

공동성찬식(B.E.M.: Baptism, Eucharist and Ministry)

밴쿠버총회는 리마문서에 의하여 공동성찬식을 거행하였다.

예배의 절정에는 **W.C.C. 신앙·직제 위원회**에서 1982년 1월 15일 남미 페루의 수도 라마에서 채택한 "**라마 문서**"(Lima Documents)를 토대로 "**공동성찬식**"(B.E.M = Baptism, Eucharist and Ministry; **세례, 성찬, 사역**)을 거행하였다.

성공회의 칸타베리 대주교 **룬시**(Robert Runcie)가 집례하고, 로마 천주교 대표와 동방 정교회 대표는 성경봉독과 기도순서를 맡았다. 기도자 가운데 한명은 "우리가 같은 식탁에 둘러 앉아 빵을 떼고, 잔을 축복하므로써 그리스도의 몸 안에서 가시적 사귐에 곧 이룰 수 있도록 기도하나이다" 라고 하였다.

"리마 문서"란 교파·교리·신앙·예배의식 등의 차이점·상이점 등은 서로 인정하면서도 교회의 연합을 위하여 성찬식에 공동으로 참여한다는 것이다. 회원교회(교단들)은 1986년 말까지 "리마 문서"에 대한 공적인 입장을 W.C.C.에 보고토록 요구하였다.

주제(Theme) : "**예수 그리스도 – 세상의 생명**"(Jesus Christ – the Life of the World)이었다. 이 주제는 1980년 8월 W.C.C. 중앙위원회가 결의, 채택한 것이다.

밴쿠버 총회는 **8개 분과 위원회**(8 sections)에서 다양한 주제들을 토의하고, 보고서들을 채택하고, 시행하도록 회원 교단들에게 권고하였다.

제1분과(Section 1): 분열된 세계 속에서 증거(witnessing in a

divided world)

제2분과(Section 2): 하나 됨(연합)을 향한 단계들(taking steps towards unity)

제3분과(Section 3): 참여를 향한 움직임(moving towards participation)

제4분과(Section 4): 공동체 속에서의 치유와 나눔의 삶(healing and sharing life in community)

제5분과(Section 5): 평화와 생존에 대한 위협에 대처(confronting threats to peace and survival)

제6분과(Section 6): 정의와 인간 존엄성을 위한 투쟁(struggling for justice and human dignity)

제7분과(Section 7): 공동체 안에서 배움 (learning in community)

제8분과(Section 8): 신뢰할 수 있는 커뮤니케이션(communicating credibly)

제1분과(Section 1): "분리된 세계 속에서의 증거"

Ⅱ-10, "기독교 메시지를 남북미, 아프리카, 아시아, 태평양에 전달한 후기 선교사들은 복음과 문화와의 관계에 대한 이해에 있어서 새로운 문제를 제기하였다. … 바울처럼 유대인들에게는 유대인처럼, 헬라인에게는 헬라인처럼 되는 사람들이 언제나 있어 왔다 …"

"피선교지의 문화"는 피선교지 사람들 다수의 생각·의식구조, 그리고 그곳에 근거하여 나오는 생활양식이다. 그런데 피선교지 사람들 절대다수는 무속신앙과 이방 사신우상을 섬기며, 세상 풍속을 좇아 행하는 삶이다. 따라서 복음과 세상 문화 사이에 마찰과 충돌은 불가피하다. "

비평(A Critique)

W.C.C.는 **선교의 상황화**(Contexualization)를 주장한다. "바울처

럼 유대인에게는 유대인처럼, 헬라인에게는 헬라인처럼 되는 사람이 언제나 있어 왔다." 그와 같이 선교의 상황화란 피선교지의 사람들을 대상으로 선교하기 위하여 그 피선교지 사람들의 전통·풍속·문화·생활양식들을 그대로 받아 드리면서 그들에게 복음을 전하여야 한다는 선교 방법이다. 그들은 고린도전서 9:19-22과 같은 하나님의 말씀을 아전인수 격으로 오용한다.

우리는 유대인들이나 헬라인들에게서 이어 받을 것이 따로 있고, 이어 받으면 절대로 안 되는 것이 따로 있다. 로마에 가면 로마의 법을 따르라는 말의 단편적 의미를 무조건적으로 선교 방법에 적용시키는 것은 교회를 세속화 타락시키는 결과를 초래할 수밖에 없다.

6, "타종교 사람들 가운데서 증거함" 에서는 타종교인들과의 대화(Dialogue with other faith)를 강조하였다.

40, "우리는 사람으로서 또 그리스도인으로서 종교적으로 그리고 이데올로기적으로 다원화된 세계에 살고 있다. … 그러한 상황 하에서는 전도가 '우리로부터 그들에게로' 라는 일방 통행식이 되지 않는다. … '그들로부터 우리에게로 향하는' 전도도 있는 것이다 …'

41-1, "우리는 이번 6차 총회에 우리와 함께 해준 다른 종교를 갖고 있는 우리의 친구들에게 감사하는 뜻을 기록해 두고 싶다. 우리는 그들의 공헌을 높이 평가하고 있으며, 그들의 참석은 기독교인들이 세계 공동체에 전파하는 증거의 특별한 성격에 대한 의문점들을 우리에게 제기하였다.

41-2, "… 우리는 타종교인들 가운데서 종교적 진리를 추구하시는 하나님의 창조적인 사역을 인정한다."

49, "우리는 기독교인들과 다른 살아있는 신앙(other living faith)을 갖고 있는 사람들 간의 여러 만남을 통해서 차츰차츰 쌓여져 온 통찰력과 경험에 격려 받고 있다. 계속적인 만남의 열매를 고대 한다 …"

비평(A Critique)

"분열된 세계에서 증거함"이라는 보고서는, "우리가 증거하는 예수의 탄생·일생·죽음·부활의 독특함을 확신하면서도 우리는 타종교인들 중에서도 종교적 진리에 대한 추구 과정에 하나님의 창조적 사역이 있음을 인정한다"고 하였다. 어떻게 타종교들에도 하나님의 창조적 사역이 있다고 주장할 수 있는가? 이는 기독교의 계시의 독특성과 구원관을 정면 부인하는 종교다원주의적 발상이다.

제2분과(Section 2): "하나됨을 향한 단계들"

제3항, "이 목표를 향하여 지금 우리가 취해야 할 조치들"

16, … 세례·성찬·사역(B.E.M.)은 이미 12개국 이상의 언어로 번역되었다 … 이미 그 문서 속에 포함되어 있는 지침에 근거하여 밴쿠버에서 예배 드렸는데, 이것은 여기에 모인 많은 우리에게 기억에 남을 만하고 깊이 감동을 준 행사이었다. 이 경험에 힘을 얻어 우리는 공식 응답, 곧 각 교회가 이 문서에 있는 예배 생활에 관한 지침을 반드시 다루어 주는 것이 중요하다는 것을 강조하는 바이다(B.E.M. 서문).

비평(A Critique)

W.C.C.는 세계교회의 단일화를 위한 방법으로 교리·신앙고백·예배의식 등이 상이하나 성찬식에 같이 참여하므로 유형적 연합을 촉진한다. 비성경적 연합이다.

제5분과(Section 5): "평화와 생존에 대한 위협에 대처"

18-5, "기독교인들의 시민불복종을 정당화 할 수 있는 상황들에 대한 에큐메니칼 신학적 생활을 발전시켜야 하며, 가능한 비폭력적 시위 방법을 강구하여야 한다."

18-6, "전쟁 참여나 핵탄두와 그 수송차량 생산을 포함한 전쟁 준비에의 참여를 양심적으로 거부하는 사람들을 교회는 실제적으로 지지

해야 한다."

이 총회에서는 정의를 위한 투쟁과 평화를 위한 투쟁이 서로 분리되지 않는다고 강조하였다. 교회가 이러한 투쟁에 참여하는 일이야 말로 예수 그리스도에 대한 신앙고백이라고 보았다. 그리고 교회의 사회 참여를 교회의 사회봉사라고 하면서 교회의 사회봉사는 정의와 평화를 위한 투쟁으로 보았다. 해방신학의 관점에서 정의와 평화를 매우 강조한 것이다.

남아프리카공화국의 에큐메니칼 선봉자요, 동시에 급진적 좌경 운동의 핵심 인물인 **알렌 보작**(Allen Boesak)은 그의 연설에서 **"예수 그리스도는 세상의 생명이다.** 이 말은 실제로 억압을 반대하고 희망 없이 살아가는, 고난 받아 죽어 가는 수백만의 사람들을 위한 말이다. … 자유를 쟁취하기를 원하는 사람들은 비폭력적 방법으로 무엇을 할 수 있는가?" 라고 외치면서 **폭력의 합법성**을 주장하였다. 그리고 W.C.C.가 적극 추진하는 인종차별투쟁사업을 반대하는 자들을 맹렬히 비난하였다.

밴쿠버 총회에는 **한국의 대표단** 40명이 참가하였으며, 대한예수교장로회(통합측) 김형태 목사는 W.C.C. 중앙위원으로 피선되었고, 6년간 봉사하는 가운데 W.C.C.를 통하여 **"조선기독교연맹"** 과 접촉·교류·회의를 시작하였고, W.C.C.는 평양에 봉수교회를 건축하기 위하여 미화 $80,000, 야마하(Yamaha) 피아노 그리고 소형승합차 1대를 기증하였다. 조선기독교연맹은 북한 공산정권의 어용단체이다.

이 총회 시 제2부 순서에서는 유대교·불교·이슬람교·천주교·힌두교·시크교·일본의 신토이즘 등 15명의 타종교인들이 다 같이 모여 십자가를 떼버리고, 십자가 대신 큰 통나무 기둥을 세워놓고 그 앞에서 춤을 추며 혼합예배를 드렸다. 이는 제 5차 나이로비 총회 때보다 3배나 많은 숫자이다.

제8장 세계교회협의회(W.C.C.)의 총회들   131

칼 맥킨타이어(Dr. Carl McIntire) 박사와 역사적 기독교 신앙을 수호하는 보수 신앙인들은 W.C.C.를 반대하는 집회(A protest Rally against W.C.C.)가 회의장 밖에서 있었다. W.C.C.를 반대하는 진실된 그리스도인들은 회의장 밖에서 피켓들(pickets)을 들고, 십자가 정병들아 찬송을 부르며, 여호수아 군대가 여리고성을 함락할 때처럼 타원형으로 계속 돌고, 이 시대의 종교개혁자로서 칼 맥킨타이어 박사는 확성기를 손에 들고 강하고 담대하게 외치었다.

본 저자도 그 집회에 참가하였다. 이 부족한 종이 20세기의 영적 지도자이셨던 고(故) 칼 맥킨타이어 박사님 밑에서 오랜 세월동안 보좌할 수 있었던 것은 오로지 특별한 하나님의 은혜이다.

당시 맥킨타이어 박사는 전 세계 100개 이상의 나라, 500개 이상의 교단들이 가입되어 있는 "국제 기독교 연합회"(I.C.C.C.) 총재이었다. 그는 20세기의 위대한 영계의 지도자요, 철저한 반공주의자이었다.(**칼 맥킨타이어** 박사 : 조영엽 박사 신론·인죄론의 부록을 참조할 것).

정의 · 평화 · 창조의 보전(JPIC = Justice, Peace and The Integrity of Creation) — 밴쿠버 총회에서(1983)

정의 · 평화 · 창조의 보전은 W.C.C.가 1980년대 초부터 가장 우선시하는 과제들 중의 하나이다. 원래 정의 · 평화 · 창조의 보전은 1983년 W.C.C. 제 6차 밴쿠버(Vancouver) 총회에서부터 거론되었다. 정의 · 평화 · 창조의 보전은 세계도처에서 발생하는 정치적 탄압, 경제적 착취, 군사적 독재, 인권유린, ,인종차별, 성차별, 과학과 기술의 남용, 자연환경의 훼손 등으로부터 야기되는 여러 가지 문제들을 해결하자는 것이다.

다시 말하자면 불의, 전쟁, 환경의 파괴등으로부터 정의가 숨 쉬고, 평화가 깃들고 훼손된 환경이 다시 회복하여야 한다는 주장이다. 이런 문제들에 대하여 교회들이 무관심과 침묵으로부터 전향하여 전적으로 정의 · 평화 · 창조의 보전에 참여하여야 한다는 것이다.

정의 · 평화 · 창조의 보전 — 서울 대회 1990. 3.5 — 12

정의 · 평화 · 창조의 보전 서울 대회가 1990년 서울 잠실체육관 역도경기장에서 개최되었다. 서울 대회에서는 10가지 성명서(ten affirmations)를 발표하였다.

1) 우리는 모든 권세는 하나님께
2) 우리는 하나님은 가난한 자들에게 관심을 갖는다는 것을 확언한다.
3) 우리는 모든 족속들과 사람들은 동등한 가치를 지니고 있다고 확언한다.
4) 우리는 남자나 여자나 다 하나님의 형상대로 지음을 받았다고 확언한다.
5) 우리는 진리는 모든 자유인의 공동체의 기초가 된다고 확언한다.

6)우리는 예수 그리스도의 평화를 확언한다.
7)우리는 피조물들은 하나님의 사랑에 대상이라고 확언한다.
8)우리는 이 땅은 주님의 것이라고 확언한다.
9)우리는 신세대의 존엄성과 헌신을 확언한다.
10)우리는 인권은 하나님이 주신 것이라고 확언한다.
JPIC 서울 대회 이후로도 여러 곳에서 JPIC 대회들이 개최되었다.

7. 세계교회협의회(W.C.C.) 제7차 총회

일시 : 1991. 2. 7. - 20.
장소 : 호주 캔버라(Canverra, Australia)
주제 : 오소서 성령이여 - 만물을 새롭게 하소서!
참가 회원 교단 : 317 회원 교단, 842명 대표
중앙위원회 의장 : Heinz Joachim Held
중앙위원회 부의장 : Metropolitan Chrysostomos
의장단 : H. E. Dame R, Nita Barrow, Marga Buehrig, Metropoli-tan Paulos Mar Gregorios, Johannes W. Hempel, Ignatios IV, W. P. Khotso Machulu, Lois M. Wilson
총무 : 에밀리오 카스트로(Emilio Castro)

캔버라 총회는 독일의 베를린 장벽(Belin wall)이 무너지고 동시에 냉전(Cold war)도 종식되고, 동구라파 여러 나라들이 서유럽 나라들의 경제제도(사장 경제)를 도입한 후 처음으로 열리는 총회이었다.

W.C.C. 제7차 총회는 호주(오스트레일리아)의 수도 **캔버라**(Canberra)에서 1991년 2월 7일부터 21일까지 개최되었다. 이 총회에는 세계 113개국, 316교단에서 7교단이 또 새로이 가입하므로 총 323개 회원 교회 대표들이 참석하였다. 7개 교단은 필리핀성공회, 침례자유오순절교회, 남아공화국화란개혁교회, 볼리비아루터교회, 엘살바도르침례교회, 산살바도르루터교회 등이다. 총대는 947명 중 889명이 참석하였다.

대표들 중에는 여성·청년·평신도들이 절대과반수 이었다. 따라서 여성·청년·평신도들이 움직이는 단체라는 인상을 짓게 한다.

- 로마 가톨릭교회에서는 25명이 옵저버로 참석하였고, 그 이외에도 상당수의 가톨릭 신도들이 방청하였다.
- 이 총회에는 이방종교들에서 10명의 대표자들, 1500명의 방문객들

그리고 비회원교단들로부터 200명의 옵저버들도 참석하였다.

• 우리나라에서는 10명의 대표와 20명 이상의 공식 방문자들이 파송되었다. 10명의 대표들은 황화자(여성 대표, 예장통합), 이삼열(평신도 대표), 김형태(목사 대표), 유혜연(청년 대표), 박종화, 박근원, 김형기(기장), 박봉배, 언마리, 안주혜(기감) 등이다.

• 중국기독교협의회 W.C.C.에 가입

중국기독교협의회 (C.C.C. = China Christian Council)는 W.C.C. 제7차 총회 때 다른 6개 신입회원 교회(교단)들과 함께 W.C.C.에 가입하였다. W.C.C. 기관지(E.N.I.)에 의하면, 중국기독교 협의회는 317번째 회원교단이 되었고, 이미 1948년 8월 화란의 암스텔담에서 개최되었던 W.C.C. 제1차 창립총회 때 T. C. Chao가 이끄는 중국의 4교회(장로교·감리교·성공회·침례교) 대표들이 초대회원으로 참석하였으며, T. C. Chao는 W.C.C. 6명의 회장단 중에 1인이 되었다. 그러나 T. C. Chao와 중국교회는 1950년 6월 25일 일어난 한국동란(전쟁)시 U.N.군이 대한민국을 위하여 참전한 것에 대항하여 W.C.C.를 탈퇴하였다.

1989년 W.C.C.의 세계선교·전도위원회(C.W.M.E. = Commission on World Mission and Evangelism)가 미국 텍사스 주 싼 안토니오(San Antonio, TX.)에서 모였을 때 중국 기독교대표들은 중국 정부의 허락을 받아 참석하였으며,

1991년 W.C.C. 제7차 총회가 호주의 수도 칸바라(Canberra)에서 개최되었을 때 중국기독교협의회는 W.C.C.에 가입하였다. W.C.C. 제1차 총회 참석 이래 43년만 이었다.

현재 중국에는 중국 정부산하 기독교협회(일명 양회)에 속한 교회들(일명 3자 교회)이 있고, 기독교협회에 속하지 않은 지하교회들이 있다.

• 이 대회에 이북의 **"북한조선기독교도연맹"** 고기준 목사, 이철민

목사, 엄영섭씨 등 대표 4명이 옵저버 자격으로 참석하였다. 그들은 조선민주주의 인민공화국(북한)에는 기독교도연맹 교인수가 1만 명이 넘고, 교회는 둘(2)이 있다고 주장하였다. 물론 그 당시는 평양에 장충교회와 봉수교회만 있었다. 그러나 지금은 평양에만 장충교회, 봉수교회 이외에도 칠곡교회, 반석교회, 장대현교회 등이 있으며 이 교회들은 모두 조선기독교연맹산하 교회들이다. 조선기독교연맹산하 목사와 신자들은 김정일 정권의 꼭두각시들이고, 참 신자들은 지하에서 옛 신앙을 지키기 위하여 핍박 중에도 인내로 믿음을 지키고 있다.

주제(Theme) : 오소서 성령이여 - 만물을 새롭게 하소서!(Come, Holy Spirit - Renew the Whole Creation)

역대 W.C.C. 총회들은 성자 예수 그리스도를 주제로 삼았다.

제2차 총회 주제 : "예수 그리스도 - 세상의 소망"

제3차 총회 주제 : "예수 그리스도 - 세상의 빛"

제5차 총회 주제 : "예수 그리스도 - 해방하고 연합 한다"

제6차 총회 주제 : "예수 그리스도 - 세상의 생명"

그러나 W.C.C. 제7차 총회의 주제는 "성령"(Holy Spirit)이었다.

주제(Theme) : "성령이여, 오소서! 창조의 세계를 새롭게 하소서!"

이번 총회의 주제는 기도형식으로 성령의 역사에 초점을 맞추었다.

주제는 4개 분과(4 sections)로 나누어 진행하였다.

제1분과(Section 1): 생명을 창조하신 하나님 - 당신의 피조세계를 보존해 주소서!(Giver of life - sustain your people)

제2분과(Section 2): 진리의 성령이여! - 우리를 자유케 하소서!(Spirit of truth - set us free)

제3분과(Section 3): 한분이신 성령이여! - 당신의 백성들을 화해케 하소서!(Spirit of unity - reconcile your people)

제4분과(Section 4): 거룩하신 성령이여! - 우리를 변화되게 하시고

거룩하게 하소서!(Holy spirit – transform and sanctify us)

모든 참석자들은 천막 예배장소를 행진하면서 "평화의 성령이여! – 당신의 백성들을 화해케 하소서!"라고 기도 드렸다. 그리고 W.C.C. 제6차 총회에서와 같이 이번 제7차 총회에서도 **"리마 예식서"**(Lima Liturgy)에 따라 장장 2시간 예배를 드렸다. 라이마 예식서는 1982년 페루의 수도 라마에서 선포되었고, 1983년 W.C.C. 제6차 총회에서 결의한 **공동성찬식**을 말한다. 그러나 동방정교는 이 성찬식에 불참하였다.

이 총회에서는 게으르그 정교회(Orthodox Church)가 W.C.C.를 탈퇴하였고, 그 뒤를 이어 불가리아 정교회도 탈퇴하였다. 러시아 정교회와 세르비아 정교회도 W.C.C.를 신랄하게 비판하였다. 그 이유는 W.C.C.는
① 신학적 포용주의 – 다양성 안에서의 통일성을 주장,
② 여성안수 찬동,
③ 동성애(Homo Sex) 찬동,
④ 아버지와 어머니 – 하나님을 아버지와 어머니라고 호칭 –
　　　　　　　　　　남녀평등,
⑤ 사회에 부정적 – 문화적 타락,
⑥ 세례·성찬·사역 – 공동성찬 같이 참여,
⑦ 이방종교들과 대화 등등을 반대하기 때문이었다.
동방정교회가 위의 항목들을 반대하여 탈퇴하거나 W.C.C.의 구조조정을 강력히 요구한 것은 잘한 일이다. 그렇다고 동방정교의 신앙·교리·예배의식이 옳다는 것은 절대 아니다.

● 이 총회에서도 힌두교, 불교, 이슬람교, 시크교, 유대교, 조르아스터교, 천주교 등 15개 종파들을 초청하여 모든 프로그램에 동참케 하였다. 저들의 궁극적 목적은 기독교 내의 여러 교파·교단들과 가톨릭교

는 물론 이방 종교들까지도 포용하여 종교다원주의를 모색하는 것이다.

제1분과(Section 1): 생명을 창조하신 하나님 – 당신의 피조세계를 보전해 주소서!

1."창조신학 : 우리 시대의 도전"

15항, "자연계 내에서 인간의 위치는 무엇인가? 우주 공간 내에서 물로 가득찬 작은 점에 불과한 지구 그 자체는 약 45억년이 되었다. 생명은 약 34억 년 전에 시작되었다. 우리 자신은 약 8만 년 전에 출현했는데, 창조주의 눈으로 보면 순식간에 지나간 어제에 불과하다 …"

비평(A Critique)

이 지구는 약 45억 년 전에 되었고, 모든 생명체의 생명은 약 34억 년 전 에 시작되었으며, 인간의 생명은 약 8억 년 전에 시작되었다고 주장한다. 그러면서도 지구, 모든 생명체 그리고 사람의 생명을 누가 창조하였는지는 유구무언이다.

지구 창조와 모든 생명체의 시작의 간격이 11억년, 다른 생명체들과 인간 생명체의 시작의 간격이 26억년이라는 주장이다.

이것은 유신 진화론 자들의 주장이다. 그들은 근거 없는 상상과 추측으로 지구의 연대를 수억 년 또는 수억만 년 전이라고 주장한다. 그러나 성경은 하나님의 창조의 시기를 "태초에"(베레쉬트, בְּרֵאשִׁית, in the beginning)라고 말씀하신다. 그럼에도 불구하고 "태초에"라는 창조의 시기가 언제라고는 명확히 지적하지 않았다.

성경은 하나님의 창조 사역의 기간을 문자적 6일로 말씀하셨다(창 1:1-31). 창조사역의 특징은 하나님의 초자연적 능력의 말씀으로, 무(無)에서, 즉각적으로, 문자적 6일 동안에 창조하셨다고 계시해 주셨다. 지구 창조와 생명체들의 창조, 그리고 인류 창조의 시기는 저들이 허황된 추측으로 무책임한 말들을 하듯이 그렇게 장기간에 걸쳐서 창조하신 것이 아니다. 만일 지구 창조이후 11억년이 지나서 모든 생명체를, 그리고 모든 생명체 창조 후 26억년이 지나서 사람을 창조하셨다면 그것은 전연 상식과 이치에도 맞지 않는다. 그러므로 저들의 소위 이른 바 간격설(Gap Theory)은 고고학·지질학·과학 등에도 어떠한 지지를 받지 못하며 특히 하나님의 말씀에 위배된다.[27]

제2분과(Section 1): 진리의 영 – 자유케 하소서

제47항, "호주에서 개최되고 있는 금번 총회에서 우리는 특별히 호주 토착민(원주민, aboriginal Australians) 형제자매들이 그들의 역사·문화·영성 그리고 토지권 유지를 위해 투쟁한 것을 알고 있다 … 우리는 호주와 다른 나라들에서 행해지고 있는 토착민(원주민)들을 위한 정의를 추구하는 모든 사람들을 지지한다"고 하면서 정부로 하여금 토착민들로부터 빼앗은 땅을 돌려주라고 요구하였다.

정현경 교수의 초혼제

특히 한국에서는 당시 이화여자대학교 기독교학과 **정현경** 교수(조직신학)가 제3세계와 여성을 대표하여 **"성령이여 오소서! 온 누리를 새롭게 하소서"** 라는 주제를 발표하였다. 그리고 정 교수는 무릎을 꿇고 앉아서 초혼문을 읽으면서 초혼제를 진행하였다.

초혼문 : 기원(Invocation)
" '오소서, 성령이여– 만물을 새롭게 하소서'
오소서! 애굽인 하갈의 영이여! 우리의 믿음의 조상들인 아브라함과 사라에 의해서 착취당하고 버림받은 흑인여성입니다.
오소서! 우리아의 영이여! 당신은 다윗 왕에 의하여 전쟁터로 파병되어 살해된 충성스러운 군인입니다. 다윗의 음욕이 당신을 죽게 한 것

---
27) 조영엽, 『신론·인죄론』, 생명의 말씀사, 2007년, pp. 203-243.

입니다.
오소서! 예수 탄생 시 헤롯왕의 군인들에 의하여 살해된 어린아기들의 영이여!
오소서! 잔다크의 영혼과 중세기에 화형으로 살해된 무당들의 영이여!
오소서! 십자군 때 죽은 사람들의 영이여!
오소서! 토착민의 영이여! 식민지 시대와 위대한 기독교 선교시대에 죽어간 영혼들이여!
오소서! 히틀러의 유대인 학살당시 가스실에서 죽어간 영혼들이여!
오소서! 히로시마와 나가사끼에서 원자탄에 죽은 사람들의 영혼들이여!
오소서! 인간들의 금전욕에 의해서 고문당하고 착취당한 흙, 공기, 물의 영들이여!
오소서! 걸프전에서 죽어가는 군인들, 민간인들, 해양생물들의 영들이여!
오소서! 십자가상에서 고문당하시고, 죽임을 당하신 우리 형제이신 해방자 예수의 영이시여!"

정현경 교수는 당시 36세의 젊은 교수로서 한복 소복차림으로 사물놀이 패를 앞세우고 무대에 나타났을 때, 이미 무대에서는 호주 원주민 중 두 사람과 호주 한인교회 청년들로 구성된 춤추는 사람들이 토착적인 무속 춤을 추고 있었다. 이어서 객석의 불이 꺼지고, 호주 원주민 악사가 무대에 등장하여 전통악기를 연주하였다. 원주민 무용수가 땅을 축복하는 춤을 추었고, 드디어 정현경 교수가 출연하여 춤을 추기 시작하였다. 정 교수의 춤은 사물놀이 패의 사물놀이와 호주 원주민의 민속춤으로 둘러 싸였다. 급기야 정 교수는 춤을 멈추고, 향불을 담은 그릇을 들었고, 그것에서 한 맺힌 영혼들의 이름이 적힌 창호지에 불을 붙여 하늘에 재로 날리면서 영문 초혼문을 읽으며 초혼제를 올렸다. 그것은 초혼제 신학을 소개한 것이다. 그리고 사물놀이를 하며 춤을 추며 퇴장하였다. 그녀는 주장이 매우 강하고, 생각이 매우 개방적이며, 행동이 매우 모험적인 여성이다.

비평(A Critique)
1. 정 교수는 "초혼제" 제사를 드렸다.

초혼제(Invocation of the spirit of a deceased)는 죽은 사람들의 "혼"들을 불러내어 그들의 한을 풀어주는 제사로서 초혼제는 미신적 무속신앙(Shamanism)에 근거한다. 죽은 사람의 혼을 불러 내어 교통하고 교제하는 것은 강신술(Necromancy)이요, 죽은 사람의 영혼을 위로하는 것은 초혼제이다. 정 교수는 그녀의 초혼제 기원문에서 18번이나 오소서!를 하였다.

2. 정 교수는 "한의 신학"을 주장하였다.
"한(恨)으로 가득찬 영들과 함께하시는 성령의 나라"

"나는 한으로 가득찬 영들의 나라 한국에서 왔다. 한은 분노(anger)이다. 한은 원한이다. 한은 비통이다. 한은 슬픔이다. 한은 상처받은 마음이며 해방을 위하여 투쟁하는 저력이다. 한은 불의로 죽음을 당하고 유리방황하는 영들이다 …"

"한의 신학" 이란 한 맺힌 영혼들의 한을 풀어주는 이른바 한의 신학을 말한다. "한의 신학"을 일명 민중 신학(Min Jung Theology)이라고도 한다. 해방신학은 기독교의 탈을 쓴 맑스 공산주의 신학이다.

민중 신학에서 **민중**(오클로스, οχλος: crowed: 군중)은 정치적으로는 억압받는 자(the oppressed), 경제적으로는 가난한 자(the poor), 사회적으로는 소외된 자(the alienator)를 가리킨다.

그들의 주장에 의하면 독재정권에 항거하므로 억압받고, 가진 자(자본가) 때문에 가난하고, 사회적으로 소외되었으니 독재정권과 자본주의 경제체제를 타도하고 빈부격차 없는 정의와 평화의 나라를 건설하자는 것이다. 따라서 민중 신학은 소수 급진주의자들의 좌파 정치신학으로 남미의 해방신학과 일맥상통한다.

민중 신학자들은 서남동 · 안병무 · 김정준 · 김용복 · 문희석 · 박준재 · 서

광선·김경재·민영진 등이며, 이들은 한신대, 장신대, 연세대 신과 등의 교수들이다.

민중 신학의 절정기 : 민중 신학은 1960년대 초부터 싹트기 시작하여 80년대까지 장기간 민중 신학자들, 자유주의 교회들의 주도적 소위 성직자들, 소위 민권운동가들에 의하여 격렬한 시위·폭력으로 사회를 엄청나게 혼란케 하였다.

3. 정 교수는 "예수는 해방자"라고 하였다.

"형제이신 해방자 예수의 영이시여!" 라고 하므로 예수는 한 맺힌 영들을 해방시키는 해방자라고 주장한다. 그와 같은 주장은 남미의 **해방신학**(Liberation Theology)과 맥락을 같이 한다.

해방신학에서 해방은 정치·경제·사회 등 모든 면에서 기존 체제와 질서를 정면 부정하고, 계속적 투쟁을 통하여 억압하는 자나 억압받는 자 없는, 빈부격차가 없는, 계급 없는 사회(classless society)를 건설하자는 것이다. 이것이 바로 공산주의자들의 유토피아(Utopia: 지상 낙원) 사상이다.

그러나 성경의 예수 그리스도, 우리가 신앙으로 고백하는 예수 그리스도는 성자 하나님으로서 우리 죄인을 죄와 사망과 사탄의 권세에서 구속하시고, 영생복락을 누리게 하기 위하여 도성인신(Incarnation) 하시고, 고난 받으시고, 최후에는 골고다 언덕 십자가 상에서 보혈(precious blood)을 흘려 죽으심으로 객관적 구속사역을 완수하신 우리의 구주와 주님이시다 (요 3:16; 행 4:12; 16:31; 롬 5:8). 죄에서 자유를 얻게 함은 보혈의 능력!

4. 정 교수는 예수님을 "형제"라고 격하(格下)하였다.

"형제이신 해방자 예수의 영이여!" 라고 하므로 예수님을 격하시겼다. 그러나 예수님은 우리를 죄와 사망에서 구속하여 주신 우리의 구주(Our Personal Saviour)이시요, 우리의 주님(Lord)이시다(마 1:21; 눅 1:31; 골 2:6, 10; 엡 1:22; 고전 15:25). 예수님은 높고 높은 영광의 보좌를 내놓으시고 낮고 천한 이 세상에 오셔서 죄인인 우리를 향하여 친구여! 또는 형제여! 라고 불로 주셨다. 그렇다고 죄인인 우리가 성자 하나님께 "형제"라고 부를 수 있는가?

5. 정 교수는 "성령과 한 맺힌 죽은 사람들의 영들을 동일시"하였다.

정 교수는 성령님을 "오소서! 성령이여!"와 한 맺힌 죽은 자들의 영혼들을 "오소서! … 영혼들이여!" 라고 하므로 성령님과 죽은 사람들의 영혼들을 동일시하였다. 기독교 역사에서 – 성령론에서 – 상상할 수 없는 희귀한 사건이었다. 그러므로 1991년 2월 18일자 W.C.C. 대회 신문은 정 교수의 성령은 분명하지도 않아서 교회의 혼란을 가져오며, 교회의 연합을 깨드릴 위험을 않고 있다. 혼합주의의 산물이다. 성령과 한 맺힌 사람들의 영혼들이 다 동일하다? 기독교의 세속화, 민족주의화, 이교화를 가져왔다 등등 격렬한 비판의 소리들이 쏟아져 나왔다.

그러나 성경의 성령, 우리가 신앙으로 고백하는 성령님은 제3위의 성령 하나님으로 생명의 영(롬 8:2), 양자의 영(엡 1:5), 자유의 영(고후 3:17), 위로의 영(요 14:16, 17, 26), 보혜사이시다.

6. 정 교수는 "물활론"(Animism)을 주장하였다..

"오소서! 인간들의 금전욕에 의하여 고문당하고 착취당한 흙·공기·물의 영들이여!" 라고 하므로 물활론을 주장하였다.

물활론이란 나무·돌·흙·공기·물 같은 물질에도 영혼이 있다는 신앙이다. 물활론은 일종의 범신론이다.

어떻게 한국의 일류대학교 기독교학과 조직신학 교수가 기독교의 교리를 바로 배우기를 열망하는 학생들에게 이런 것들을 주장하며 가르칠 수 있으랴! 도저히 상상할 수 없는 일들이다.

※ **정현경**은 미국 뉴욕시에 있는 유니온신학교(Union Theological Seminary)에서 철학박사(Ph.D.) 학위를 받은 후 모교 이화여대에서 1989-1996년까지 교수를 역임한 개방적인 신학자이다. 정 교수는 동창들과 학부모들의 압력으로 이화여대를 떠났으며, 현재는 유니온신학교 조직신학 교수이다. 1999년부터 2000

년까지 안식년 때 히말라야에서 1년간 수행했고, 2000년 겨울에는 머리를 깎고 계룡산 신원사에서 스님들과 함께 동안거를 했다. 정현경은 불교적 페미니스트 기독교 신학자(feminist theologian)로 불교, 도교, 이슬람공부를 하였다. 정현경은 2003년 차도르를 쓰고 이슬람 국가에서 살았다. 정현경은 1993년 11월 미국 미네소타주 미네아폴리스에서 모인 W.C.C. 대회에서 성령(the Holy Spirit)을 고대 아시아의 신들(ancient Asian deities)과 동일시하였고, 2,000여 명의 여성 청중들에게 "나의 내장(bowel)은 불교의 내장이요, 나의 심장(heart)도 불교도의 심장이며, 나의 오른쪽 두뇌(brain)는 유교도의 두뇌이고, 나의 왼쪽 두뇌는 크리스챤의 두뇌이다"라고 하였다. 정현경은 1998년, 12월 3-14일까지 아프리카 짐밥웨의 수도 하라레 (Harare, Zimbabwe)에서 열린 W.C.C. 제8차 총회에서 예수님이 말씀하신 요한복음 14:6의 내용으로 "그리스도가 천국에 이르는 유일한 길인가?"라는 질문을 받았을 때 정현경은 "예수님이 실수한 것이다(Jesus has mistaken)"라고 대답하였다.

미국 뉴욕시에 있는 유니온신학교는 처음부터 자유주의 신학교들 중 최선봉에 있는 신학교이다. 1891년 1월 20일 챨스 브릭스(Briggs,Charles. 1841-1913)는 유니온신학교에서 총장 취임 강연을 할 때 아담스 예배실은 만원이었다. 그는 말하기를 "성경은 종이에 글씨를 인쇄해서 제본한 책이며, 그 이상은 아무것도 아니다"라고 했고, 학생들에게서 큰 박수갈채를 받았다. 그는 성경의 무오성과 축자영감(inerrancy and verbal inspiration) 교리를 부인한 신신학자였다. 유니온신학교는 처음부터 미국에서 가장 자유주의적인 신학교이며 지금도 그 정체성을 그대로 유지하고 있다. 우리나라에도 유니온신학교에서 배운 학생들이 자유주의 계통의 신학계와 교계로 진출해 그들의 자유주의신학을 보급하고 있다.

8. 세계교회협의회(W.C.C.) 제8차 총회

일시 : 1998. 12. 3. - 14.
장소 : 짐바웨 하라레(Harare, Zimbawe)
주제 : 하나님께 돌아가라. 희망 중에 기뻐하라.
참가 회원 교단 : 336개 회원 교단, 966 대표
중앙위원회 의장 : Aram I. Cathalicos
중앙위원회 부의장 : Marion S. Best Sophia O. A. Adinyira
의장단 : Agnes Abuom, Kathryn Bannister, Jabez Bryce, Chrysos-tomos of Ephesus, MoonKyu Kang, Federico J. Pagura, Eberhardt Renz, Zakka I Iwas Ignatius
총무: 콘라드 레이저(Konrad Raiser)

W.C.C. 제8차 총회는 1998년 12월 3일부터 14일까지 아프리카 짐바웨(Zimbawe)의 수도 **하라레**(Harare)에 있는 짐바웨 대학교에서 개최되었다. 이번 총회는 W.C.C. 창립 50주년을 맞이하는 **희년 총회**이며, 인종차별 투쟁사업 30주년 **기념 총회**이며, 20세기 W.C.C. 마지막 총회이며, 1975년 케냐 나이로비에서 제5차 W.C.C. 총회에 이어 두 번째로 아프리카 대륙에서 열리는 총회이었다.

966명의 총대들 중에는 남자 599명, 여자 367명, 청년 134명이었다.

제8차 총회 시에는 **8개 교회(교단)가 W.C.C. 의 정회원으로 가입**하였다.

기독교개신교앙카라교회(루터파, 인도네시아), 숨바기독교회(개혁교, 인도네시아), 해리스트교회(Harrist Church, 아이보리 코스트), 아프리카교회(African Instituted, 남아공화국) 나이지리아그리스도개혁교회, 짐바웨그리스도연합교회, 콩고성공회, 콩고복음주의루터교회.

가톨릭에서는 23명의 대표단이 옵저버 자격으로 참석하였으며, 46명의 초청받은 인사들 중에는 이방종교인들 8명, 북한의 **조선기독교연맹 대표 4명도 포함되어 있었다.** 조선 기독교도 연맹이 W.C.C. 총회에 참석한 것은 이번이 처음이다. 324개 교단 약 5,000명의 기독교인들이 참석하였다. W.C.C. 총회 역사상 가장 큰 모임이었다.

예배시간에는 **아프리카 리듬**(African rhythms)에 맞추어 현대복음송들을 불러 예배의 분위기는 더욱 아프리카의 무드(mood)로 조성되었다. 아프리카 특유의 리듬이란 째즈(Jazz)와 부르스(blues) 형태의 노래로 몸을 율동적으로 움직이면서, 트럼펫·트롬본·섹스폰 같은 악기들을 불어대며, 쉰 목소리(husky)같은 음성으로 노래를 부르는 것을 말한다. 찬송의 토착화가 정착된 것이다.

벌써부터 W.C.C. 지도층에서는 W.C.C. 총회 개최에 내부적 문제가 발생하였다. 그것은 곧 W.C.C. 회원 교회들 안에는 여자 목사, 히피 목사는 물론 호모섹스 목사들이 있는 회원 교회들이 많이 있다는 사실이다. 그 회원 교회들 중 하나인 화란 개혁교의 **카렐 블레이**(Karel Blei) 목사는 W.C.C. 총무 **콘라드 레이저**(Konrad Raiser)에게 차기 W.C.C. 총회 개최지인 짐바웨의 **로버트 무가비**(Robert Mugabe) 대통령으로 하여금 동성애 목사들의 입국과 신변의 안전을 보장받을 것을 계속 요청하였다. 무가비 대통령은 동성애자들을 엄벌할 것을 수차에 걸쳐서 공적으로 공언한 바 있기 때문이다.[28] 마침내 짐바웨 정부는 동성애 총대들의 입국과 신변의 안전을 보장하겠다고 약속하였다.
  이 총회에서는 동방정교 산하 불가리아정교(Bulgarian Orthodox Church)와 동양정교 산하 에리트리안정교(Eritrean Orthodox Church) W.C.C.를 탈퇴하였다.

---

28) *Ecumenical News International*, 1995. 9. 20, 95-0370.

하라레 총회에서 회개를 위하여 누가복음 1:46-55 마리아의 송가를 함께 묵상하되 특히 52절 "권세 있는 자를 그 위에서 내리치셨으며 비천한 자를 높이시고"를 깊이 묵상하였다.

서유럽에서 온 목회자들은 서구의 물질적 풍요로움이 다른 대륙들의 희생을 토대로 하여 누리는 것이라고 회개하였다.

남미비아에서 온 한 목회자는 과거에는 눌린 자였으나 지금은 누르는 자가 되었다고 회개하였다.

주제(Theme) : "하나님께로 돌아가라. 희망 중에 기뻐하라" (Turn to God; Rejoice in Hope). W.C.C. 제 8차 총회는 " 하나님께로 돌아가라"는 주제하에 4개 분과로 나누어 다양한 주제들을 토의하고, 보고서들을 채택하고, 시행하도록 회원 교단들에게 권고하였다.

제1분과(Unit 1), 일치와 갱신(Unity and Renewal)
신앙과 질서(Faith and Order)
: 신앙과 질서는 지역연합운동에 참여하므로 공동체의 협력을 증진하여 교회의 연합을 위한 연구를 계속할 것..

포용적 공동체를 향한 평신도 참여(Lay Participation towards Inclusive Community)
: 포용적 공동체를 향한 평신도 참여는 W.C.C. 안에 있는 단체들은 물론 W.C.C. 밖에 있는 단체들의 활동에도 평신도 사역을 동참케 할 것.

에큐메니칼 신학교육(Ecumenical Theological Education)
: 에큐메니칼 신학교육은 신학교육 기관들로 하여금 유형적 연합운동과 토착화 신학을 교육시킬 것.

예배와 영성(Worship and Spirituality)
: 예배와 영성은 각기 다른 전통·문화·상황 하에 있는 교회들이 보다 더 열광적인 열린 예배로 일치를 도모할 것.

제2분과(Unity 2), 선교 · 보건 · 교육 · 증거(Mission · Health

· Education · Witness)
선교(Mission) : 다양한 교파, 교단에서 파송받은 선교사들이 피선교지의 전통·문화·생활양식 등을 연구하고 선교할 것.
보건(Health) : 보건은 넓은 의미에서 육체의 치유(healing) 특히 HIV/AIDS 치료도 포함할 것.
교육(Education) : 교육은 급속도로 변화하는 상황에 비추어 전략적 유연성 (flexible stragtegies)으로 대처하여 교육할 것
도시산업선교(Urban Rural Ministry) : 도시산업선교는 중산층 교회들로 하여금 사회저변에 있는 사람들에게 관심을 가지고 전도케 할 것 등이다

제3분과(Unit 3), 정의 · 평화 · 창조(Justice · Peace and Creation)
〈참조〉 정의 · 평화 · 창조의 보존 - 서울 대회 1990.

제4분과(Unit 4), 나눔과 봉사(Sharing and Service)

넬슨 만델라 - W.C.C. 총회에서 연설
총회 기간이 끝날 무렵 1998년 12월 3일(일요일) 남아프리카 대통령 **넬슨 만델라**(N. Mandela)가 총회를 방문하였다. 그는 W.C.C. 총회에서 연설하기를,

"W.C.C.는 사람의 권리를 위해 눌린자와 착취당하는 자편에 서서 싸운 선구자로 항상 알려져 왔습니다(WCC has always been known as a champion of the oppressed and the exploited). 다른 한편 W.C.C. 이라는 명칭은 우리나라를 지배해온 사람들(백인)의 마음에는 두려움이 됩니다. 우리 사람들 다수는 W.C.C.라는 명칭을 기쁨으로 듣습니다. W.C.C.는 우리에게 큰 용기와 감명을 줍니다 …"

라고 치하하면서 앞으로도 W.C.C.가 계속 눌린자와 착취당하는 자들

을 위하여 싸울 것을 당부하였다.

만델라는 계속하여 말하기를 "… W.C.C.가 지난 30년 동안 남아프리카공화국과 남부 아프리카의 여러 해방운동 단체들(공산주의 게릴라 단체들)을 지원해 온 것에 대하여 깊이 감사한다"라고 하였다.

비평(A Critique)

로마 기톨릭과 W.C.C.는 에큐메니칼(일치·연합) 운동의 일환으로 1965년부터는 연합사업그룹(J.W.G. = Joint Working Group)을 신설하고 연합운동을 촉진하고 있다. 물론 로마 가톨릭의 교리와 예배의식(예전)은 개신교회들의 교리와 예배의식과 일치하지 않는 것들이 많이 있다. 물론 개신교회들에는 다양한 교파·다양한 교리, 그리고 예배의식이 있어서 개신교 안에서도 일치란 불가능하다. 저들은 유형적 연합을 주장하나, 무형적 연합에 근거하지 않은 유형적 연합이란 인본주의적·세속적 조직의 연합에 불과하다.

가톨릭 교황 요한 바오로 2세(John Paul Ⅱ) - W.C.C.에 축하 메시지

W.C.C. 창립 50주년(희년)에 즈음하여 교황 **바오로 2세**는 W.C.C. 총무 콘라드 레이저(Konrad Raiser) 앞으로 1998년 11월 24일 축하 메시지를 보냈고, 그 축하 메시지는 12월 4일 마리오 콘티(Mario Conti, 스코틀랜드)가 대독하였다.

> "… W.C.C.와 가톨릭과의 관계에 관하여 연합사업그룹(J.W.G.)의 테두리 안에서 미래 연합의 방향으로 나아가는 길이 우리의 희망이다 …"

비평(A Critique)

동방정교 콘스탄티노플 대주교 **바돌로메오**(Bartholomew)와 동양정교 전(全) 아르메니아 대주교 카레킨 I세(Karekin I)도 W.C.C. 창립 50주년(희년) 축하 메시지를 보냈다.

김대중(Kim Daejung) (前)대통령 - W.C.C.에 축하 메시지

"저는 W.C.C. 제8차 총회가 금년 짐바웨의 하라레에서 개최됨을 매우 기쁘게 여기며, 모든 참가자분들에게 나의 마음 중심으로 축하드립니다 … 남아프리카의 넬슨 만델라(Nelson Mandela) 대통령이 W.C.C. 총회를 방문하고 연설한 것은 W.C.C.가 저를 포함하여 고난과 핍박받은 사람들을 위하여 투쟁하여 왔다는 증거입니다 … 저는 이 총회가 넘치는 축복의 축제(festival)가 되기를 진심으로 희망합니다 …"

1998년 12월 2일 김대중.

비평(A Critique)

김대중 씨는 대한민국의 대통령이었다. 그리고 대한민국은 무신론 공산주의를 반대하고 자유민주주의와 시장경제를 주축으로 한 자유 대한민국이다. 그런데 어떻게 자유 대한민국 국민이라는 사람이 처음부터 공산주의를 찬양하고 공산주의 게릴라 단체들에게 오랜 세월 동안 막대한 자금을 제공해온 W.C.C., 맑그주의의 탈을 쓴 해방신학을 주장해온 W.C.C., 여성 안수는 물론 호모 섹스자들(동성애자들)에게까지 성직 안수를 장려하는 기독교의 타락된 그 단체를 어떻게 옹호하며 축하 메시지를 보낼 수 있겠는가? 자유 대한민국 국민이라면, 있을 수 없는 일이다.

9. 세계교회협의회(W.C.C.) 제9차 총회

일시 : 2006. 2. 14 - 23.
장소 : 브라질 포르토 알레그레(Porto Alegre, Brazil)
주제 : 하나님 당신의 은총으로 세상을 변화시키소서!
참가 회원 교단 : 347개 회원 교단, 728명 대표
총무 : 사무엘 코비아(Kobia, Samuel)

W.C.C. 제9차 총회는 브라질의 남부도시 **포르토 알레그레**(Porto Alegre, Brazil)에 소재하는 **리오 그란데 대학교**(Univ. of Rio Grande)에서 2006년 2월 14일부터 23일까지 개최되었다.

포르토 알레그레는 약 150만의 인구가 살고 있는 브라질 남부에서는 가장 큰 도시이며, 리오 그란데 대학교는 가톨릭 계통 학교이다. 로마 가톨릭은 W.C.C. 회원은 아니나 W.C.C. 산하 여러 나라들의 전국교회협의회(N.C.C.)들과 에큐메니칼 운동을 같이 하고 있다. 그러므로 W.C.C.가 가톨릭대학교 캠퍼스(campus)를 총회 장소로 사용하게 된 것이다.

로마 가톨릭에서는 **교황청기독교일치촉진국**(Pontifical Council for Promoting Christian Unity)의 회장인 **월터 캐스퍼**(Walter Kasper) 추기경과 대표단이 옵저버 자격으로 참석하였다. 브라질의 **루라**(Luiz Inacio Lula) 대통령은 2월 17일 W.C.C. 전체회의에서 연설하였다.

이 총회에는 110개 이상의 나라에서 348개 회원 교단에서 691명의 총대와 510명의 에큐메니칼 기구 관계자들을 포함한 약 4,000명이 참석하였다. 회원 교회들은 개신교회들, 성공회, 침례교, 루터교, 감리교, 장로교, 개혁교, 오순절교 그리고 수많은 독립교회들의 혼합체이었다.

총회 기간 중 한국교회 청년들이 준비한 한반도 부스(Booth)에는 **조선기독교도연맹 강영섭 위원장**과 북한 대표들도 와서 관심을 보였다. 조선기독교도연맹은 북한 정권의 종교국 어용단체이다.

총회에서는 W.C.C. 중앙위원 150명도 선출하였다. 그 중에는 여성 63명(41%), 청년 22명(15%)도 당선되었으며, 우리나라에서는 2명의 중앙위원(Central Committee)을 배정을 받고, 박성원 목사(영남신학대학교 - 석좌교수, 장로교 통합측)와 정해선 여자목사(기독교감리회 아현교회)가 선출되었다.

주제(Theme) : "하나님! 당신의 은총으로 세상을 변화시키소서."
(God, in Your Grace, Transform the World) 이었으며,
부제(副題)는
① 세계를 변화시키소서!(Transform the World)
② 지구를 변화시키소서!(Transform the Earth)
③ 우리의 사회를 변화시키소서!(Transform our Societies)
④ 우리의 교회를 변화시키소서!(Transform our Churches)
⑤ 우리의 삶을 변화시키소서!(Transform our Lives)
⑥ 우리의 증거를 변화시키소서!(Transform our Witness)

제1분과(Section 1), "세계를 변화시키소서!"
"…우리는 경제적·기술적·문화적 그리고 사회적 수준들에서 계속적인 변화를 경험하고 있다. 우리는 또한 종교적인 면에서도 변화하고 있음을 받아드려야 한다…
… 흉년 기근, 전쟁, 테러, 사회의 불평등, 인종 차별, 장기 판매, 어린이 유괴, 마약, 그리고 변화의 결과로서 탈현대사회(post-modermism) 등으로 말미암은 수없는 고통 … 세계를 변화시키소서 "

제2분과(Section 2), "지구를 변화시키소서!"

제3분과(Section 3), "우리의 사회를 변화시키소서!"

제8장 세계교회협의회(W.C.C.)의 총회들   153

4분과(Section 4), "우리의 교회를 변화시키소서 !"

"… 변화는 단지 이미 있는 그 무엇에 어떤 것을 더 첨가(add)하는 것만은 아니다. 변화는 교회와 사회 안에 모든 사람들을 위한 정의. 평화. 평등을 촉진하기 위하여 기독교 전통의 인식론적 구조. 제도적 구조(조직)등의 근본적 변화이다.

… 우리 교회를 변화시키기 위하여는 교회들 간의 비판적 다른 점들도 주의를 기울이는 것이 필요하다. 예를 들면 어떤 교회들은 여성안수를 허락하지 않고 있는 반면에 어떤 교회들은 성적 소수(sexual minority - 호모 섹스자들: 저자 주)에도 성직을 위한 안수를 허락하고 있다. 그러므로 우리의 교회를 변화시켜야 한다는 것은 교회를 전적으로 다른 방향으로 바꾸는 것이다. 그러기 위하여는 제도적 구조의 변화를 위한 회개가 있어야 한다. 회개가 없이는 교회의 변화는 불가능하다.

… 변화는 신학적 교육기관들, 에큐메니칼 단체들의 변화가 있어야 한다 … 개혁(reform)과는 달리 변화(transform)는 바로 밑바닥의 근본적인 변화를 요구한다.

비평 (A Critique)

W.C.C.는 "**우리의 교회를 변화시키소서 !**"에서 여성들에게와 성적 소수(sexual minority, 동성애자들)에게 성직을 위한 안수(priestly ordination) 곧 여자목사, 호모섹스(동성애)목사 안수를 허락할 것을 강력히 주장하였다.

"교회는 여자목사 안수 반대, 동성애자 목사 안수 반대에서 방향을 전적으로 전향하여 여자 목사 안수와 … 동성애자 목사 안수를 허락할 것과 신학교를 위시한 신학교육 기관들과 에큐메니칼 운동 단체들이 변화되어야 한다" 라고 주장하였다.

실제상 W.C.C. 안에는 동방정교 · 동양정교 등을 위시한 소수의 몇몇 교단들 이외에 절대 다수의 교회들은 여성들에게 목사 안수를 주는 것은 물론 상당수의 교회들이 동성애자들에게도 목사 안수를 시행하고 있다.

※ **참조** : 여성 안수와 동성애자 안수가 얼마나 비성경적인가를 깨닫기 위하여는 본서의 **특집** 여성안수와 동성애자 안수를 참고할 것.

W.C.C. 포괄적 언어(inclusive language) 사용을 권장

"오늘 저는 **언어위원회**(a language committee)를 W.C.C. 안에 신설할 것을 강력히 제안한다.

언어위원회는

첫째, 모든 문서에 **포괄적 언어**(inclusive language)를 얼마나 사용하는지 조사하는 것과, 계속적으로 포괄적 언어를 신학적·역사적·사회적·심리학적·정치적 적용을 이론화하는 것과,

둘째, 사회 저변에 있는 사람들의 권리와 존엄성을 향상하는 언어들이나 용어들을 창출하는 것과,

끝으로, W.C.C. 내에서 공식적 언어들의 표준화를 위하여 지속적으로 결정적 해결책을 모색하는 것이다."

비평 (A Critique)

포괄적 언어란 여성해방, 여권운동, 남녀평등의 일환으로 남성들 여성들 그리고 동성애자들이 공히 사용할 수 있는 언어를 말한다.

예를 들면 왕을 지배자(King → Ruler)로, 남자를 사람(Man → Person)으로, 형제를 형제자매(Brethren → Brothers and Sisters)로, 경찰을 경찰관(Policeman → Police Officer), 의장을 의장(Chairman → Chairperson) 등으로 바꾸어 사용하는 것을 말한다.

W.C.C.에서는 포괄적 언어를 얼마나 사용하고 있는지? 조사하고, 이론화하고, 그런 단어들을 창출하고, 공식적 언어들로 표준화하여 사용하자는 주장이니 그렇게 될 경우 남녀의 성적 구별에 의한 직분들도 사라지게 되고, 동성애자들의 세계가 될 것이 아닌가? 소돔과 고모라의

멸망은 우리에게 거울이 되고 우리를 깨우치고 있지 않는가?(고전 10:11)

※ **참조** : 본 저서 제 11장 여성안수 찬동자들의 궤변들.

제5분과 "우리의 삶을 변화시키소서 !"

"… 결론, 우리가 예수의 추종자들이 될 때, 하나님은 우리를 그의 형상(예수의 형상)대로 변화하시기 시작한다. 이 변화의 주요 부분은 우리가 생각하는 사고방식의 변화이다 … "

비평(A Critique)

우리가 참으로 예수님의 추종자들이 된다면 예수님의 형상대로 변화하기 시작한다는 말은 옳다. 그런데 문제는 여자 목사, 한 걸음 더 나아가서 동성애자들에게 성직을 위한 안수가 예수의 형상대로 변화되는 것인가?

예수님의 형상(에이콘, eivkw,n : image)대로 변화하기 시작한다는 말은 예수님의 인격의 속성들(성품들)을 닮는 것을 말한다. 그러기 위하여는 계속적인 묵상과 기도 그리고 경건된 삶을 위한 수고, 성령 하나님의 역사가 있어야 한다. 이것을 신학적으로는 성화(Sanctification)이라고 한다.

제6분과(Section 6), "우리의 증거를 변화시키소서 !"

에서는 남미 볼리비아복음교회 신자인 그라시아 비오레타 로스퀴로가(Gracia Violeta Ross Quiraga)가 친구들과 함께 방탕생활을 계속하고, 만취되어 심야에 귀가도중 두 젊은 불량자들에게 강간당하고, H.I.V. (Human Immunodeficiency Virus, 인간 면역결핍 바이러스) 검사에서 양성반응(positive)으로 판정되고, 후에는 회심하여 Aids퇴치 운동에 적극 활동하고 있다는 간증이야기이다.

비평(A Critique)

참된 증거는 지은 바 죄의 형벌이 얼마나 무섭다는 사실, 죄에 대한 철저한 뉘우침(meta,noia; repentance; 회개)과 180도 변화된 삶, 그리고 예수 그리스도의 구속의 도리를 증거하는 복음의 증인이 되는 것이다(마 28:18-19).

10. 세계교회협의회(W.C.C.) 제10차 총회 개최지 유치 건에 관하여

한국기독교교회협의회(N.C.C.K.) 대표단 - W.C.C. 본부 방문.

한국의 자유주의 교회들의 연합단체인 한국기독교교회협의회(N.C.C.K.) 회장이며 대한예수교장로회(통합) 총회장인 **김삼환** 목사와 **조성기** 사무총장 일행은 2008년 10월 14일 스위스 제네바에 있는 W.C.C. 본부를 방문하여 **사무엘 코비아**(Samuel Kobia) W.C.C. 총무와 회동하고 그 자리에서 "한국 교회와 정부, 국민들은 W.C.C.와 세계 에큐메니칼 운동에 큰 빚을 졌습니다. 선교 지원을 받기만 했던 한국 교회가 이제는 그 은혜에 보답하려고 합니다. 앞으로는 한국 교회가 W.C.C.의 사역에 적극 협력해서 재정적 인적 지원도 하겠습니다"29)고 약속하였고, 2013년에 개최될 W.C.C. 제10차 총회를 한국에서 개최할 것을 공식 요청하였다.

코비아 총무는 이에 대하여 "예장 통합은 전(全)세계 개신교회와 오순절 교회, 복음주의 교회들과 국제적인 파트너십을 구축하는 교단이 될 것"이라고 밝혔다.

W.C.C. 실사단 방한 : W.C.C. 제10차 총회 장소 선정을 위한 3명의 실사단이 4박 5일 일정으로 2009년 5월 13일 방한했다. 그리고 김삼

---

29) 크리스천투데이, 2008. 11. 26., 주간 제361호 5면.

환 목사, 조용기 목사 등 한국의 자유주의 교회들의 연합단체인 한국기독교교회협의회(N.C.C.K.) 지도층 인사들과 교류하였으며, 유인촌 문화체육관광부 장관과도 만나서 정부차원에서의 협력을 확인했다.

2009년 8월 27일 W.C.C. 총회 개최지 동영상 프리젠테이션(Presentation)에는 한국기독교교회협의회(N.C.C.K.) 회장 김삼환 목사, 여의도순복음교회 원로 조용기 목사, 유인촌 문화체육부장관, 허남식 부산시장까지 출연하여 W.C.C. 총회 유치에 열을 올렸다.

한국 부산으로 결정 : W.C.C. 제10차 총회 장소는 2009년 8월 31일 오후 7시(현지 시간) 제네바 에큐메니칼 센터에서 제57차 W.C.C. 중앙위원회(150명)에서 장기간 토론 끝에 투표로 들어가 70대 59로 2013년 한국의 부산에서 개최하기로 결정하였다. W.C.C. 제10차 총회를 유치하기 위해 한국을 비롯해 시리아의 다마스커스(Damascus), 에디오피아의 아디스 아바바(Addis Ababa) 등도 신청했었다. 그리스의 로데tm는 다마스커스의 유치를 위해 경선을 철회하였고, 최종적으로는 한국과 다마스커스의 접전이었다.

참석 규모 : W.C.C. 제10차 총회는 총회 참석 2천5백 명, 회의 참가 5천명, 예배 참석 7천명으로 추산하고 있다.

W.C.C.의 150명 중앙위원 중 한 사람이자 한국기독교교회협의회(N.C.C.K.) 국제위원장으로 W.C.C. 총회 유치에 앞장섰던 **박종화** 목사는 "총회 유치는 단순히 장소만 제공하는 것이 아니다. 한국 교회가 세계적 교회로 변화되는 계기가 될 것이다"고 하였다.

W.C.C. 총회 유치 감사 예배 : 2009년 9월 16일 서울 잠실 롯데 호텔에서 열린 W.C.C. 총회 유치 감사 예배에는 김형오 국회의장, 이영훈 대법원장, 이수성 전 국무총리, 이상득 한나라당 의원, 이희호 여사 등 각계 지도자 및 교계 대표들 1000여명이 참석하였으며, 이명박 대통령,

조용기 목사 등이 영상 메시지를 보냈다.

김삼환 목사는, "세계교회협의회 유치는 우리 시대에 다시 잡기 어려운 기회 … W.C.C. 총회 유치는 한국교회의 에큐메니칼 운동을 강화시키기 위하여 하나님이 주시는 선물이다. 올림픽, 월드컵과 같은 국가적인 축제에 온 국민이 참여하듯이 국민과 교회가 이 일에 관심을 가져 달라"고 했다.

조용기 목사는, "앞으로 한국에서 개최될 W.C.C. 총회는 한국 교계의 위상을 한 단계 더 높이고 … 이를 계기로 서로 나뉘어져 있는 교단과 교파가 하나가 되어 하나님 나라의 확장에 분발하여 나아가야 할 것이다"라고 하였다.

비평(A Critique)

상기와 같이, "W.C.C. 는 자유주의를 추구하지 않는다. 좌경화된 사회참여 일변도로 나가지 않는다. 초대형 교회로 만드는 것 아니다. W.C.C.의 신학적 입장은 상당히 보수적이다. 한국 교계가 W.C.C.에 대하여 보다 더 분명히 알게 되었으면 좋겠다"고 허위와 거짓으로 오도하고 있다.

우리는 국가적인 축제? 종교 올림픽이라고 하는 그런 말에 현혹되지 말고 하나님의 선하시고 기뻐하시는 뜻이 무엇인가를 분별하고 영적 전투에 돌입하여야 할 것이다.

한국의 교회들은 사도들과 선지자들의 터 위에 세워진 교회(엡 2:20), 주님의 보혈로 구속함을 받은 교회(행 20:28), 역사적 기독교 신앙 곧 옛신앙을 지키는 교회(렘 6:16), 진리의 터·기둥·방파제로서의 교회(딤전 3:15)로서 배교와 불신앙으로 타락한 세계교회협의회(W.C.C.)의 제10차 총회의 한국개최를 결사반대·저지하여야 한다. 이는 이 시대 우리에게 "단번에 주신 믿음의 도리를 위하여 힘써 싸우라"(유 3)는 하나님의 지상 명령이시다. 세계교회협의회는 신앙적으로, 교리적으로, 윤리도덕적으로, 사상이념적으로, 배교와 불신앙으로 극도로 타락한 전(全)세계 교회들의 연합단체이기 때문이다.

W.C.C. 총회 유치 감사예배에 참석한 김형오, 이영훈, 이수성, 이상득 씨 등은 W.C.C.가 어떤 단체이며 무슨 일들을 해오고 있는가를 전언 알지 못하는 무지(無智)한 상황 하에서 김삼환, 조용기 목사 등의 W.C.C. 유치 행사에 허수아비 들러리를 선 모양이 되었다.

지난 2010년 2월 19일에는 "한국기독교교회협의회"(N.C.C.K.) 주최로 서울 종로 5가 연지동 한국기독교회관에서 **이형기** 명예교수(장로회 신학대학교)가 "W.C.C.에 대한 오해와 이해"라는 주제로 "많은 사람들이 W.C.C.가 자유주의 신학을 추구하고, 좌경화된 사회참여 일변도로 나가며, 교회들을 하나로 묶어 초대형 교회를 만들려는 것이 아닌가 라는 의구심을 갖는다. W.C.C.에 대하여 오해를 갖고 있는 사람들은 흔히 W.C.C.가 자유주의라고 비판하지만, 각종 문서를 통해 드러난 그 신학적 입장은 상당히 복음주의적이다. 자유주의로 몰아 세워선 안 된다."고 강조하였다.

발제에 앞서 N.C.C.K. 총무 **권오성** 목사는, "W.C.C.를 두고 이렇게 공개적인 토론회를 열기는 이번이 처음"이라며 "이번 토론회를 계기로 한국 교회가 W.C.C.에 대하여 보다 분명히 알게 되었으면 좋겠다."고 하였다(크리스찬 연합신문 제362호 2010년 2월 25일 전면).

상기와 같이, "W.C.C.는 자유주의를 추구하지 않는다. 좌경화된 사회 참여 일변도로 나가지 않는다. 초대형 교회로 만드는 것 아니다. W.C.C.의 신학적 입장은 상당히 보수적이다. 한국 교계가 W.C.C.에 대하여 보다 더 분명히 알게 되었으면 좋겠다"고 허위와 거짓으로 오도하고 있다.

대한예수교장로회(보수측: 합동) W.C.C. 영구 탈퇴 결의

한국의 장로교는 1948년 화란의 암스텔담에서 모인 W.C.C. **제1차 창립총회에 김관식 목사**가 참석하였다가 귀국하여 보고하므로 **정식 가입**하게 되었고,

1954년 8월 15일 – 31일까지 미국의 에반스톤(Evanston) 에서 모인 W.C.C. 제2차 총회 시에는 김현경, 명신홍, 유효준 목사를 대표로 파송하였으며, 명신홍 박사는 그 결과를 총회에 보고하고, 단일교회를 귀향하는 W.C.C.의 에큐메니칼 운동에 반대의 태도를 분명히 하였다.

1959년 제44회 대전 총회에서는 신신학, 자유주의, W.C.C. 에큐메니칼 운동을 반대하는 보수측(합동측)과 W.C.C.적 에큐메니칼 운동을 찬동하는 자유주의 측이 분열되었다.

그리고 보수측(합동측)은 W.C.C.를 영구히 탈퇴하기로 만장일치로 결의하였다. 대한예수교장로회 제42회, 제43회, 제44회, 제45회 **총회록**은 다음과 같다.

대한예수교장로회 제42회 총회(1957년 9월 17일-24일 부산 중앙교회 예배당)에서 에큐메니칼 연구위원회 위원장 한경직 목사는 23일 다음과 같이 보고하였다.

1. 조직 : 위원장; 한경직, 서기; 정규오.
　　　　위원: 전필순, 유호준, 황은균, 박형룡, 박병훈, 안광국.
　　　　* 한경직, 전필순, 유호준, 안광국 등은 W.C.C. 찬성
　　　　* 정규오, 황은균, 박형룡, 박병훈 등은 W.C.C. 반대

2. 총회와 에큐메니칼 운동과의 관계
　　1) 1948년 암스텔담에서 모인 W.C.C. 대회에 김관식 목사가 참석하였다가 귀국하여 보고함으로 정식 가입하게 되었음
　　2) 1954년 미국 에반스톤에서 모인 W.C.C. 대회에 본 총회에서는 김현경, 명신홍 목사를 대표로 파송하였음.

3. 본 위원회의 태도

에큐메니칼 연구위원회(위원장: 한경직)에 따라 친선과 협조를 위한 에큐메니칼 운동은 과거에나 현재에도 참가하고 있으니 앞으로도 계속 참가하기로 하며, 단일 교회를 지향하는 운동에 대하여는 반대하기로 태도를 결정하였사오며,

        총회장 전필순
        회록서기 정규오

대한 예수교장로회 제43회 총회(1958년 9월 25일 – 10월 1일 서울 영락교회 예배당)

장로회 교시 :
1. 대한예수교장로회 신조와 헌법에 규정된 현존 신앙과 질서를 확정한다.
2. 성경적 정통적 개혁파 신학을 고수한다.
3. 경건과 신성을 신앙생활의 요무로 한다.
4. 모든 신(新)사상과 신 운동에 대하여 엄밀한 비판을 요한다.

        총회장 노진현
        회록서기 정규오

대한예수교장로회 제 44회 총회(1959년 9월 24일 – 29일 대전 중앙교회 예배당) 1959년 11월 24일 – 27일 서울 승동교회 예배당

대전 총회에서 총회가 정회된 후에 회원 중 일부가 서울로 상경하여 9월 29일 저녁 연동교회에서 모여 불법으로 총회를 조직하였음 – 1960년 2월 27일 통합 총회를 만듦.

"W.C.C.를 영구히 탈퇴하고 소위 W.C.C.적인 에큐메니칼 운동을 반대하기로 가결하다. 단 이 문제를 변경하고자 할 때에는 각 노회에

수의하여 총 노회 수 및 투표총수 2/3의 찬성을 얻어야 가결하기로 하다."

W.C.C.를 탈퇴하고 에큐메니칼 운동을 반대하기 위한 총회 진정 건은 목포노회, 전남노회, 순천노회, 충남노회, 전서노회, 전북노회 등에서 건의하였다

"W.C.C.와 그 노선의 에큐메니칼 운동은 우리 교회의 거룩함과 또 그리스도의 합일의 속성을 저해함을 확인하였음으로 대한예수교장로회는 이에 W.C.C.에서 항구히 탈퇴하고 그 에큐메니칼 운동에 관계치 않기로 함을 총회에 선언 한다."

총회장　양화식
회록서기　정규오

대한예수교장로회 제45회 총회(1960년 9월 22일 – 24일, 1960년 12월 13일 – 15일 서울 승동교회 예배당)

우리 총회(보수)의 최종제안

1. W.C.C.를 탈퇴하고 W.C.C.의 에큐메니칼 운동을 전폐하며 우리 교회 교역자로써 N.A.E.에 가입한 분들은 이에서 탈퇴할 것.
2. 일방적으로 변경한 장로회 신학교 재단이사와 교장서리를 즉시 취소하고 분열하기 전에 선택한 교장대리 노진현 씨를 시무케 할 것.
3. 제45회 총회는 9월에 합동총회로 회집하되 세칙은 별도로 할 것.

이러한 우리 편의 제안에 대한 통합측의 주장을 말하면
1. W.C.C. 노선의 에큐메니칼 운동을 금할 것을 거부했고,
2. 일방적으로 불법 변경한 장로회 신학교 재단이사와 교장서리를 즉시 취소하라는 제안도 거부했으며,
3. 전기 제3항은 모두 거부하고 제44회 총회를 2월 초에 다시 모이

되, 총대는 대전에 갔던 총대로 하고 경기노회 총대만 재선거하자는 것이었다.

이상 이것이 통합측의 주장인바 이는 승동교회에서 모인 정당한 총회를 부인 또는 파괴하고 또 제44회 지나간 총회를 다시 모이자는 것이다.

여기에 대한 우리의 주장은 보수신앙 노선을 굳게 지키기 위해서 W.C.C. 노선의 에큐메니칼 운동을 금할 것과, 신학교 재조직할 것을 위하여 제출한 제1, 제2항의 주장을 변할 수 없고, 제3항과 제44회 총회를 부인 또는 파괴하자는 저 편측 주장은 감행할 수 없는 교회헌법 위반이며, 또한 우리 위원들만으로써는 그런 권한도 없으며 이미 이루어진 역사적 사실이므로 없이 하거나 파괴할 아무 방법도 없다. 우리는 제45회 개회일자를 좀 변경할 수 있는 정도로 양보할 뜻을 보였으나 마침내 총회통합이 합의를 보지 못하였다.

우리는 우리 신앙 노선을 굳게 지키기 위하여 더 이상 양보할 도리가 없어서 눈물을 머금고 산회하였다. 끝으로 원하기는 우리가 각자 우리 신앙 노선대로 나누일지라도 우정을 변치 말고 피차간 덕에 방해되는 언동을 삼가며 교회 수습에 전력하기를 바라고 그치는 바이다.

1960년 1월 5일

수습위원: 이대영, 이인식, 이승길, 고성모, 나덕환, 김윤찬,
권영호, 명신홍, 최재화, 노진현, 양성봉, 박병훈.

보수측(합동측)은 W.C.C.를 영구히 탈퇴한 후부터는 "W.C.C.적 에큐메니칼 운동은 비성경적이고 위태로운 것이므로 이에서 순수한 복음 신앙을 수호해야 한다"는 서약을 받고 목회할 수 있도록 헌법에 규정하고 있다.

대한예수교장로회(보수측) **헌법 정치 제18장 제2조 서약문 제5항**, "귀하는 1959년 제44회 본 총회가 의결한 본 총회의 원칙 및 정책을 시인하며 이러한 조치는 W.C.C.및 W.C.C.적 에큐메니칼 운동이 비성경적이고 위태로운 것이므로 이에서 순수한 복음 신앙을 수호하려는 것인 줄 생각하느뇨?" "예",

제7항, "귀하는 본 총회 산하 노회 및 기관에서 봉직하는 동안 소속 치리회에 복종하며 순종하기를 맹세하느뇨?" "예" 라고 서약하여야만 본 교단에서 목회할 수 있도록 규정하였다.

그러나 한국의 자유주의 교회들의 연합 단체인 한국기독교교회협의회(N.C.C.K.)는 2013년 장로교 통합 측을 주축으로 W.C.C. 제10차 총회를 한국 부산에서 개최하기로 결정하였다.

이에 반대하여 장로교 합동 측(보수 교단) 서정배 총회장은 2009년 10월 특별 담화문을 발표하였고, 총회 안에 W.C.C.특별연구위원회를 설치하고 위원장에 서기행 증경 총회장, 서철원, 정성구, 문병호 박사 등을 연구위원으로 위촉하고 연구 보고하도록 하였다.

제 9 장

세계교회협의회의 에큐메니칼 운동
(W.C.C.'s Ecumenical Movement)

공동체들(Joint Bodies)
세계교회협의회(W.C.C.) 안에는 연합운동을 위한 4개 공동체가 있다.
① 가톨릭(천주교)과 세계교회협의회 공동체
② 신오순절교회들과 세계교회협의회 공동자문그룹
③ 기독교세계공동체와 세계교회협의회 공동자문위원회
④ 21세기 에큐메니즘 위원회 등이다.

세계교회협의회에서 처음부터 추진해온 최우선 순위의 사업은 에큐메니칼 운동(연합 일치운동)이다. W.C.C.의 에큐메니칼 운동이란 곧 교회의 유형적 · 조직적 · 기구적 · 비성경적 연합(일치) 운동을 말한다. 원래 에큐메니칼(ecumenical)이란 단어는 헬라어 **"오이쿠메네"**($oικυμένη$, one world; inhabited world; 한 세계; 사람이 사는 세계)에서 인출된 낱말로서 이 단어의 현대적 의미는 두 교회 또는 두 교파 이상의 연합(일치)을 뜻한다. 그러나 그들은 "교리와 신조, 신앙고백이 일치하지 않는 교회들이 어떻게 연합 운동에 같이 동참할 수 있겠는가?"라는 큰 원칙적 문제에 봉착하게 되었다. 이때 W.C.C. 자유주의자들은 교리적 차이로 인한 논쟁을 피하고 연합사업을 할 수 있는 묘한 방안을 하나 착안하였다. 그것이 곧 **"교리는 달리 하나 봉사는 같이 한다"**(Doctrine Divides, Service Unites)는 슬로건이다. 이 슬로건은 영적 분별력이 없는 수많은 자유주의 지도자들과 추종자들을 현혹시키는 데 있어서 충족한 마귀의 기만적 술책임을 우리는 분명히 인식해야 한다. 그 이유는 성경이 가르치는 참된 연합은 신령한 신비적 연합으로서 교리와 신조, 신앙고백의 일치가 없이는 불가능하기 때문이다. 사실상 W.C.C. 안에는 너무나 많은 각종 교파들(헬라정교 · 애굽의 콥틱교회 · 구   카톨릭교회 · 가톨릭교회 · 루터교 · 성공회(영국교회) · 회중교회 · 장로교 · 감리교 · 개혁교 · 침례교 · 형제교회 · 메노나잇교회 · 모라비안교회 · 그리스도교 · 하나님의성회(신 오순절파) 등과 그들의 각종 각양 상이한 신앙 조류가 흐르고 있으므로 신앙고백의 일치란 불가능하다.

W.C.C. 헌장은 "W.C.C.는 성경대로 주 예수 그리스도를 하나님과 구주로서 고백하는 교회들의 우호체로서 성부 · 성자 · 성령 곧 한 하나님의 영광을 위하여 다 같이 공통소명을 성취하기를 추구한다"고 하였다.

W.C.C. 헌장은 영적 분별력이 없는 사람들을 혼미케 하기에는 충분하다. 저들이 예수 그리스도를 참으로 개인의 구주로 믿는다면 신앙고백이 전연 일치하지 않는 교회들과의 연합운동이나 타종교들과의 대화

를 통한 연합 운동을 시도할 것이 아니라, 그들의 영혼들을 구원하는 구령사업(전도)에 진력해야 할 것이다.

세례 • 성찬 • 사역(B.E.M. = Baptism, Eucharist and Ministry)

세계교회협의회(W.C.C.)는 **"신앙 • 직제위원회"**(Commission on Faith and Order)로 하여금 에큐메니칼 운동에 좀 더 주의를 기울일 것과 1977년 **신앙 • 직제** 50주년을 기념하면서 예배에서 **세례 • 성찬 • 사역** 등에 관하여 신학적 일치를 위하여 연구토록 지시하였다.30) 이에 "신앙 • 직제위원회"는 1982년 1월 15일 남미 페루의 수도 **리마**(Lima, Peru)에서 개최되었다. 이 위원회에서 채택한 가장 중요한 안건은 **세례 • 성찬 • 사역**(B.E.M.)으로, 특히 "성찬"이란 **공동성찬**을 말한다. 다시 말하면 공동성찬의 목적은 신앙고백 • 교리 • 예배의식 등이 일치하지 않는 다양한 교회 사람들이 같은 장소에서 모두 같이 성찬에 참여하므로 모든 사람들이 하나가 되자는 것이다. 이른바 **초교파적 성찬론**이 형성된 것이다.

신앙적 • 교리적 • 신학적 일치는 불가능하다는 것을 인식한 W.C.C. 사람들은 논쟁적 부분들을 피해나가며 공동 성찬식에 참여하므로 교회의 **가시적 일치**(visible unity)를 점점 더 확장하고 있다. 이는 다음과 같은 신앙과 직제의 목적에도 상응한다.

"**신앙과 직제의 목적**은 - W.C.C. 전체의 목적과 같이 - 예수 그리스도의 교회는 하나 됨을 선포하며, 세상으로 하여금 믿도록 교회는 예배와 그리스도 안에서의 공동체적 삶에 의하여 표현되는 한 신앙과 한 성찬적 사귐으로 이룩되는 유형적 연합(visible unity)을 지향하도록 교회를 부르는 것이다."

"**리마 문서**"(Lima Document)는 **세례**(Baptism)에 관한 항목이

---
30) Faith and Order Paper No.84.

23항, **성찬**(Eucharist)에 관한 항목이 33항목, **사역**(Ministry)에 관한 항목이 55항 등 총 111항으로 되어 있다.

리마 문서가 채택되기까지는 각 교파 대표자들과 이 분야에 전문지식을 가진 신학자들이 참여하여 연구, 토론하고 리마 문서 초안을 작성한 것이다.

정교(Orthodox)에서는 비탈리 보로보이(Vitaly Borovoy), 에밀리아노스 티미아디스(Emilanos Timiadis),

루터교(Lutheran)에서는 닐스 에흐렌스트롬 (Nils Ehrenstrom),

개혁교(Reformed)에서는 밸트 호데막커(Bert Hoedemaker), 루카스 비스쳐(Lukas Vischer),

감리교(Methodist)에서는 지오후리 웨인라이트(Geoffrey Wainwright)

가톨릭교(Catholic)에서는 안톤 후테펜(Anton Houtepen) 등이며 이 분야에 전문 지식을 가진 신학자들이 공동으로 연구하였다.

- **"리마 문서"**는 전(全)세계적으로 180여개 교파, (17개의 로마 가톨릭교 신학교의 반응을 포함)의 응답을 수렴하였으며, 40여명의 전문인들이 모여 12회 이상 수정·보완하여 만들어졌다고 한다.
- W.C.C.는 1982년 1월 이후 이 "리마 문서"를 근거로 매년 10월 둘째 주일을 **"세계 성찬 주일"**(World Communion Sunday)로 지키고 있다.
- 1982년 7월 28일 W.C.C. 중앙위원회는 제네바 에큐메니칼 쎈터 회의 중에서 쎈터 내에 있는 교회당(Chapel)에서 당시 W.C.C. 2대 총무 **필립 포터**(Philip Potter)가 **공동 성찬식**을 거행하였다.
- W.C.C. 제6차 카나다의 밴쿠버 총회(1983)에서부터는 W.C.C. 회원 교회들의 공동성찬 예식이 거행되기 시작하였다. 그리하여 해마다 **10월 첫째 주일**은 **"세계 성찬 주일"**로 지키고 있다.
- 1987년부터는 에큐메니칼 관계자들, 신학자들, 신학교 교수들, 각 나라의 전국교회협의회(N.C.C.) 소속 신앙·직제 위원회 소속 회원들이

3년에 걸쳐서 1989년 **"하나의 신앙을 고백하면서"**(Confessing One Faith)라는 고백서를 내 놓았다. 이 고백서는 각기 다른 신앙들을 인정하면서 성찬예식을 통하여 하나가 되자는 것이다.

- 1990년에는 "신앙·직제위원회"의 공인으로 "한 신앙을 고백하면서"를 출판하였다.
- 1991년 2월 7일부터 21일까지 호주의 수도 칸베라(Canverra)에서 개최된 **W.C.C. 제7차 총회**는 장장 2시간 공동 성찬식을 거행하였다.
- 신앙·직제위원회는 **"코이노니아로서의 교회일치"** 라는 문서를 작성하고 각 회원 교단들로 하여금 시행토록 권장하였다. "세례·성찬·사역(B.E.M.)에 근거하여 상호간의 세례를 인정하자!

니케아-콘스탄티노풀 신조에 나타난 내용을 상호간의 삶과 증거에 있어서 인정하자!

세례·성찬·사역에 근거하여 타교파들의 직제들을 인정하는 방향으로 나아가자!" 등이다
- 1995년에는 보쎄 에큐메니칼 연구소(Bossey Ecumenical Institutes)에서 예배학자들, 신학자들, 목회자들, 교회 음악인들이 다 함께 공동 성찬식을 거행하였다.
- 우리나라에서는 2006년 기독교장로회 소속 향린교회, 강남향린교회, 들꽃향린교회가 연합으로 수유리 한국신학대학에서 '세례·성찬·사역 기념주일'로 지켰다.
- 2007년은 리마 문서(B.E.M.: 세례·성찬·사역) 25주년이었다. 이 문서는 25년 동안에 전 세계 40개 국어로 번역 출판되었으며, 영어로는 39쇄, 18만(180,000)부가 인쇄되어 Best Seller가 되었다.

비평(A Critique)

W.C.C.가 주장하는 연합은 이질적 다양성 속에서의 연합이다. 여기서 다양성(Diversity)이란 동질성의 다양성이 아니라 이질적인 다양성을 말한다. 다시 말하면 교회들의 교리·신앙고백·예배의식 등에 있어

서 각기 독자성(identity)을 유지하면서 공통적으로 연합함을 말한다.

그러나 성경이 가르치는 참된 연합이란 죄인 된 사람이 먼저 하나님과 화목하고 그 후에 하나님과 화목된 사람들이 서로 연합하는 것이다. 하나님과의 화목은 그리스도로 말미암아서만 성취되며, 이것은 성삼위 하나님의 단독적·초자연적 능력의 역사이다. 그러므로 성경은 "평안의 매는 줄로 성령의 하나 되게 하신 것을 힘써 지키라"(엡 4:3). "저(하나님)가 그리스도로 말미암아 우리를 자기와 화목하게 하시고 또 우리에게 화목하게 하는 직책을 주셨으니"(고후 5:18-19)라고 말씀하였다. 고로 우리가 먼저 그리스도로 말미암아 하나님과 더불어 화목케 되는 역사가 없는 한 인간들과의 화목이나 연합이란 참된 연합이 아니다. 저들은 요한복음 17:21과 에베소서 4:4-6 말씀 등을 오용한다.

1. 개신 교단들 상호 연합 운동

세계교회협의회 산하 교회들은 개신 교단들 상호간의 연합 운동을 하고 있다. 각 나라의 자유주의교회협의회(N.C.C.) 산하 교회들은 상호 연합 운동을 한다. 한국 교계(한문)는 자유주의 교회들과 신오순절교회들과 소위 보수주의 교회들이 초교파적으로 부활절 연합예배, 소위 부흥사들의 연합집회 같은 연합 운동을 하고 있다. 그렇게 함으로써 보수주의 교회들은 점점 더 자유주의와 신오순절주의의 영향을 받아 자유주의와 신오순절주의 등으로 변질되어 가고 있다.

1) 미국복음주의루터교(E.L.C.A. = Evangelical Lutheran Chur-ch in America)

8765 W. Higgins Rd., Chicago, Il. 60631, TEL. (773)380-2700, FAX. (773)380-1465

교세: 신도수 4,930,429명, 출석수 3,685,987명, 교회수 10,585, 목회자수 9,192명(2004년 교단 통계), W.C.C./ N.C.C.C. 가입(1948).

미국복음주의루터교는 1987년 4월 30일-5월 3일까지 오하이오 주 콜럼버스(Columbus, Oh.) 시(市)에서 230만 명의 신도를 가진 **아메리칸루터교**(American Lutheran Church)와 290만 명의 신도를 가진 **미국루터교**(Lutheran Church in America) 그리고 10만 명의 신도를 가진 **복음주의 루터교협의회**(Association of Evangelical Lutheran Churches)의 연합으로 탄생되었다.

미국의 루터교는 17세기 중엽 화란에서 미국으로 이민 온 화란 루터교인들이 뉴 암스테르담(New Amsterdam)(지금의 뉴욕)에 개척하였다. 그리고 독일과 스칸디나비아에서 미국 동부 델라웨어 주, 뉴욕 주, 캐롤라이나 주 등지로 이민 온 루터교 신도들이 루터교회들을 개척하였다. 1748년에는 처음으로 루터교 협회가 조직되었고 그 이후 계속하여 유럽에서 이민 오는 루터교도들에 의하여 루터 교회들이 증가되었다. 1960년에는 미국루터교(1930), 복음주의루터교(1917) 그리고 미국연합복음주의 루터교가 통합하여 아메리카루터교(A.L.C.)가 탄생되었다. 1962년에는 미국루터교는 연합루터교(1918)와 어거스타나루터교(1860), 미국복음주의루터교(1872), 핀랜드루터교(1891)가 통합하여 미국루터교(L.C.A.)가 탄생되었다.

1976년에는 루터교 **"미조리대회"**(Missouri Synod, 보수)로부터 교리 문제로 분리된 복음주의루터교협의회가 탄생되었다. **복음주의 루터교**는 명칭은 복음주의이나 실제로는 여성, 동성애까지도 목사 안수를 주고 있는 타락한 교회이다.

미국복음주의루터교(E.L.C.A.)는 회중교회, 개혁교회, 미국장로교, 그리스도연합교회, 가톨릭교 등과 교류하고 있다.[31] 복음주의라는 명칭에 현혹되지 말라.

---

31) *ENI*, 1997. 8. 6. 97-0336.

2) 미국성공회(Episcopal Church)

815 Second Ave., New York, N.Y. 10017, TEL. (212)716-6240, FAX. (212)867-0395

신도수 2,284,233, 출석수 1,866,157, 교회수 7,220, 교역자 수 5,964(2003년 통계)

미국의 성공회(Episcopal Church)는 초기 영국에서 대서양을 건너 온 개척자들이 1607년 버지니아 주 제임스 타운(James Town, Va.)에 정착하면서 세워졌다. 미국 내 영국의 총독부가 제임스타운 근처 윌리암스벍(Williamsburg)에 있었기 때문이다. 성공회는 시민전쟁(Civil War: 남북전쟁) 이후 1789년에 미국 성공회로 독립하였다.

미국의 성공회는 1997년 7월 말부터 8월 초까지 미국 복음주의 루터교(Evangelical Lutheran Church in America)와 회의를 갖고 양 교단 간에 보다 더 친밀한 교류를 갖기로 합의하였다. 한편 복음주의 루터교는 65교구 중 30교구는 성공회와의 교류를 찬동하고 15교구는 반대하였다. 물론 그 이후로는 모든 교회들과 연합운동을 강화하고 있으며, 오래 전부터 여자 목사는 물론 남녀 동성애자들에게까지도 목사 안수를 허용하고 있다.

3) 영국성공회(Anglican Church, Church of England)

성공회 캔터베리 대주교 캐리(Carey)는 1996년 12월 3-5일까지 바티칸의 **교황을 방문**하고 천주교와 성공회와의 완전 통합을 위한 목적으로 세 번이나 진지한 의견을 교환하였다. 캐리 대주교는 교황청을 방문하는 동안 교황 이외에 **에드워드 캐시디** 추기경(Cardinal Edword Cassidy)을 위시한 바티칸 고위 당국자들과도 가톨릭교와 성공회와의 실제적 통합을 위하여 몇 차례 회담을 하였다. 당시 캔터베리 대주교는 케이프 타운의 대주교 윈스톤 니온곤쿠루 던가네(Niongonkulu Ndungane), 버밍햄의 감독 마크 싼터(Mark Santer), 지브랄타의 감독 존 힌드(John Hind)와 총무 캐논 존 피터슨(Canon John Peterson)

등 성공회의 지도층 인사들을 대동하였다.

영국성공회도 여자목사는 물론 동성애자들에게도 목사안수를 주고 있다.

4) 화란개혁교회(Netherlands Reformed Church)

화란교회협의회(Council of Churches in the Netherlands, NL-38 18 HN A Mersfoort, The Netherlands

TEL. 31-33-465-3844, FAX. 31-33-461-3995)를 통하여 복음주의루터교, 메노나잇교회, 항론파교회 기타 교회들과 에큐메니칼(연합) 운동을 하고 있다. 화란교회협의회에는 로마 가톨릭교도 회원으로 되어있다.

화란개혁교회에도 여자목사는 물론 동성애자들에게도 목사안수를 주고 있다.

5) 헬라정교(Greek Orthodox Church)

W.C.C.의 회원 교단들 중 하나인 헬라 정교의 지도자인 콘스탄티노플의 **바돌로메 1세**(Bartholomeos I)는 W.C.C. 창립 50주년을 기하여 로마 가톨릭교가 W.C.C.에 가입할 것을 제의하였다. W.C.C. 창립 (1948) 50주년은 1998년이다. 물론 W.C.C. 지도층은 가톨릭교가 W.C.C.에 가입하는 일을 계속 추진해 왔다. 그러나 1994년 교황 요한 바울 2세와 만난 W.C.C. 총무 콘라드 레이저(Konrad Raiser) 박사는 천주교의 구조와 W.C.C.의 구조상의 차이점 때문에 천주교가 W.C.C.에 가입하는 것은 어려울 것이라고 전망하였다.

바돌로메 1세는 말하기를 "누구든지 완전한 기독교 연합의 목표를 반대하는 사람은 하나님의 뜻을 반대하는 사람이다"라고 규정하고, 제2차 유럽의 가톨릭교, 헬라 정교, 개신교, 영국 성공회 등이 금년(1997년) 6월 오스트리아의 그래즈(Graz, Austria)에서 모일 때 더욱 진지하게 논의할 것을 언급하였다[32].

6) 러시아 정교, 알미니안 정교, 성공회, 개신교의 연합 운동

제2차 유럽 에큐메니칼 대회(Second European Ecumenical Assembly)가 오스트리아의 **그래즈**(Graz)에서 1997년 6월 30일 – 7월 4일까지 일주일 간 계속되었다. 이 대회에는 유럽에서 가장 큰 규모의 에큐메니칼 대회였다. 이 대회는 주로 유럽의 개신교, 성공회, 정교 등 123개 교단이 가입되어 있다. 이 대회에는 러시아 정교의 **알렉세이 2세**(Alexei II), 성공회의 캔터베리 대주교 **조지 캐리**(Jeorge Carey), 알미니안 정교의 **캐토리코스 카레킨 1세**(Catholicos Karekin I) 등을 위시한 여러 교파 지도자들과 700명의 대의원들 그리고 10,000명 이상의 사람들이 모였었다. 이 대회는 유럽교회협의회, 유럽가톨릭교감독협의회가 후원하였다. 이 대회에는 유럽의 개신교, 성공회, 구교, 정교의 지도자들이 다 참석한 에큐메니칼 대회이었다. 이 대회(EEC)는 1959년 창립되었다.33)

2. 로마 가톨릭과의 연합 운동(J.W.G.)

• 로마 가톨릭교는 (R.C.C.)는 W.C.C.의 정회원은 아니다. 그러나 W.C.C.와 밀접한 관계를 가지고 있으며 그 관계를 더욱 강화하고 있다. W.C.C.와 가톨릭교와의 관계는 벌써 40년이 넘는다.

W.C.C.는 로마 가톨릭 교회에 대하여 매우 우호적인 태도를 취하여 왔다. W.C.C.의 초대 총무였고 명예 회장인 **비셔트 후프트**(Willem A. Visser't Hooft)는 W.C.C.와 로마 가톨릭교와 적극적 협력 관계를 다음과 같이 강조했다: "우리가 반복해서 말하는 바는 W.C.C. 내의 교회들과 로마 가톨릭 교회는 이제 모두 한 동일한 에큐메니칼 운동의 일부분이라는 것이다. 그러나 이렇게 말하는 것만으로는 충분치 않다. 우리는 그것을 증명해야 한다."34)

---

32) *ENI*, 1997. 4. 16. 97-0140.
33) *ENI*, 1997. 7. 9. 97-0290, 0300.

연합사업그룹(J.W.G. = Joint Working Group)

1960년 교황 요한 23세(John XXIII., 교황 재직 1959. 10. 28 - 1963. 6. 3)는 개신교의 여러 교파들과의 연합을 위하여 바티칸 교황청 안에 **기독교일치촉진국**(P.C.C.U= Pontifical Council for Promoting Christian Unity)을 신설하였다.

- 1965년에는 "교황청기독교일치촉진국"과 세계교회협의회 중앙위원회가 **"연합사업그룹"**(J.W.G: Joint Working Group)를 신설하고, 공동의 관심사와 협력을 증진하고 연합 운동을 위하여 정기적으로 회합을 갖기 시작하였다. W.C.C.의 **"21세기 에큐메니칼 운동 프로그램"** 부서와 가톨릭교의 **"교황청기독교일치촉진국"**(P.C.C.U.)은 연합을 위하여 서로 긴밀히 협동하고 있다. 지금은 **"교황청기독교일치협의회"**(Pontifical Council for Christian Unity)로 명칭이 변경되었다. 그들은 교리적 차이점들, 선교에 관한 문제들, 정의 · 평화 및 화해에 관한 문제들 등에 관하여 해결책들을 모색하고 있다.
- 로마 가톨릭은 W.C.C.에 정회원은 아니나, W.C.C.의 "신앙 · 직제위원회"(Commission on Faith and Order)의 정회원으로 적극 활동하고 있다. 한 거름 더 나아가서 "연합사업그룹"(J.W.G.)은 타종교들과의 대화와 협력에도 주력하고 있다.
- 1968년 W.C.C. 제4차 웁살라 총회에서는 9명의 로마 천주교 신학자들이 W.C.C. 신앙 · 직제위원회의 정회원으로 임명되었다.
- 세계교회협의회는 W.C.C. 제4차 총회 때(1968)부터 가톨릭 대표들을 계속 초청해 왔다.
- 1969년에는 가톨릭교 교황 **바오로 6세**(Pope Paul VI)가 스위스 제네바에 있는 W.C.C. 본부를 방문한 역사적 사건이 있었다. 그 이후 로마 가톨릭교는 개신교들과의 에큐메니칼 운동에 참여하는 일이 빈번

---

34) *The Ecumenical Review*, 37〈1985〉, p. 336.

하게 되었다.
- W.C.C.의 제4대 총무인 **에밀리오 카스트로**(Emilio Castro)도 공언하기를, "W.C.C.와 로마 가톨릭 교회와의 현재의 관계는 매우 긍정적이며 모든 종류의 우호 관계들이 있다"고 하였다.35)
- W.C.C.와 가톨릭교는 **"기독교 일치를 위한 기도주간"**(A Week of Prayer for Christian Unity)을 정하고 정기적으로 회합을 갖는다. W.C.C. 신앙·직제위원회에는 상당수의 천주교 대표들이 정회원으로 들어있다.
- 1969년 12월 초에는 W.C.C.에서 3명, 천주교에서 3명이 로마에 모여 1970년 5월 네이플(Naples)에서 개최될 연합 사업체에서 논의할 의제를 작성하였다.
- 1975년 W.C.C. 제7차 나이로비 총회에서 연합사업그룹(JWG)은 W.C.C.와 가톨릭의 연합·일체에 방해되는 모든 요소들을 근본적으로 연구하여 제거하고, 공통분모를 새롭게 평가하고 에큐메니칼 관계를 모색해 나아가야 할 것이다라고 하였다.
- 콘라드 레이저(Konrad Raiser) W.C.C. 총무는 1993년 6월 바티칸에서 에드워드 캐시디(Edward Cassidy) 추기경과 **교황청기독교일치촉진국**의 포에리 듀프레이(Poerre Duprey) 감독과 회의를 가졌다.36)

3. "복음주의자들과 가톨릭(천주교) 다 함께"(E.C.T.)
(Evangelicals and Catholics Together)

미국 내의 신복음주의자들과 가톨릭교내의 연합주의자들(Ecumenists) 22명은 1994년 3월 29일 "복음주의자들과 가톨릭 다함께: 제3천년 기 그리스도인 사명"(Evangelicals and Catholics Together: The Christian Mission in the 3rd Millenium)이라는 공동선언문에 서명 날

---
35) *One World*, January - February 1986, p. 6.
36) *E.NI.* 95.0078.

인하였다.

이 공동선언문은 찰스 콜슨(Charles Colson; 닉슨 대통령의 보좌관)과 리챠드 뉴하우스(Richard Neuhaus; 루터교에서 천주교로 개종한 자)가 원안을 작성하고, 개신교내의 신복음주의자들과 가톨릭교내의 연합주의자들(Ecumenists) 22명이 서명 날인하여 발표한 성명서이다.

이 공동선언문에 서명 날인한 사람들은
- 펫 로버트슨(Pet Robertson: 700 Club) 남침례교 국내선교)
- 빌 브라잇 (Bill Bright: CCC, 대학생선교회 총재)
- 막크 놀 (Mark Noll: 윗튼 대학교)
- 쩨시 미란다(Jeese Miranda: 하나님의 성회)
- 리챠드 마우(Richard Mauw: 훌러신학교 총장)
- 피터 크리후트(Peter Kreeft: 가톨릭교)
- 매튜 램(Matthew Lamb: 가톨릭교)
- 래리 레위스(Larry Lewis: 남침례교)
- 존 오코너(John O'Connor: 가톨릭교 추기경)
  등이다.

※ 물론 이 공동선언문은 단체로서의 복음주의협회 또는 천주교를 대표하는 공적이며 권위적인 문서는 아니다. 그러나 이 공동선언문은 과거 500년 동안 민감하게 대립해 온 개신교들과 천주교의 비(非)성경적 연합운동에 크게 공헌하고 있다는 점에서 그 여파가 매우 크다.

1) 공동선언문 서론(Introduction)에서
"그리스도인들의 유형적 연합과 한 분 그리스도와 연결이 필요하다. 우리는 우리 주님의 기도, "아버지여! 아버지께서 내 안에, 내가 아버지 안에 있는 것 같이 그들도 다 하나가 되어 우리 안에 있게 하사 세상으로 아버지께서 나를 보내신 것을 믿게 하옵소서"(요 17:21)라는 기도의 성취를 위하여 같이 기도한다. 우리 복음주의자들과 가톨릭(천주교)은 다함께 그리스도께서 그의 모든 제자들에게 의도한 연합을 반대한 우리의 죄를 고백한다."

비평(A Critique)

① "그리스도인들의 유형적 연합"이란 신앙과 고백이 일치하지 않는 인본주의적·조직적·유형적 연합을 말한다.

② 여기서 "복음주의자들"이란 신복음주의자들(New evangelicals)을 말한다. 신복음주의자들이란 복음이 교훈하는 성경적 연합의 원리에 반(反)하는 중립주의자들, 관용주의자들, 타협주의자들, 포용주의자들, 양보주의자들을 말한다.

여기서 "가톨릭"(Catholic)은 개신교회들과의 비성경적 연합을 주장하는 천주교내의 연합주의자들(Ecumenists)을 말한다.

③ "모든 제자들에게 의도한 연합을 반대한 죄를 회개한다."
우리 주님은 신앙과 신앙고백이 일치하지 않는 비성경적 연합을 반대하시고 참된 성경적 연합을 교훈하셨다(요 17장). 따라서 저들은 비성경적 연합을 주장하는 것을 회개하여야 마땅하다.

2) "… 그리스도인의 사명도 하나이다. 그 한 사명은 다양한 방법들로(in diverse ways) 발전될 수 있고 또 발전되어야 한다 …"

비평(A Critique)

① "그리스도인의 사명"이란 그리스도께서 말씀하신 그리스도의 지상명령(The Great Commission)을 말한다.

마태복음 28:18-20, "하늘과 땅의 모든 권세를 내게 주셨으니 그러므로 너희는 가서 모든 족속으로 제자를 삼아 아버지와 아들과 성령의 이름으로 세례를 주고 내가 너희에게 분부한 모든 것을 가르쳐 지키게 하라 볼찌어다 내가 세상 끝 날까지 너희와 항상 함께 있으리라 하시니라"

② "그 한 사명은 다양한 방법들로(in diverse ways) 발전될 수 있고 또 발전되어야 한다 …"고 주장하면서 전도 방법의 다양성을 주장한다.

"그 한 사명"은 주님의 지상명령이요, 주님의 지상명령은 전도와 선교요, 전도와 선교를 위하여 전도 방법의 다양성을 주장한다. 우선 전도방법의 다양성은 하나님의 속성과 교훈에 위배된다. 그들은 복음의 메시지는 변치 않으나, 복음을 전하는 방법은 시대의 상황에 따라서 다양성을 주장한다.

하나님의 일은 하나님의 방법대로만! 인데 하나님의 방법이란 이질적이고 상반되는 다양한 전도 · 선교 방법들이 아니다.

3) "… 한 그리스도와 한 사명은 많은 다른 그리스도인들 특히 동방정교와 일반적으로 복음주의(교회)들과 일치하지 않는 개신교들도 포함한다."

비평(A Critique)

위의 성명서는 개신교와 가톨릭교내의 연합주의자들의 연합에 대한 사고방식을 여실히 보여준다. 즉 저들은 가톨릭교, 동방정교, 그리고 개신교내의 자유주의자들, 신오순절주의자들(현대방언 · 신유 · 기복주장), 신복음주의자들(타협주의자들), 그리고 온갖 종류의 사이비 교회들도 다 포함하고 있으니 정말 "각종 더럽고 가증한 새들이 모이는 곳이 되었다"(계 18:2).

4) 우리는 함께 확언한다(We Affirm Together)에서

"… 그리스도를 주(主)와 구주로 영접하는 모든 사람은 그리스도 안에서 형제자매들이다. 복음주의자들과 가톨릭은 그리스도 안에서 형제

자매들이다."

비평(A Critique)
"그리스도를 주(主)와 구주로 영접하는 모든 사람" 가운데는 심지어는 온갖 이단들도 포함된다. 온갖 이단들이나 신앙노선을 달리하는 신자들은 엄밀한 의미에서는 그리스도 안에서 형제자매들이라고 할 수 없다.

5) "… 교회는 사도신경은 성경적 진리의 정확한 성명서로 다 함께 확언할 수 있고 그리하여 확언한다."

비평(A Critique)
가톨릭교와 기독교내의 연합주의자들은 사도신경을 연합의 한 도구로 사용한다. 그러나 기독교의 사도신경과 천주교의 사도신경은 그 근원과 배경 그리고 내용 등이 모두 상이하다. 가톨릭교의 사도신경에는 "음부에 내려가시고"가 첨부되어 있다. 이것을 "음부 강하설"이라고 한다.

※ "음부 강하설"〈참조〉. "카톨릭 교회 교리서 비평", 기독교문서선교회 , 2010. 3 pp. 125-136

6) "성경은 교회에서 권위로 해석한다."
가톨릭교에서는 성경 해석의 권한을 가톨릭 교회(교황청)안에 둔다. 다시 말하면 각자의 성경해석을 금한다.

• **가톨릭교회 교리서** 119조, "… 성서 주석(해석)의 방법에 관한 모든 것은 궁극적으로 교회의 판단에 속하므로, 교회는 하느님의 말씀을 보존하고 해석하라는 하느님의 명령과 직무를 수행한다"(계시헌장 12항 3).

비평(A Critique)

교황과 추기경들과 감독들만의 성경 해석의 권한을 주장하면서 지금까지 만들어 놓은 가톨릭교의 교리들은 어떠한가?

성경에 외경 7권을 첨부한 것,

마리아를 하느님의 어머니, 일평생 처녀, 원죄와 본죄 없는 마리아, 마리아의 승천, 마리아의 보호, 마리아의 중보 등

사제의 독신, 성찬의 화체설, 고해성사, 연옥설, 교황의 무오, 죽은 자들을 위한 기도, 천주교의 구원관과 칭의관, 추도예배, 음부강하설, 성현숭배, 신화적인 전승, 가톨릭교 밖에는 구원이 없다. 천주교만이 단일유일한 교회, 교황의 절대적 권위 등등 이 아닌가? 가톨릭교의 이 교리들이 과연 올바른 성경해석인가?

물론 개신교회들도 마찬가지이다. 개신교는 성경해석의 자유를 지니고 있음으로 교파마다 교단마다 특징적 교리들에 대하여 해석을 달리하므로 분열을 초래하게 되고 하나님의 말씀이 잘못전해지게 된다.

본 저자는 칼빈주의와 개혁주의 입장에서의 성경 해석이 가장 올바른 성경 해석이라고 생각한다.

7) "마리아와 성현들을 기념하라. 마리아와 성현들에게 헌신하라"

비평(A Critique)

마리아와 성현들(Saints)은 이미 세상 떠난 지 오래된 죽은 사람들이다. 뿐만 아니라 그들 중 다수는 가톨릭교의 잘못된 교리들을 만들고, 퍼치고, 믿게 한 사람들이다. 죽은 사람들을 기념하고, 죽은 사람들에게 추도하는 것은 성경이 엄히 금한 죄이다.

※ 죽은 사람을 위한 기도, 가톨릭교의 추도예배, 연옥설 등을 참조하라.

가톨릭교는 성현들이 많이 있다. 그 많은 성현들 중 10명을 꼽는다면,

성 베드로(A.D. 64년 순교),
야고보의 형제 유다(A.D. 1세기 순교),
성 베네딕토(St. Benedict, 480-543),
성 구즈만(St. Guzman, 1170-1221),
성 후렌시스(St. Francis, 1181-1226),
성 아퀴나스(St. Thomas Aquinas, 1225-1274),
성 익나시우스(St. Ignatius, 1491-1556),
성 수비루스(St. Bernadette Soubirous, 1844-1879),
성 테레사(St. Therese, 1873-1897),
성 피오(St. Pio of Pietrelina, 1887-1968) 등이다.37)

4. 복음주의자들과 가톨릭교 다함께 Ⅱ - 구원의 선물
(Evangelicals and Catholics Together Ⅱ - The Gift of Salvation)

찰스 콜슨(Charles Colson; 닉슨 대통령 보좌관)과 리차드 뉴하우스(Richard J. Newhaus; 루터교에서 천주교로 개종한 자)가 주도한 "구원의 선물" 또는 "복음주의자들과 가톨릭교 다함께 Ⅱ"라는 공동선언문을 발표하였다.

이 공동선언문은 1997년 12월 8일 발표한 공동선언문으로 1994년 3월 29일 발표한 "복음주의자들과 가톨릭교 다함께"에 이어 두 번째 공동선언문이다.

이 공동선언문에 의하면, "우리는 최근에는 많은 복음주의자들과 천주교들이 그리스도 안에서 공동신앙을 표현해 올 수 있었으며, 서로가 그리스도 안에서 형제자매로 인식(인정)해 올 수 있었음에 대하여 하나님께 감사한다. 우리는 다 함께 곧 성부·성자·성령 한 하나님을 고백하며, 우리는 예수 그리스도는 도성인신(성육신)하신 하나님의 아들임을 고백하며, 우리는 성경은 하나님의 영감 된 말씀으로 성경의 권위를

---

37) John Trigilio, op. cit., pp. 319-340.

확인하며, 우리는 사도신경과 니케아 신조는 하나님의 말씀의 신실한 증언으로 인식(인정)한다 …"고 하였다.

"우리는 성경은 하나님의 영감 된 말씀으로 성경의 권위를 확인하며"

비평(A Critique)

물론 "우리는 성경은 하나님의 영감 된 말씀으로"라고 여기서 말하는 성경은 구약에 외경 7권이 포함된 가톨릭의 성서를 말한다. 외경 7권은 성령의 영감으로 기록된 하나님의 말씀이 아니다.

※ 본 저서 제1장 "성서" 참조.

성찬식(Eucharist)을 통한 연합운동 촉진

천주교와 기독교 내의 자유주의자들은 소위 성찬식(Eucharist)을 통하여 일치(연합)운동을 촉진하고 있다.

제2차 바티칸 공의회 교회헌장 제 3항, "… 성찬의 빵을 나누는 성사로 그리스도 안에서 한 몸을 이루는 신자들의 일치가 표현되고 있다."

제7항, "… 우리는 세례를 통하여 그리스도께 동화된다. 우리는 한 성령으로 세례를 받아 한 몸이 되었다(고전 12:13)."

비평(A Critique)

※ 성경적 연합의 원리 - 부록 2참조.

개신교회들 안에서는 물론 가톨릭교와 개신교회들 사이에서도 교회의 연합을 위한 시도로서 성찬(Eucharist)을 같이 한다. 성찬식에 같이 참여하므로 그리스도 안에서 하나가 되었다는 것이다. 신앙과 교리가 일치하지 않는 교회들이 어떻게 성찬식을 같이 할 수 있으며 어떻게 하나가 될 수 있는가? 그것은 비성경적 연합이다.

● 성공회 캔터베리 대주교 **죠지 캐리**(George Carey)는 1999년 2월 12-14일 로마 교황청 교황 **요한 바울 2세**(John Paul Ⅱ)를 방문하였다.

사실 로마 가톨릭교회 신자들의 수효가 개신 교회와 헬라 정교의 합한 숫자보다 훨씬 능가하므로, 소위 기독교계의 재연합이라는 에큐메니칼 운동의 비전은 로마 가톨릭 교회를 포함하지 않고는 수적으로 큰 결함이 있을 것이다. 『세계 기독교 백과사전』(World Christian Encyclopedia)에 의하면 1980년 중반 로마 **가톨릭교회 신자수**는 약 8억 9백만, **개신교회 신자 수**는 약 2억 8천만, **헬라정교**(Greek Orthodox Church) **신자수**는 약 1억 2천 4백만, **성공회**(Anglican Church) **신자수**는 약 6천 5백만이다.38)

● **루터교세계연맹**(The Lutheran World Federation)과 **가톨릭**(천주교)은 1999년 10월 31일 종교개혁 482년 기념일에 "이신칭의(Justification by Faith) 교리에 대하여 더 이상 논쟁이나 정죄를 하지 않기로 결정하였다"라고 공동선언문을 발표하였다39).

에드워드 캐시디(Edward Cassidy) 추기경(기독교와 가톨릭 연합촉진 위원회 위원장)은 "이 공동선언문은 현대 에큐멘칼 운동에 있어서 가장 위대한 성공(성취) 중 하나이다"라고 하였다.

이스마엘 노코(Ismael Noko) 루터교 세계연맹 총무는 이 공동문 작성에 중심 역할을 하였다.

W.C.C. 총무 콘라드 레이저(Konrad Raiser) 교황청 방문.

콘라드 레이저는 교황 **요한 바오로 2세**(Pope John Paul Ⅱ)와 교황청 부처들과의 회담을 위하여 바티칸 교황청을 방문할 것이라고 1995

---

38) David B. Barrett, *World Christian Encyclopedia*: Oxford University Press⟨1982⟩. p. 6.
39) *E.N.I,* 99.6.16.

년 3월 6일 발표하였다.40)

신·구교 2009년 그리스도인 일치기도회 – 서울에서

개신교와 천주교, 성공회 등의 지도자들과 신자들은 한자리에 모여 교회일치를 위한 기도회를 개최하였다.

2009년 1월 18일 오후 서울 올림픽공원 올림픽홀에서 "2009년 그리스도인 일치 기도회'를 갖고 서로 사랑하며 하나의 공동체를 이루게 하소서"라고 한목소리로 기도했다. 기도회에는 정교회한국대교구, 한국가톨릭교주교회의, 한국기독교교회협의회, 정교회, 루터교 등의 신자 2000여 명이 모였으며, 이들은 '그리스도인 일치 기도주간'(18-25일)을 맞아 함께 기도하는 자리를 마련했다. 올해는 특히 세계교회협의회(W.C.C.)가 정한 '한국 그리스도인 일치 기도의 해'로 이날부터 시작되는 '그리스도인 일치기도 주간'에 한국 교회가 마련한 기도문과 예식자료가 세계 공통으로 사용된다는 점에서 더욱 뜻 깊은 행사가 되었다고 주최측은 자아 자찬하였다.

이날 기도회에는 정진석 추기경(가톨릭교 서울대교구장), 김삼환 N.C.C.K. 회장, 사무엘 코비아 세계교회협의회 총무, 오스발도 파딜랴 교황대사, 유인촌 문화체육관광부 장관 등이 참석해 눈길을 끌었다. 기도회에서는 N.C.C.K. 김삼환 회장 김 목사와 가톨릭교구교회의 교회일치위원장 김희중 주교, 정교회 한국대교구 나창규 대신부, 대한성공회관구장 박경조 주교 등 에큐미네칼 지도자들이 단상에서 두 개로 나뉜 십자가를 하나로 연결하는 '일치 십자가 세우기'를 진행하며 신-구교의 일치를 소망했다.

---

40) *E.N.I.* 95.3.14.

5. 타 종교들과의 연합 운동

W.C.C. 에큐메니칼 운동을 지지하는 사람들은 대화를 강조한다. **대화**(Dialogue)란 상대방과 어떤 주제를 놓고 그것을 솔직히 논의함으로 상호 이해와 합의점을 모색하는 것이다. 따라서 대화의 주제들에 대한 견해가 전혀 상반되는 것을 대화를 통하여 어떤 합의를 이루기 위해서는 타협이 불가피하며 타협에는 반드시 양보가 따르게 마련이다. 여기서 타협이란 비진리와의 타협이며, 여기서 양보란 진리의 양보를 뜻한다.

1) W.C.C.는 타 종교들과의 연합을 시도한다. W.C.C. 에큐메니칼 운동의 궁극적 목적은 기독교의 많은 교파들을 통합하면서 로마 가톨릭교와도, 심지어는 유대교 · 이슬람교 · 시크교 · 불교 등 이방 종교들과도 모종의 하나가 되는 것을 목표하고 있다. 그러기에 그들은 "**이방 종교들과의 대화**"를 매우 중요시하며 그 일을 **세계선교 · 전도위원회**에서 전담하고 있다.

W.C.C. 제6차 총회 시(1983년 7월 24일-8월 10일, 캐나다의 밴쿠버에서)에도 그들은 가톨릭교 · 불교 · 이슬람교 · 유대교 · 시크교 대표자들을 초청하여 그들의 연설을 청취하였으며, 그들과 함께 연합 예배를 드렸다.

W.C.C. 밴쿠버 총회는 선언하기를, "우리는 우리가 증거하는 예수의 탄생 · 생애 · 죽음 · 부활의 독특성을 주장하는 한편, 다른 신앙들(종교들)을 가진 사람들 가운데도 종교적 진리의 추구에 하나님의 창조적 사역이 있음을 인정한다 …. 대화로써 우리는 하나님께서 우리의 세상에 어떻게 활동적 이신지를 더 분별하고, 다른 신앙을 가진 사람들이 궁극적 실재(존재)에 대해 가지고 있는 통찰들과 경험들을 그것들 자체

때문에 감사하기를 기대한다"고 하였다.41)
- 1996년 3월에는 기독교와 이슬람교 지도자들, 학자들, 사회 활동가들 약 50명이 필리핀의 마닐라에서 모여 "신앙과 공동체: 변천하는 아시아에서의 이슬람과 기독교의 협동과 이해"라는 주제하에 회의를 개최하였다. 이 회의는 아시아교회협의회, 필리핀교회협의회, 필리핀 대학교 이슬람 연구소가 주최하였다.
- 1996년 4월에도 W.C.C. 총무 **콘라드 레이저**(Konrad Raiser)는 **폴란드 에큐메니칼협의회** 50주년 심포지엄에 참석하였다. 그 심포지엄에는 루터교, 정교, 구교, 개신교 지도자들이 참석하였으며, 로마 가톨릭교 대표들도 참석하였다.42)
- 1966년 6월에는 **중동교회협의회**(Middle East Council of Churches)가 예루살렘에서 개최되었는데 그 회의에는 거의 모든 기독교 지도자들과 아랍 세계의 이슬람교 지도자들이 참석하여 중동의 평화 문제를 논의하고 이스라엘과 미국의 중동 정책을 비난하였다.
- 1966년 11월에는 W.C.C.와 이란 이슬람 단체가 이란의 테헤란에서 공동으로 주최한 이슬람 문화와 교제를 위한 심포지엄이 있었다. 이 심포지엄의 주제는 "변천하는 세계에서의 종교의 역할"이었다. 여기에는 11명의 W.C.C. 대표단과 약 20명의 이란의 이슬람 학자들과 지도자들을 위시하여 약 250명이 참석하였다.

2) 타 종교들과의 대화(Dialogue with Other Faiths)

대화(Dialogue)는 자기의 생각, 주제 등을 달리하는 사람들과 같이 논의하므로 상호 이해를 증진시키며, 상호 이해의 힘을 합하여 어떤 일, 또는 어떤 운동을 추진해 나가는 것을 말한다. 그런 의미에서 대화(dialogue)는 상대방과 서로 이야기하는 것(talking or conversation)과는 판이하다.

---

41) *Gathered for Life*, p. 40.
42) N.C.C.C. U.S.A., *Yearbook*, 1997. pp. 18-9.

세계교회협의회(W.C.C.)는 W.C.C. 내에 교리, 신조, 신앙고백, 예배 의식 등 모든 면에 상이한 회원교단들이 어떻게 유형적 연합(visible unity)을 이룰 수 있을까에 대한 구체적 방안들 중 하나로 대화를 강조한다.

대화의 구체적 방안은 루터파, 개혁파 등을 위시한 개신교들 간의 대화, 로마 가톨릭과의 대화, 정교(동양정교, 동방정교)와의 대화, 한 거름 더 나아가서 불교·힌두교·이슬람교·신토이즘 등 모든 이방 종교들과의 대화·맑스주의자들과 기독교인들과의 대화등 대화를 통한 연합을 모색한다.

비평(A Critique)
대화를 통한 연합운동의 결과는
1. 기독교의 독특성을 파괴하고, 타 종교(이방종교)들을 격상시켜 기독교와 **이방종교들을 동등시**하는 결과를 초래한다.
2. 성경만이 유일무이한 하나님의 **초자연적 계시임을 부인**하는 결과를 초래한다.
3. 예수 그리스도만이 죄인의 유일한 구주이심을 부인하고, **만인 구원설**로 유도하는 결과를 초래한다.
따라서 우리는 저들의 대화를 통한 에큐메니칼 운동을 폭로하고, 반대하고, 책망하고, 바른 길을 제시하여야 한다(엡 5:11; 고후6:17-18).

6. 종교 다원주의(Religious Pluralism)의 부당성

1) 종교 다원주의는 진리의 양보(포기)를 가져온다.
종교다원주의는 성경만이 하나님의 유일 무의한 초자연적 계시임을 부인하고, 예수 그리스도만이 죄인의 유일한 구주이심을 부인하고, 만인

구원설로 유도하는 결과를 초래한다.

그러나 불신자들과 타 종교들의 구원을 위한 기독교의 교훈은 그들과의 대화나 타협이 아니라, 하나님의 말씀을 권위적으로 선포함이다. 성경은 다음과 같이 선포하고 있다. "나는 길이요 진리요 생명이니 나로 말미암지 않고는 아버지께로 올 자가 없느니라"(요 14:6). "… 누구든지 저(예수 그리스도)를 믿는 자마다 멸망치 않고 영생을 얻으리라"(요 3:16). "다른 이로써는 구원을 얻을 수 없나니 …"(행 4:12). "주 예수를 믿으라 그리하면 너와 네 집이 구원을 얻으리라"(행 16:31).

2) 종교 다원주의는 기독교의 절대성을 부인하는 결과를 초래한다.

W.C.C.의 지도자들 중에는 기독교의 절대성을 명백히 부인하는 자들이 많이 있다. W.C.C.의 **"타 종교와 이념과의 대화"** 분과장인 **웨슬리 아리아라자**(S. Wesley Ariaraja)가 그 대표적 예이다. 그는 1985년 W.C.C.를 통해 공식적으로 출판한 『**성경과 타 종교인들의 신앙**』 (The Bible and People of Other Faiths)이라는 그의 책에서 그는 말하기를, "절대적 의미에서의 진리는 어느 누구도 파악할 수 없고, 우리는 예수에 관한 기독교의 주장들이 성 요한, 성 바울 그리고 성경이 그렇게 주장하기 때문에 절대적이라고 말해서는 안된다"고 하였다.[43] 그가 기독교의 절대성을 부인하는 이유는

① 성경이 명확한 기독론을 가지고 있지 않고, 서로 다르고 모순된 기독론을 가지고 있기 때문이며.[44]

② 성경의 언어는 신앙의 언어이기 때문이라고 한다.[45]

또한 그는 이교도들도 같은 하나님의 자녀들이며 회개해야 할 자들이 아니라고 주장하였다. "기독교의 신, 힌두교의 신, 무슬림의 신이

---

43) S. Wesley Ariaraja, *The Bible and People of Other Faiths*, W.C.C., p. 27.
44) Ibid., pp. 21-2, 67.
45) Ibid., pp. 6, 9, 24, 26.

따로 있는 것이 아니라, 하나님에 대한 기독교적 이해, 힌두교적 이해, 이슬람교적 이해가 있을 뿐이다 …. 타 종교인도 하나님의 자녀이므로, 우리는 형제자매요, 순례자이지 이방인이 아니다. 우리는 한 창조주 하나님께 속한다 …. 힌두교도는 회개의 대상이 아니다. 그는 동료 순례자이다."46)

심지어 그는 기독교의 절대성을 주장하는 것은 전도에 가장 큰 방해거리라고 말한다. "만일 당신이 나에게 참된 증거의 가장 큰 방해거리였던 한 가지 요인을 골라내라고 요청한다면, 나는 어떤 그리스도인들이 그리스도에 대한 절대적 주장들이 그것이라고 말할 것이다."47)

비평(A Critique)

기독교의 절대성을 부인하는 것은 불신앙이요, 진리를 포기함이요, 반기독교적 이적 행위이다. 기독교의 절대성은 무엇인가? 성경만이 우리가 어떻게 믿고, 어떻게 행할 것을 계시한 유일무이한 그리고 정확무오한 하나님의 말씀이다. 성부 · 성자 · 성령 · 삼위일체 하나님만이 유일하신 하나님, 영원자존자 · 절대주권자 · 창조자 · 섭리자 · 보존자 · 심판자이시다. 사람은 범죄하여 전적 타락 · 전적 부패 · 전적 영적 무능의 상태에 처하게 되었다. 그러므로 인간의 노력이나 선행으로는 의롭다함을 받을 그리고 구원받을 육체가 없다.

세상 종말은 필히 도래할 것이며 그리스도께서 재림하셔서 선악간에 심판하시고 선한 자(믿는 자)는 천국에서 영생복락을, 악한 자(불신자)는 지옥에서 영원 형벌을 받을 것이다. 이 말씀들은 기독교의 절대성이므로 대화의 논의대상이나 타협 또는 양보가 있을 수 없다.

3) 종교 다원주의는 기독교와 타 종교를 동등시하는 결과를 초래한다.

종교 다원주의는 기독교의 독특성을 파괴하고, 타 종교들을 격상시켜

---

46) Ibid., pp. 9-11, 56.
47) Ibid., p. 53.

기독교와 동등시하는 결과를 가져온다.

　종교 다원주의는 초자연적 계시의 기독교와 사신우상(私神偶像)을 섬기는 이방 종교들을 동등시하며, 우리 주 예수 그리스도를 세상의 인조 종교(人造 宗敎) 창시자들과 동등시하는 결과를 초래하게 된다.

　"저희 우상은 은과 금이요 사람의 수공물이라 입이 있어도 말하지 못하며 눈이 있어도 보지 못하며 귀가 있어도 듣지 못하며 코가 있어도 맡지 못하며 손이 있어도 만지지 못하며 발이 있어도 걷지 못하며 목구멍으로 소리도 못하느니라"(시 115:4-7).

4) 종교 다원주의는 종교 혼합주의(Syncretism)라는 종착역에 도달케 되었다.

　종교 혼합주의는 모든 이방종교들의 소위 좋은 요소들을 연구하고 종합하여(mix) 혼합하는 것을 말한다. 모든 종교를 상대적이고, 포용적이고, 실용적인 면에서 구별 없이 받아드리는 것이다. W.C.C.의 보쎄 에큐메니칼 연구소 초대 소장 **크래머**(Kramer, Hendrik, 1888. 5. 17 - 1965. 11. 11)이나 W.C.C. 제7차 총회 때 초혼제를 행한 정현경 교수 같은 사람들은 종교 다원주의 → 종교 혼합주의의 대표적 인물이다.

세계교회협의회(W.C.C.)의
실상을 밝힌다
A Critique of the World Council of Churches

제 10 장

세계교회협의회(W.C.C.)의 "인종차별투쟁사업"
(P.C.R.: Program to Combat Racism)

W.C.C. 공산주의 게릴라 단체들에게 막대한 자금제공

　세계교회협의회(W.C.C.)는 1948년 8월 15-31일까지 화란의 암스텔담(Amsterdam)에서 창립총회를 개최하였으나, W.C.C.의 모체들 중 하나인 1925년 스웨덴의 스톡홀름(Stockholm)에서 시작된 **"생활과 봉사운동"**(Life and Work Movement)이래 1968년 스웨덴의 웁살라(Uppsala)에서 W.C.C. 제4차 총회가 개최될 때까지 40년이 넘도록 인종차별문제에 관하여 관심은 있었으나 인종차별 문제를 어떻게 어떤 방법으로 해결할 것인가에 대하여는 구체적인 방안이 없었다.

　그러나 미국의 민권 운동가 **마틴 루터 킹**(Martin Luther King)의 암살 사건으로 기폭제가 되어 1968년 W.C.C. 제4차 총회 때부터는 인종차별을 반대하는 수단과 방법으로 과감한 투쟁 방법을 택하고 인종차별 국가들, 단체들, 교회들, 개인들 등에 반대하여 폭력과 비폭력을 모두 사용하기 시작하였다.

W.C.C.는 인종차별투쟁사업이란 명칭만으로는 매우 좋은 사업처럼 착각 또는 오해하기 쉬운 것이다. 그 이유는 우리 인간은 모두 하나님의 형상대로 지음을 받았으며(창 1:26), 모든 사람은 인종·피부성(남, 여) 등에 관계없이 하나님과 사람 앞에서(시민법 앞에서) 평등하기 때문이다. 그러나 세계교회협의회(W.C.C.)에서 1970년대와 1980년대에 가장 중요한 사업으로 전개한 인종차별 투쟁사업(P.C.R.)의 내막과 진상을 면밀히 조사·연구·검토한 사람이면 누구나 이 인종차별투쟁사업이 얼마나 비성경적이며 적그리스도적 인가를 알 수 있다.

그 이유는 W.C.C.가 인종차별을 반대한다는 허울 좋은 구실과 명목을 빙자하여 공산주의 게릴라 단체들을 두둔하면서 그들에게 막대한 자금을 제공해 왔기 때문이다. 이 자금은 W.C.C. 산하 교회 신도들이 바친 헌금과 개인이나 단체들의 특별 기금으로 마련되었다. **리더스 다이제스트**(Reader's Digest)[48] 에서는 **"당신의 교회 헌금이 어디로 가고 있는지 아는가?"** 라는 제목 아래 W.C.C. 산하 교회에 참석하는 신도들이 바치는 헌금이 급진적이며, 혁명적이며, 폭력적인 공산주의 게릴라 단체들을 위시하여 반국가적 단체들에게 제공되고 있다고 폭로한 바 있다. 같은 내용들이 지난 1983년 1월 23일에는 **미국 CBS-TV 60분 프로**에서도 저녁 7시부터 40분간 전국에 방영된 바 있다.

이와 같은 무서운 일들이 백주에 폭로되자 자유주의 목사들은 "리더스 다이제스트"의 기사와 "CBS-TV 60분 프로"에서 방영된 내용은 전혀 사실과 다르다고 완강히 부인하였다. 그들은 "기독교인들이 바치는 헌금이 공산주의자들, 게릴라 단체들에게 사용되어진다는 일부 보도는 전혀 사실과 다른 허위 … 한 마디로 허위 날조"라고 말하였다. 또 W.C.C.는 "성서의 말씀을 근거로 한 신앙고백 위에서 조직되고 운영되는 기구"라고 옹호, 찬양하면서 "리더스 다이제스트의 글이나

---

48) Reader's Digest, 1983년 1. p. 120)

CBS 프로그램의 일방적 이념에 근거한 비난이니 우리는 인정할 수 없다"고 하였다.

만일 리더스 다이제스트나 CBS-TV 방송국이 사실 아닌 허위날조를 보도하였다면 항상 정의를 부르짖는다고 말하는 저 사람들이 벌써 법정에 고소하였을 것이다. W.C.C.가 공산주의 게릴라 단체들을 지원하고 그들에게 자금을 제공하고 있다는 사실은 W.C.C. 지도층과 그들의 인종차별투쟁사업 자금을 제공받는 단체들 자체가 스스로 입증하고 있는 것으로 비밀이 아니다.

인종차별투쟁사업(P.C.R.)

WCC가 공산주의 게릴라 단체들을 위시하여 여러나라의 좌경 단체들에게 상당한 기간 동안(적어도 20년) 거액의 자금을 제공해 온 것은 WCC 제 2대 총무 **유진 칼슨 블레이크**(Eugene Carson Blake, 총무재직 1966-1972)로부터 시작하여 제 3대 총무 **필립포터**(Philip Potter, 총무재직 1972-1984) 시대에 절정에 이르렀고, 제 4대 총무 **에밀리오 카스트로**(Emilio Castro, 총무재직 1985-1992)때 막을 내린 것이다. 이들 2대, 3대, 4대 총무들의 프로필을 본서 제7장 WCC의 역대 총무들을 참조할 것이다.

1968년 스웨덴 웁살라(Uppsala, Sweden)에서 개최된 W.C.C. 제4차 총회에서는 정의와 해방(Justice and Liberation)의 이름으로 아프리카 최남단에 위치한 남아프리카공화국과 로데시아 및 기타 나라들이 서방 자본주의 국가들과의 관계를 단절하고 인종차별투쟁사업이라는 것을 전개할 것을 건의하였다.

웁살라 총회의 제의는 W.C.C. 실행위원회(Executive Committee)로 이첩(移牒)되었고, **"실행위원회"**는 1969년 5월 19일-24일까지 영국 런던 서부 지역 **낫팅 힐**(Nothing Hill)에서 당시 미국 상원 위원이었던 민주당 소속 자유주의자, 미국연합감리교 소속 **조지 맥거번**(George McGovern)씨 사회 하에 30개 국 이상에서 자유주의 신학자들과 교회 중진급 인사들이 모여 인종차별의 해결책을 모색하였다. 즉 인종차별 정부들을 반대하여 교육적 노력, 사회적·정치적 활동 및 경제적 봉쇄를 가함으로써 인종차별 문제를 해결할 수 있다고 주장하고, 이것을 W.C.C. 사업으로 추진할 것을 결의하였다. "우리는 교회들이 자선·기부 그리고 전통적 프로그램을 넘어 … 사회의 급진적 과격한 재건을 위한 기구들(agents)이 되기를 요청한다. 변화가 없으면 정의가 있을 수 없다"고 하였다.

이때부터 W.C.C.의 인종차별투쟁사업은 W.C.C. 회원교단들 안에서 심각한 문제로 대두되기 시작하였다. W.C.C.의 보다 더 급진적이고 과격하며, 세속적이고 물리적 행동으로 방향이 새로 출발하였다.

W.C.C. **실행위원회**는 **낫팅힐건의서**"를 W.C.C. 최고 결정 기관인 **중앙위원회**(Central Committee)에 제출하였고, 이 건의서를 접수받은 중앙위원회는 **영국의 캔터베리**에서 1969년 8월 12일-23일까지 모여 W.C.C. 실행위원회의 결의서를 연구·검토 후 전폭적으로 지지하고, W.C.C. 기구 내에 **인종차별투쟁사업부**(P.C.R.)를 설치하고 인종차별투쟁사업을 전개하기로 한 것이다. 그리하여 W.C.C. 기구 내에 인종차별투쟁사업부를 설치하였다. 인종차별투쟁사업부가 처음 신설되었을 때는 275명의 W.C.C. 본부 사무실 직원들 중에 단 **4명만**이 인종차별투쟁사업부에서 종사하였으며, 인종차별투쟁사업은 5년간으로 정하고 그 후에 연장토록 하였는데, 1974년에는 다시 연장되었다. 그때부터 인종차별투쟁사업은 약 20년 동안 W.C.C.의 가장 중요한 사업이 되어왔다.

"**인종차별투쟁사업부** "에서는 **5가지 주요 사항들**을 강조하며 독려하였다.49)

---

49) W.C.C., *Dictionary of the Ecumenical Movement*, W.C.C., Geneva, 2002, p.936.

① 백인 인종차별(White Racism)
② 제도적 인종차별(Institutionalized racism): 사회적 · 경제적 · 정치적 세력들
③ 재분배의 필요성(the need for a re-distribution): 사회적 · 경제적 · 정치적 · 문화적
④ 인종차별투쟁을 위한 적절한 전략의 부재
⑤ 인종차별에 대한 분석의 필요성과 교회의 공모에 대한 수정(고침)

W.C.C.의 인종차별투쟁사업은 주로 남부아프리카의 남아공화국, 나미비아, 짐바웨, 보쯔와나, 앙골라 등에 있는 해방운동단체들(공산주의 게릴라 단체들)에게 집중적으로 자금을 지원하여 왔다.

W.C.C. 인종차별투쟁사업에 관한 성명서들

1. W.C.C. 실행위원회(Executive Committee)가 채택한 인종차별에 관한 성명서(1969년 5월 19-24일) - 영국 낫팅 힐(Nothing Hill, England)

이 성명서는 W.C.C. 제4차 웁살라 총회가 "인종차별투쟁사업"을 추진하기로 결의한 후, 실행위원회가 결의 · 발표한 첫 번째 성명서이다.

W.C.C. 실행위원회는 W.C.C. 회원들에게:

- 인종차별하는 회사, 교육기관들에게 경제적 봉쇄를 단행하라.
- 경제적 봉쇄를 단행하기 위하여 정부들은 모든 수단과 방법을 사용하라.
- 인종차별의 근절을 위하여 사무소를 설치하라.
- 교회 · 국제문제위원회는 남아연방에서 인종차별을 반대하는 투쟁에 협동자로서 봉사하라.
- 교회들은 정치적, 경제적 독재의 제거를 목표로 하는 저항 운동 단체들을 지원하라.

- 정치적 수감자들을 위한 법적 변호자금을 마련하라.
- 아프리카, 베트남, 라틴 아메리카 등지에서 활동하는 해방 운동 단체들을 지원하라.
- WCC는 인종차별을 제거하기 위한 한 분과를 W.C.C. 기구 내에 설치해야 한다.

※ 여기서 말하는 해방 운동 단체, 저항 운동 단체들(Liberation Movements, Resistance Movements)이란 공산주의 게릴라 단체들을 말한다.

2. W.C.C. 중앙위원회(Central Committee)가 채택한 인종차별투쟁사업(P.C.R.)에 관한 성명서(1969년 8월 2-4일) - 영국 캔터베리(Canterbury, England)

- W.C.C.는 회원 교회들에게 인종차별투쟁사업을 위한 행동을 취할 것을 권한다.
- 크리스천들은 어디에서나 가능한 한 이 투쟁에 개입하여야 한다.
- 우리는 교회들의 자선, 기부 그리고 전통적 사업을 넘어서 사회의 과격한(급진적) 재건을 위한 행동자들이 되기를 요구한다.
- 경제적 자원의 이전(부한 자들로부터 가난한 자들에게로)과 권력의 재분배가 되지 않는 한 정의는 있을 수 없다.

3. W.C.C. 실행위원회 특별자금(Special Funds) 지원에 관한 기준 채택

(1970년 9월) - ( )

- 이 자금들은 복지기관들에 사용되기보다는 오히려 인종차별 투쟁 단체들을 지원하기 위하여 사용될 것이다.
- 이 자금은 그 자금이 사용되는 방법을 통제하지 않는다.

• 남아프리카공화국은 인종차별 투쟁에 최우선 순위로 인식되어야 한다.

4. W.C.C. 중앙위원회 성명서

(1971년 1월 22-23일) — **에티오피아, 아디스 아바바**(Addis Ababa, Ethiopia)

A-(1) W.C.C. 중앙위원회는 프랑스의 아로날드쉐인(Aronaldshain)에서 모였던 WCC 실행위원회의 결정에 대한 여러 반응들을 조심스레 심사숙고하였다. 그리고 그 결정들은 W.C.C. 중앙위원회가 영국의 캔터베리에서 합의한 인종차별투쟁사업과 일치하였다. 따라서 1971년도 인종차별투쟁사업에 관한 보고서와 1971년도 사업 및 연구 예산에서 지적한 노선들을 따라서 앞으로의 행동을 취하여야 한다고 믿는다.

A-(2) 교회들은 항상 억압받는 자들과 기본적 인권을 무시당하는 폭력적 희생자들의 해방을 위한 편에 서야 한다.

A-(3) 폭력에 관한 문제는 인종적 문제에 관한 내용을 완전히 토론하거나 결의할 수는 없다. 세계 도처에서 크리스천들 가운데 존재하는 이 문제에 관한 관심은 사회적 변화에 대한 폭력과 비폭력에 관하여 W.C.C. 감독 하에 연구되어야 한다는 것을 요구한다.

B-(1) W.C.C. 중앙위원회는 회원 교회들로 하여금 인종차별투쟁사업을 전적으로 지지할 것을 권장한다.

B-(2) WCC 중앙위원회는 캔터베리에서 제안된 최소한도 $500,000 특별기금 모금에 회원 교회들이 지원할 것을 호소한다. 중앙위원회는 인종차별투쟁사업(P.C.R.) 부처가 특별계획들과 사업들을 회원 교단들에게 제시할 것을 요구한다.

B-(3) 중앙위원회는 회원 교회들로 하여금 1971년도 인종차별투쟁을 위한 [U.N. 국제의 해]를 지원할 것을 권장한다.

① 인종차별 투쟁을 위한 1971년도 [U.N. 국제의 해]를 위한 자국 정부들의 지지, 온갖 인종차별 형태들을 제거하기 위한 국제회의들을 자국 정부들이 승인할 것, 인권에 대한 국제대회 등을 보장할 것.

② [U.N. 국제의 해]를 지지하는 적절한 국가적 또는 지역적 사업들을 발전시키기 위하여 다른 기독교인들이나 비기독교 단체들에 참여하거나 지원할 수 있는 에큐메니칼 사업이나 교단적 사업을 추진할 것.

B-(4) W.C.C. 중앙위원회는 회원 교단들로 하여금 인종차별 제거를 하도록 할 것과 인종차별투쟁사업(P.C.R.)에 대한 국가적 에큐메니칼 사업이나 교단적 사업을 실시할 것을 권장한다.

① 교회 내에서 인종차별을 제거하기 위한 활동 사업에 있어서 교회의 목사와 평신도가 교육하고 알려주는, 교육과 통신자재를 사용할 사업을 개발한다.

② 교회의 기본 교육 과업에서 인종차별을 제거한다.

㉮ 인종차별을 제거하기 위하여 현존하는 교육 재료들과 사업들을 재고함으로

㉯ 인종차별 제거를 향한 헌신을 위하여 고안된 교육재료들과 사업들을 발전하기 위한 새로운 창조적 노력과, 아이들, 청년들, 장년들의 양심을 개발시키기 위하여

B-(5) 중앙위원회는 W.C.C. 위원들, 회원 교회들이 인종차별에 대한 지원에 직접적인 연구와 분석을 시작하도록 권장한다.

B-(6) W.C.C. 중앙위원회는 W.C.C. 회원교단들이나 또는 그들이 국내적 협의체들을 통하여

㉮ 국내적 또는 국외적 정책에 있어서 인종차별에 관련하여 지원하는 것을 발견하기 위하여 그들 나라들의 군사적, 정치적, 산업적(공업적), 경제적 제도들을 조사, 분석하도록 권장한다.

㉯ 인종차별 제거에 공헌하기 위하여 제도들의 방향을 다시 설정하도록 고안된 교회 전략과 행동 계획을 개발하도록 권장한다.

㉰ P.C.R.과 협동하여 교회와 사회에서 인종차별 제거에 있어서 완전하고도 상호협조를 보장, 유지하기 위하여 긴밀한 상호 연합 정책과 계획을 개발하도록 권장한다.

5. 1972년 W.C.C. 중앙위원회 정책 결정들[50]

① 남부 아프리카 지역 나라들에 투자한 것을 환수하라.
② 남아공화국(S.A.) 정부에 은행융자를 중단하라.
③ 남아공화국 은행들과의 금융 거래를 중단하라.
④ 남부 아프리카 나라들로 떠나는 백인 이민을 막으라.
⑤ 남아공화국 내의 흑인 거주지 제한 정책을 반대하라.
⑥ 남아공화국에 무기 수출과 핵 협약을 중단하라 등 이다.

6. W.C.C. 인종차별투쟁 특별기금에 대한 성명서
(1973년 9월) - **태국, 방콕**(Bangkok, Thailand)

이 성명서는 1973년 9월 태국의 방콕에서 **"오늘날의 구원"** (Salvation Today)이라는 주제 하에 개최되었던 W.C.C. 회의에서 채택된 성명서이다. 이 성명서는 1969년 영국 낫팅 힐에서 모였던 W.C.C. 실행위원회(Executive Committee)의 성명서와 동년 영국 캔터베리에서 모였던 W.C.C. 중앙위원회의 성명서에 이어, 1970년 W.C.C. 실행위원회가 인종차별투쟁사업 특별자금 지원에 관한 기준을 채택하고, 1971년에 W.C.C. 중앙위원회의 성명서에서 재확인한 것을 또 반복한 것이다.

이 대회에 참석한 대부분의 대표들은 해방과 구원을 동일한 것으로 생각하였다. W.C.C. 내의 이 급진적 변화는 그들의 인본주의적 사상을 보편적 억압의 상징인 제3세계에 반영, 자극시켜 주었다.

""정의와 해방을 위하여 인종적으로 억압받는 자들의 투쟁이 격렬해짐에 따라 그들의 필요도 증가되고 있다. 전 세계 기독신자들은 억압자와 억압받는 자가 갖는 자신들의 관계를 재고하도록 강요당하고 있

---

[50] op. cit., p. 936.

다. 이 과정은 계속되어야 하며, 또 이 기금은 기독교인들로 하여금 그들이 고백하는 신앙을 더 신중하게 붙잡도록 그리고 사회에서의 그들의 역할이 가지는 의미를 더 명확히 분별하도록 자극함으로써 중요한 역할을 행사하게 될 것이다."

7. W.C.C. 중앙위원회 성명서(1976년)

W.C.C. 제5차 총회 이후 1976년 W.C.C. 중앙위원회는 1969년 P.C.R. 성명서를 약간의 수정을 한 후 재 승인하면서 더욱 강조하였다.
"- 이 기구들의 목적은 W.C.C.와 W.C.C.의 분과위원회의 일반적 목적들과 충돌되어서는 안 된다. 그리고 이 기금은 인도주의적 활동들(사회·보건과 교육적 목적들과 법률적 지원 등)에 주어져야 하고 또 그렇게 사용되어야 한다.
- 이 기금은 인종차별투쟁사업에 사용되어야 한다.
- 이 기금의 초점은 인종적으로 억압받는 인민들의 인식수준을 높이고 조직적인 능력을 강화하는데 있다.
- 이 기금은 이 기금이 사용되는 방식(방법)을 통제하지 않는다."
범 아프리카 교회 대회(All Africa Conference of Churches)의 지도자인 **캐논 벌지스 캅**(Canon Burgess Carr)은 W.C.C.의 인종차별투쟁사업이 게릴라 단체들을 지원하는 것에 대해 "이 게릴라 단체들은 교회들이 십자가에 대한 새롭고도 급진적 감사를 재발견하는 것을 도와 주었다. 십자가의 폭력을 받아들임으로서 하나님은 폭력을 보다 더 완전한 인간 생활을 가져오도록 하기 위한 구속적 도구로 성화시킨다"고 하였다.

8. W.C.C. 실행위원회 특별자금 지원 기준 채택서
(1979년 9월) -
이 기준들은 1971년 9월에 있은 W.C.C. 실행위원회에서 채택한 결의서를 재확인된 것이다.

① 이 기관들의 목적은 W.C.C.와 W.C.C. 분과위원회의 일반적 목적들과 불일치해서는 안 된다. 그리고 이 기금은 인도주의적 활동들(사회적, 보건적, 교육적 목적들과 법률적 지원 등)에 주어져야 하고 또 그렇게 사용되어져야 한다.
② 이 기금의 초점은 복지기관들에 사용되기보다는 오히려 인종차별투쟁을 전개하는 기관들을 지원하기 위하여 사용될 것이다. 그 이유는 복지기관들은 일반적으로 W.C.C.의 다른 분과들로부터 지원을 받을 수 있기 때문이다.
③ 이 기금들의 초점은 억압받는 인민들의 인식 수준을 높이고 조직적인 능력을 강화하는 데 있다. 겸하여 인종적 희생자들과 단결하는 동일한 목적들을 추구하는 단체들을 지원할 필요가 있다.
④ 이 기금은 그 기금이 사용되는 방식(방법)을 통제하지 않는다 (The grants are made without control over manner in which they are spent).
⑤ 남부아프리카의 상황은 공공연하고 강력한 백인 인종차별의 성격과 또한 해방을 위한 억압당하는 자들의 투쟁의식이 점차로 커지고 있으므로 최우선 순위로 인식되어야 한다.
⑥ 이 기금은 최대의 효과를 가져올 수 있는 곳을 고려해야 한다.

9. W.C.C. 실행위원회 인종차별투쟁 특별자금 기준·채택서(1982년)

(W.C.C. 실행 위원회가 1969년 5월 19-24일까지 영국 런던 서부 낫팅힐(Nothing Hill)에서 채택하고, 1969년 8월 12-23일 영국 캔터베리(Canterbury)에서 전폭적으로 지지하고, 1976년 일부 문구를 수정하여 재확인한 인종차별투쟁 특별 자금 기준 채택)
① 이 기구들의 목적은 W.C.C.와 W.C.C.의 분과위원회의 일반적 목

적들과 충돌되어서는 안 된다. 그리고 이 기금은 인도주의적 활동들(사회 · 보건과 교육적 목적들, 법률적 지원들 등)에 주어져야 하고 또 그렇게 사용되어야 한다.

② 이 기금은 인종차별투쟁사업 단체들을 지원하는데 사용되어야 한다. 복지 기관들은 일반적으로 W.C.C.의 다른 분과들로부터 지원을 받을 수 있기 때문이다.

③ (a) 이 기금들은 인종적으로 억압받는 인민들의 인식 수준을 높이고, 조직적 기능을 강화하는데 그 초점을 두어야 한다.

(b) 우리는 인종적 불의의 희생자들과 같은 목적을 추구하는 단체들을 지원하는 것이 필요하다는 것을 인정한다.

④ 이 기금은 이 기금을 사용하는 방식을 통제하지 않는다.

⑤ (a) 남부 아프리카의 상황은 공공연하고 강력한 백인 인종 차별의 성격과 또한 해방을 위한 억압받는 자들의 투쟁 의식이 점차로 커지고 있으므로 최우선 순위로 인식되어야 한다.

⑥ 이 기금은 최대의 효과(maximum effect)를 가져올 수 있는 곳을 고려하여야 한다.

비평(A Critique)

세계교회협의회는 지금까지 그들의 실행위원회, 중앙위원회를 위시한 대소회의를 막론하고 상기와 동일한 내용의 결의문들을 계속 결의, 발표, 시행해 왔다.

W.C.C.는 성도들이 교회에 바친 헌금을 복지기관들 곧 양로원 · 고아원 · 자선사업 · 교육기관 · 전도사업 등에 사용하는 것보다는 오히려 인종차별을 반대한다는 명목으로 공산주의 게릴라 단체들에게 막대한 자금을 지원하여 왔으며, W.C.C.의 자금을 제공받은 단체들이 그 자금을 어떠한 방법이나 목적으로 사용하든지 관계하지 않는다고 하니 이는 얼마나 비양심적이요, 책임을 전가하는 것인가?

남아프리카공화국을 인종차별하는 나라로 규정하고 그 나라를 전복하기 위하여 그 나라에 투자한 모든 외국자본을 철수할 것을 결의·강요하면서 반면에 그 나라를 전복하여 공산주의 국가를 건설하고자 하는 게릴라 단체들에게는 막대한 자금을 계속 제공하여 왔다. 그것이 과연 W.C.C. 옹호자들의 말대로 " W.C.C.는 성서의 말씀을 근거로 하는 신앙고백 위에서 조직되고 운영되는 기구 "란 말인가?

   인류 역사에 인종차별·성차별 등은 항상 있어 왔다.
   미국에는 원주민이라 일컫는 인디안(Indians), 흑인(Afro-Americans), 맥시칸(Hispano-Americans), 그리고 기타 소수 민족들,
   캐나다에는 에스키모(Eskimos),
   영국과 서 유럽 대륙에는 흑인 이민자들과 유학생들,
   오스트레일리아에는 원주민(Aborigines),
   뉴질랜드에는 원주민(Maoris) 등등이다.
   인종차별이란 특히 식민지 시대부터 미국이나 남부 아프리카의 백인 인종차별(White Racism)을 지목한다.
   인종차별? 성차별? 모두 하나님 앞에서 죄이다. 인종·남녀·신분 여하를 막론하고 모두 하나님의 형상대로 지음을 받은 인격적 존재들이기 때문이다(창 1:26; 갈 3:28). 그러나 인종차별을 반대하기 위하여 폭력을 포함한 모든 수단과 방법을 다 사용한다는 것은 결코 하나님의 뜻이 아니다. 목적을 달성하기 위한 수단도 성경적이어야 한다.

의식화 교육
   WCC의 인종차별투쟁사업(PCR)의 목적을 달성하기 위한 방법들중의 하나는 의식화 교육을 시키는 것이었다.
   WCC 실행위원회가 채택한 성명서들과 중앙위원회가 채택한 성명서들에서는 "……이 기금은 **교육적 목적들**과 법률적 지원등에 주어져야 하고 또 그렇게 사용되어야 한다."고 하였다.
   그런데 WCC에서 주장하는 교육적 목적이란 목적을 달성하기 위한

의식화 교육을 말한다. **의식화 교육**이란 억압받는 사람들이 생각지도 느끼지도 못하던 것에 대하여 의문을 품게하고 도전과 변화를 가져오게 하는 비판적 의식, 저항적 의식을 일으키는 교육을 말한다. 의식화 교육은 남미 브라질의 해방신학자 **파울로 후리에레**(Poulo Freire)가 "억압받는 자에 대한 교육법"(Pedagogy of the Oppressed, 1970.) 등에서 주장하였다.

W.C.C. 공산주의 게릴라 단체들 지원

W.C.C.의 기관지 EPS(1987년 11월 1일)에 의하면 공산주의 게릴라 단체들인 아프리카 전국의회, 남아프리카 인민기구, 아자니아 범아프리카 의회, 남아프리카 무역노조 등을 위시한 수많은 급진 좌경단체들에게 막대한 자금과 경제적 지원을 계속하였다.

자금출처:

나라들, W.C.C. 회원 교회들, 단체들, 개인들이 후원하였다.

	1975년	1981년
화란	495,987	1,149,520
독일	5,306,563	9,244,992
놀웨이	223,537	312,835
스웨덴	892,536	3,272,196
영국	1,148,687	1,272,570
카나다	758,643	1,243,119
미국	4,785,175	6,829,403
스위스	433,857	964,592
덴마크	148,047	264,614
불란서	39,546	90,814
뉴질랜드	132,429	90,752
핀랜드	73,280	60,886

호주	505,906	344,426
	14,944,193	25,140,719
기타 기부금	384,215	634,290
총계	15,328,408	25,775,009

상기 13개 나라 기부금이 W.C.C. 자금 큰 부분 부담.

1. 세계교회협의회(W.C.C.) 월맹에 막대한 자금지원

• W.C.C.의 뉴욕 사무소 발표에 의하면 1965년도에는 W.C.C.가 국제적십자사를 통하여 $6,000에 해당하는 의약품을 월맹에 지원하였다.

• 1966년에는 폴란드 에큐메니칼 협의회가 $10,000에 해당하는 의약품을 폴란드 적십자사를 통하여 월맹에 지원하였다.

• 서(West)유럽에 있는 W.C.C. 회원 교회들은 $500,000을 월맹에 제공하였다.

• 미국 연합 감리교회(U.M.C.)는 **미국교회협의회**(N.C.C.C. in U.S.A.)의 구호기관인 **"교회세계봉사회"**(Church World Service)를 통하여 2년 동안에 $442,000을 팔레스타인 해방기구(P.L.O.), 쿠바, 월맹, 라틴 아메리카의 친공 독재 게릴라 단체들 및 미국의 좌익 단체들에게 제공하였다.

• 월남이 공산화 된 후에 미국교회협의회(N.C.C.C. in U.S.A.) 구호기관인 교회세계봉사회(C.W.S.)는
"오늘날의 월남은 조국에 충성하는 인민들이 열심히 새로운 사회를 건설하고 있다"고 하면서 공산정권을 찬양하였다.

• W.C.C.는 1970년 말에 월맹 공산정권에 구호품을 지원하기 위하여 $210,000 모금 캠페인을 전개하였다.

• W.C.C.는 1970년 9월 3일 19개 단체들에게 $200,000을 제공할 것을 발표하였는데 이들 중 14개 단체는 게릴라 단체들이며, 이 중에 적어도 3개 단체는 러시아로부터 무기 공급을 받고 있다고 영국 분쟁 연구소는 발표하였다.

1970년 이래 1983년까지 W.C.C.는 미화 $5,264,500을 133개 단체들과 운동단체들에게 지원하였는데 이중 약 절반은 아프리카 남부의 게릴라 단체들에게 지원하였다.

1975년 이래 아프리카 8개국의 16개 단체들, 아시아 5단체들, 호주 15단체들, 유럽 8개국 35단체들, 북미 카나다 9단체들, 미국 18단체들에게 총 $3,803,143[51]을 제공하였다.

• W.C.C.는 1970년도부터 1988년까지 130여개 각종 단체들에게 P.C.R. 자금 명목만으로도 $8,080,500을 지불하였다. 이것은 연 평균 $425,289에 해당된다. 이 금액 중 절반 이상의 돈은 남아프리카 공화국을 전복하기 위한 게릴라 단체였던 아프리카 전국회의(A.N.C.)와 나미비아 안에 있는 남아프리카 인민해방기구(S.W.A.P.O.)와 같은 공산주의 게릴라 단체들에게 제공되었다.[52]

2. 남서아프리카인민(해방)단체(S.W.A.P.O.: South West Africa People's Organization) - 나미비아

이 공상주의 게릴라 단체는 **삼 누조마**(Sam Nujoma)에 의하여 1958년에 조직되었는데 처음부터 남아프리카공화국으로부터 즉각적인

---

51) Nairobi To Vancouver W.C.C. Geneva, p. 156.
52) *One World*, Jan. -Feb. 1989. p. 10.

독립을 주장하며 게릴라 전투에 돌입하였다. 이 단체는 남미비아에 근거지를 두고 남미비아, 앙골라, 잠비아, 탄자니아, 보스와나 등 남부 아프리카의 여러 나라들을 무력으로 전복하기 위하여 게릴라 활동을 전개하여왔다. 이 단체는 러시아가 무기를 제공하고 쿠바가 훈련을 시켜 무장한 공산주의 게릴라 단체이다.

이 게릴라 단체는 1966년부터 남아프리카 공화국의 인접 국가인 남미비아에 불법적으로 군대를 주둔시키고 있다고 공격하면서 남아프리카 공화국을 전복하기 위하여 여러 해 동안 국내외적으로 대대적인 게릴라 활동을 전개하였다. 한편 U.N.에서 국제 여론을 조성하여 남아프리카 공화국을 불신케 하고, **"남서아프리카인민해방기구"** 를 남미비아 인민을 대표하는 해방기구라고 인정하였으며, 이 단체의 대표부가 U.N.에 상주하고 있었다.

한편 **루터교세계연맹**(L.W.F.)도 남아프리카의 독립을 위하여 **남서아프리카인민해방단체**(S.W.A.P.O.)를 적극적 지원하였다.

루터교세계연맹(L.W.F.) 총무 **군날 스탈스트**(Gunnar Stalsett) 일행은 남서아프리카인민해방기구 대표 **삼 누조마**(Sam Nujoma) 일행과 1988년 3월 15일-18일 앙골라의 수도 루완다(Luwanda)에서 만났으며, 그 이전에 S.W.A.P.O. 대표단은 1987년 2월 스위스 제네바에 있는 루터교세계연맹 본부를 방문한 바 있다. 루터교세계연맹은 W.C.C. 본부 안에 있다.

루터교세계연맹 대표단은 **아프리카전국의회**(A.N.C.) 대표들도 만났다.

드디어 1990년 이 단체(S.W.A.P.O.)는 남아프리카 공화국의 통치(지배)로부터 나미비아를 독립시키고 정권을 장악하였다.

세계교회협의회가 1970년부터 1988년까지 이 게릴라 단체(S.W.A.P.O.)에 제공한 자금은 $1,613,500이 넘는다.

1970 - $ 5,000	1980 - $200,000
1971 - $ 25,000	1982 -$100,000
1973 - $ 20,000	1983 - $105,000
1974 - $ 30,000	1984 - $100,000
1975 - $ 83,500	1985 - $110,000
1976 - $ 85,000	1986 - $110,000
1977 - $125,000	1987 - $115,000
1978 - $125,000	<u>1988 - $150,000</u>
1981 - $125,000	합 계 $1,613,530

3. 아프리카전국의회(A.N.C.: African National Congress) - 남아프리카공화국

짐바브웨(Zimbabwe)는 특히 두 공산주의 게릴라들이 서로 암투를 계속하면서도 같은 공산주의 이념과 사상을 가지고 이웃 자본주의 나라와 자본주의 노선을 지향하는 개발도상국들에 게릴라들을 침투시켜 그 나라의 반정부 단체들과 합세하여 내란 음모, 정부 전복 등을 계속 시도하였다. 이 게릴라 단체들의 배후에는 러시아·쿠바·북괴 등이 무기 제공, 군사 고문단 파견(게릴라 훈련 요원들) 등 재정적·정치적 지원을 하였다.

아프리카전국회의(A.N.C.)는 1912년에 조직된 가장 오래된 게릴라 단체로서 초기에는 **"남아프리카민족의회"**(South African Native National Congress)라는 명칭으로 출범하였다. 1923년 지금의 A.N.C.로 명칭을 바꾸었다. 잠비아에 본부를 두고 1929년 이래 **남아프리카 공산당**(South Africa Communist Party), **연합민주전선** U.D.F.(United Democratic Front)와 통합하였으며, 1960년대까지는 비폭력으로 그러나 그 이후부터는 급진적이고도 과격한 폭력단체로서 게릴라 활동을 전개하기 시작하였다. 그 이유는 남아프리카공화국 정부는 A.N.C.를 정부 전복을 위한 게릴라 단체로 불법화하였기 때문이다. 따라서 A.N.C.는 1960년부터 1990년까지는 지하(地下)와 남아프리카공화국 영토 밖에서 과격한 게릴라 활동을 해왔다.

이 공산주의 게릴라 단체의 지도자 **넬슨 만델라**(Nelson Mandela)는 남아프리카 공화국을 전복시키기 위한 정부 전복죄로 오랫동안 수감되어 있었으며, **올리버 탐보**(Oliver Tambo)가 이 게릴라 단체를 이끌었다. 탐보는 공산주의자이다.

A.N.C.는 러시아의 비밀경찰(K.G.B.) 대령 **조 슬로브**(Joe Slover)와 결탁하여 약 3,000명의 게릴라들을 남아프리카(South Africa) 내에서, 약 2,200명의 게릴라들을 타지역들에서 훈련시켰다.

납루라(Naplula)에는 A.N.C.의 주요 군사 캠프가 있었고, 남아프리카의 **레소토**(Lesotho)에는 그들의 이동 기지가 있었다. 그들은 도로·교량·공공건물·발전소 등을 폭파, 파괴하고 사람들을 살해하는 등 게릴라 활동을 전개하였다. 그들은 폭력으로 남아프리카, 나미비아, 보스와나 등을 전복하려 하였다.

1990년대 초 남아공 정부는 A.N.C. 지도자들이 귀국하여 평화적 정치활동을 하도록 허용하였다. 그 댓가로 A.N.C.도 정부에 대한 게릴라 투쟁을 중단하였다.

넬슨 만델라는 **올리버 탐보**의 뒤를 이어 1991년 A.N.C.의 의장이 되었다. 1992-1923년 A.N.C.를 이끌며 국민투표(보통 선거)로 권력을 이양하는 문제를 놓고 정부와 정면 대결 협상을 벌렸고, A.N.C.는 1994년 4월 처음 실시된 총선에서 신설 국회의석의 60% 이상을 차지하는 압승을 거두었다. 그리고 1994년 5월 10일 **만델라**는 남아프리카 공화국 최초의 흑인 대통령이 되었고, A.N.C.는 정부를 인수 받고, 다수 정당(여당)이 되었다. 그 후 1999년 6월, 2004년 4월과 최근

2009년 4월 총선에서도 A.N.C.가 압승하였다.

현재 A.N.C.를 반대하는 정당은 백인 소수 보수당인 민주연맹당(Democratic Alliance)이다.

2004년 4월 총선에서는 **무베키**(Mbeki) 대통령이, 2009년 5월에는 **주마**(Zuma) 대통령이 취임하였고, **넬슨 만델라**는 남아공 흑인 다수 국가들의 영웅이 되었다.

타보 무베키 대통령 - 발드윈 스졸레마에게 올리버 탐보훈장 수여

남아프리카 공화국에서 **올리버 탐보 훈장**은 외국인들에게 수여하는 최고의 훈장이다.

올리버 탐보는 1967-1991년까지 A.N.C. 단체를 이끌어 온 공산주의자이며 올리보 탐보 훈장은 2002년부터 해마다 수여하고 있다.

남아프리카 **타보 무베키**(Thabo Mbeki) 대통령은 2004년 6월 16일 프레토리아(Pretoria)에서 W.C.C. 인종차별투쟁사업부 초대 책임자(Director)로 공산주의 게릴라 단체들에게 막대한 자금을 제공해 온 **발드윈 스졸레마**(Baldwin Sjollema)에게 오리버 탐보 훈장(Oliver Tambo Order)을 수여하였다.

발드윈 스졸레마는 화란 사람으로 사회주의자(socialist) · 공산주의자(communist)이었다. 발드윈 스졸레마는 1927년 노털담(Rotterdam)에서 태어났으며, 쥬리히 대학교에서 사회학을 전공하고, 1957년부터 W.C.C.에서 일해 왔으며, 1982년 은퇴하고 지금은 스위스에서 살고 있다.

현재 남아프리카공화국은 살인 · 강간 · 빈곤 · 강도 · 납치 · 외국인 혐오 · 총기 · 실업 · 에이즈 등 많은 문제를 안고 있으면서도 인근 레소토, 나미비아, 모잠비크, 짐바브웨, 앙골라, 보츠와나 등에 비하면 정치적으

제10장 세계교회협의회(W.C.C.)의 인종차별투쟁사업   213

로나 경제적으로나 비교적 안정된 편이다.

남아프리카 공화국에 있는 성공회 **투투** 감독(Bishop Tutu)과 개혁교 목사인 **알란 보자크**(Allan Boesak)도 A.N.C.를 적극 지원하였다.

W.C.C.는 1970년부터 1988년까지 A.N.C.에 제공한 자금은 $970,000 가까이 된다.

- 연도별 자금 제공 내역은 다음과 같다.

1970 － $10,000	1981 － $ 65,000
1971 － $ 5,000	1982 － $ 65,000
1973 － $ 2,500	1983 － $ 70,000
1974 － $15,000	1984 － $ 70,000
1975 － $45,500	1985 － $ 77,000
1976 － $50,000	1986 － $ 80,000
1977 － $25,000	1987 － $110,000
1978 － $25,000	<u>1988 － $105,000</u>
1980－ $150,000	합 계 $969,500

4. 아자니아 범아프리카 회의(P.A.C.: Pan Africans Congress of Azania)

이 단체도 A.N.C.처럼 남아연방을 전복하기 위한 게릴라 단체이었다.

W.C.C.는 이 단체에도 난민 봉사와 백인 인종차별 정권을 반대하다가 투옥된 자들을(공산주의자들) 구출하기 위한 변호사비 명목으로 1973년부터 1988년까지 $471,000의 자금을 제공하였다.

- W.C.C.가 이 게릴라 단체(P.A.C.)에게 연도별로 제공한 자금은 다음과 같다.

1973 - $ 2,500   1982 - $45,000
1974 - $15,000   1983 - $50,000
1975 - $45,000   1984 - $30,000
1976 - $50,000   1985 - $33,000
1977 - $25,000   1986 - $26,000
1978 - $25,000   1987 - $35,000
1981 - $45,000   1988 - $5,000
                         합 계 $471,500

5. 앙골라 인민해방 운동(M.P.L.A.: People's Movement for the Liberation of Angola) - 앙골라

앙골라인민해방운동(M.P.L.A.) 단체는 1956년 12월에 창설되었다. 이 단체는 앙골라의 문두(Mbundu)족과 앙골라의 수도인 루안다(Luanda)의 혼혈족이 중심이 된 공산주의 게릴라 - 정치 단체이다.

이 단체는 1961년부터 1975년까지 폴투갈의 식민지 통치로부터 해방·독립하기 위하여 투쟁해 왔다. 그러나 1975년 11월 11일 독립을 선포하고, **아고스티보 베토**(Agostibo Veto)가 초대 대통령으로 취임하였으며, M.P.L.A.는 1976년 맑스-레닌주의(공산주의 이념)를 정당·정치 이념으로 정하였다.

앙골라는 1975년부터 2002년까지 27년 동안 장기간 내전(civil war)으로 150만 명의 사상자와 400만 명의 난민이 발생하였다.

M.P.L.A.는 폴튜갈로부터의 독립을 위한 전쟁과 독립 후 내전(시민전쟁) 기간 동안 소련·중공·북한·쿠바를 중심으로 동구권의 알바니아·불가리아·체코슬로바키아·유고슬라비아 그리고 아프리카의 사회주의 공산국가들인 모잠비크·나이제리아·탄자니아·수단 등으로부터 지원 받았다.

내전(civil war)에서는 미국과 남아프리카공화국의 지원을 받은 U.N.I.T.A.와 F.N.L.A. 단체를 격퇴하고, 폴튜갈은 수도를 포기하게 되었고, M.P.L.A.는 1975년 11월 11일 독립을 선포하였다. 쿠바는 수천 명의 병력을 이 내전에 파병하였었다.

1980년 11월에는 M.P.L.A.가 U.N.I.T.A.를 섬멸하고 남아공군은 철수하게 되었다. 정권을 장악한 M.P.L.A.는 2008년 9월 5일 처음으로 전국 국회의원 선거를 하였다. 이 선거에서 M.P.L.A.는 투표율의 81.64%의 지지를 받아 220명 국회의원석 중 191석을 얻음으로 앙골라의 여당(다수당)이 되었다.

야당인 앙골라 **독립전국연맹**(N.U.T.T.A. = the National Union for the Total Independence of Angola)은 10.39%의 지지를 받아 220명 국회의원석 중 16석을 얻음으로 제1야당이 되었다.

W.C.C.는 이 M.P.L.A. 단체에 1970년부터 1974년까지 미화 $78,000을 제공하였다.

 1970 – $20,000
 1971 – $25,000
 1973 – $10,000
 <u>1974 – $23,000</u>
 합 계 $78,000

6. 모잠비크해방전선(Mozambique Liberation Front Institute of Frelimo) – 모잠비크

프레리모는 철저한 공상주의자로서 중국 공산당 정부의 전적 지원을 받아왔다. **모잠비크 혁명지**(Mozambique Revolution) 1971년 10월 –12월초에 의하면, 프레리모와 그의 일행이 **북경**에서 중국의 주은래와 공산당 지도자들을 방문하였으며, **월맹**에 가서는 국방방관 Vo Nguyen

Giap 일행을, **평양**에 가서는 김일성 주석과 일행을 만났다.

이 게릴라 단체의 폭동이 계속 있은 후 수 많은 백인들은 남아프리카 요한네스벍(Johannesburg)로 피난하였다. 그 때 흑인들은 작은 기차역으로 나와서 떠나는 백인들에게 손가락질하며 조소하였다. 그 당시만 해도 남아프리카공화국은 백인 정권이 통치하였기 때문이다.

W.C.C.는 이 단체에 1970년부터 1974년까지 미화 $120,000을 제공하였다.

1970 − $15,000
1971 − $20,000
1973 − $25,000
<u>1974 − $60,000</u>
합 계 $120,000

7. 짐바브웨 애국전선(Patriotic Front of Zimbabwe) − 짐바브웨

W.C.C.는 이 게릴라 단체에 1977년에 미화 $85,000, 1978년에 미화 $85,000, 합계 미화 $170,000을 제공하였다.

1977 − $85,000
<u>1978 − $85,000</u>
합 계 $170,000

이 게릴라 단체는 한 비행기에 탑승한 56명의 승객 중 38명을 살해하고, 생존자 10명을 또 살해하였다. 이 같은 끔찍한 사건이 있은 다음 달 WCC는 이 게릴라 단체에 자금을 지원한 것이다.

W.C.C. 산하 짐바브웨복음주의루터교(E..LC.Z.), 짐바브웨감리교(M.C.Z.), 짐바브웨개혁교(R.C.Z.), 짐바브웨연합그리스도교(U.C.C.Z.)

등은 짐바브웨 독립을 위하여 해방운동단체들을 지원하여 왔다.

8. 아메리칸 인디안 운동(American Indian Movement)

W.C.C.는 이 단체에 1973년부터 자금을 제공하여 왔다. 1976년도 미 상원 안보 소위원회 보고서에 의하면 이 단체는 쿠바·중공·에이레 공화국·미국 공산당과 관계를 갖고 있었다.

이 단체에도 1973년부터 1976년까지 W.C.C.는 $51,000을 지원하였다.

 1973 – $6,000
 1974 – $15,000
 1975 – $15,000
 1976 – $15,000
 합 계 $51,000

9. 남아프리카 지원계획, 워싱턴(S.A.S.P.: Southern Africa Support Project, Washington)

미국의 수도 워싱턴 D.C.에 근거를 둔 좌익단체인 이 단체는 미국과 남아프리카의 인종차별·경제적 탄압·자본주의 식민주의·독재 군사주의 등을 반대한다는 구실로 워싱턴 지역 주민들에게 그릇된 정보를 제공하며, 반미 사상을 고취하고 있는 반애국적·반국가적·반민주적·반정부 단체들 중의 하나이었다. 그들은 미국의 회사들과 은행들과 정부가 인종차별하는 남아프리카 정부를 계속 지원하고 있다고 맹공격을 가하여 왔다. 그들은 또 남아프리카가 인접국인 남미비아를 강점하고 있다고 맹공격하면서 흑인 교회 계통으로 침투하였다. 그들은 남미비아 주간을 설정하고 남미비아 내의 게릴라들을 적극 지원하였다.

10. 전국 흑인 변호사 협회(The National Conference of Black Lawyers)

W.C.C.는 이 단체도 지원하는데 미국 중앙정보부에 의하면 이 단체는 아프리카 게릴라 단체들을 지원하는 국제적 러시아 선전기구이었다.

11. 국가 안보 연구 센타(Center for National Security Studies)

W.C.C.는 이 단체도 지원하였는데, 이 단체는 주로 미국중앙정보부(C.I.A.)와 연방수사국(F.B.I.)의 활동을 뒤쫓으며 미국의 정보활동을 방해하는 좌익 단체이었다.

12. 아프리카 워싱턴 사무소(W.O.A.: Washington Office on Africa)

이 단체는 미국의 수도 워싱턴 D.C.에 있었으며 미국 자동차 노조, 미국 자유주의 교회들의 9개 개신교 단체들 및 아프리카 미국 위원회의 지원을 받았다. 그들의 주요 업무도 남아프리카에 대한 미국의 외교정책을 반대하여 다수 흑인들에게 정권을 이양하도록 압력을 가하였다. WCC는 이 단체에도 자금을 지원하여 왔었다.

13. 남아연방 해방 토론토 위원회(T.C.L.S.A.: Toronto Committee for the Liberation of South Africa)

북미 캐나다 토론토에 있는 이 단체는 1972년 이래 남아프리카 게릴라 단체들에 대한 지원을 계속하였다. 그들의 주요 임무는 캐나다 사람들에게 아프리카 대륙 남단에 위치한 몇몇 나라들이 인종차별과 자본주의적 경제체제를 유지하므로 사회의 불평등을 자아내고 있다는 비난과 악선전 및 남아프리카를 공산주의화하기 위하여 정부 전복을 꾀하는 공산주의 게릴라 단체들의 폭동을 지원하는 데 있었다. 그들은 특히 A.N.C. 게릴라 단체와 S.W.A.P.O. 게릴라 단체를 지원하였다. W.C.C.는 이 단체에도 자금을 지원하였다.

동구 공산권 국가들의 붕괴와, W.C.C.의 자금 사정 악화, W.C.C.의 P.C.R. 정책에 대한 교회와 사회의 계속적인 질타, 게릴라 단체들의 해방운동 성공 등으로 W.C.C.의 구조 개편과 더불어 P.C.R. 운동은 사라졌다.

세계교회협의회(W.C.C.)의
실상을 밝힌다
A Critique of the World Council of Churches

제 11 장

세계교회협의회(W.C.C.)의 여성 안수(Women's Ordination)

여성 안수 문제는 여성 해방, 여권 운동(Feminist Movement) 이 기독교회들 안으로 강하게 들어오면서부터 교회 내에서 일어나는 큰 문제들 중 하나이다.

세계교회협의회(W.C.C.) 349개 회원교단들 중, 동방정교회와 동양정교회 그리고 몇몇 소수의 교회들 이외의 절대 다수의 교회들은 여성 안수를 적극적으로 시행하고 있다.

여성 안수 성경적인가?

1. 여성 안수를 금하는 이유들(Reasons Why Against)

사도 바울은 하나님의 인간 창조와 인간의 타락 사건에 근거하여 여자가 가르치는 것과 다스리는 것을 허락하지 않는다고 이유(가르, γὰρ; for; 왜냐하면)를 밝혔다. 이 두 가지 이유가 우리에게 공평한가 또는 합리적인가는 큰 문제가 아니다. 이 이유들은 하나님의 이유들(God's reasons)이기 때문이다.

1) 창조의 원리와 질서에 있어서 - 여자는 남자를 돕는 배필(helper)

여자의 가르치는 것과 남자를 주관하는 것을 허락하지 아니하는 하나의 이유는 여자는 남자를 돕는 배필로 지음을 받았기 때문이다.

아담은 하나님의 형상대로 지음을 받은 도덕적 · 인격적 · 영적 실유(實有)임으로 금수(禽獸)와는 만족할 만한 인격적 · 유기적 관계를 맺기 불가능하였다. 사람이 홀로 지낸다는 것은 곧 고독과 공허감을 면할 수 없다. 아담은 독처하였기 때문에 외로웠으며, 그러기에 옆에서 돕는 배필이 필요하였으며, 하나님은 하와(여자)를 남편을 돕는 배필(helper)로서 지으셨다(창 2:18). 이런 의미에서 "남자가 여자를 위하여 지음을 받은 것이 아니요, 여자가 남자를 위하여 지음을 받았다"(고전 11:9)라고 하였다. 아무리 생각해도 곁에서 돕는 자는 순종적 · 복종적 · 종속적 위치에 있음이 분명하지 않는가! 순종적 · 복종적 · 종속적 위치에 있는 여자가 남자 어른을 포함한 전체 회중에게 설교하거나 그들을 다스리는 것은 창조의 원리, 성경의 교훈에 위배된다.

그러나 여성 안수 찬동자들은 "돕는 배필은 종속적 의미를 뜻하는 것이 아니다. 열등성도 우월성도 의미하지 않는 상응성을 의미한다. 그러므로 돕는 이란 "아담을 위하여가 아니라, 아담에게 어울리는, 아담에게 상응하는 것으로 번역하여야 한다. 에제르는 단순히 일을 돕거나 자식을 낳아주고 살림을 살아주는 정도의 의미가 아니라, 넓은 의미에서 후원을 뜻하며 협력(partnership)을 의미하는 말이다."[53] "… 여기서 강조는 남자와 여자의 종속성에 대한 문제가 아니라 양자의 동반자로서의 결속과 책임성에 대한 당위적 표현으로 보아야 한다.[54] 이 단어 자체는 높거나 낮은 등급이나 계급을 언급하지 않는다"라고 주장

---

53) 『교역과 여성 안수』, p. 56
54) Ibid., p. 86

하면서 "돕는 배필"의 참된 의미를 변절시켰다.55) 그와 같은 아전인수격의 해석은 본문의 내용과 성경해석의 원리(문자적 · 문법적 · 역사적 · 교리적 해석)에 위배되므로 고려할 가치도 없다.

2) 창조의 순위에 있어서 - 여자는 나중

여자의 가르치는 것과 남자 주관하는 것을 허락하지 아니하는 또 하나의 이유는 여자는 나중에 지음을 받았기 때문이다.

"이는 아담이 먼저 지음을 받고 하와가 그 후며"(딤전 2:13). 여자가 남자를 주장할 수 없는 또 다른 하나의 이유는 여자는 나중에 지음을 받았기 때문이다. 아담은 만물의 영장으로 먼저 지음을 받았고 하와는 아담을 돕는 배필로 나중에 지음을 받았다(창 2:21-23). 아담이 먼저 지음을 받았으니 원리상 먼저 태어난 것과 같다. 먼저 태어난 자(장자, first born)는 아버지의 차석에 있는 자요, 아버지 사후에는 가정을 다스릴 책임이 있다(창 27:19; 49:3; 왕하 2:9; 눅 15:11-32). 그런데 나중에 지음을 받은 자가 먼저 지음을 받은 자를 주관한다는 것은 몸이 머리를 주관한다는 것과 같은 말이니 이는 성경의 원리와 이치에 맞지 않는다. 사도 바울은 여자는 남자보다 나중에 지음을 받았다는 이 사실을 근거로 여자가 남자를 가르치거나 주관하는 것을 허락하지 않았다. 창조의 원리와 순위에 있어서도 여자는 남자 위에서 남자를 가르치거나 주관하도록 의도된 바가 없다.

3) 범죄의 순위에 있어서 - 여자가 먼저

"아담이 꾀임을 보지 아니하고 여자가 꾀임을 보아 죄에 빠졌음이니라"(딤전 2:14).

사도 바울은 여자의 가르치는 것과 남자를 주관하는 것을 허락지 아니하는 또 다른 하나의 이유는 여자가 먼저 사단의 꾀임을 받아 하나님

---

55) Russel Prohl, op. cit., p. 37

앞에 범죄하였다는 사실을 근거로 삼았다. 이 말씀은 아담은 범죄하지 않았다는 뜻이 아니라, 하와가 속임과 꼬임을 받아 범죄하였다는 사실을 강조하였음을 보여준다. "속이다"라는 단어가 아담의 경우에는 "아파타오"(ajpatavw; to mislead, deceive, beguile; 잘못 인도하다·속이다·기만하다·미혹하다)로 사용되었고, 하와의 경우는 "엑사파타오"(ejzapataw; to deceive wholly, beguile throughly; 완전히 속이다·철저히 기만<미혹>하다)라는 강조형이 사용되었다.56) 그러므로 아담과 하와가 다 사단의 속임을 당하였으나 하와의 경우는 사단으로부터 완전히 철저히 꾀임을 받았다는 사실을 지적한다.

창세기 3:6은 아담과 하와가 각기 범죄한 사실을 상세하게 보도하였다. 하와는 뱀(사단의 화신)의 꾀임을 받아 선악과를 따 먹음으로 범죄하였고, 아담은 하나님께로부터 "선악을 알게 하는 나무의 실과는 먹지 말라"(창 2:17)는 금령을 직접 받았음에도 불구하고 하와의 꾀임으로 하와로부터 금과를 받아먹음으로 범죄 하였다.

이상과 같이 창세기 3:6은 아담과 하와의 범죄 사실을 상세히 보도하였고, 로마서 5:12-21은 아담이 하나님과의 행위언약(a Coverant of Works의 당사자로서 인류의 대표로 범죄한 사실을 지적하였고, 디모데전서 2:14은 하와가 범죄한 사실을 지적하였다. 하와는 아담처럼 비록 하나님과의 언약의 직접적 당사자는 아닐지라도 언약에 관계된 자로서 범죄한 것은 사실이다.

로마서 5:12-21, "한 사람"(one man)이라고 5번 기록되었는데 (롬 5:12, 15, 16, 18, 19), 여기서 한 사람이란 분명히 "아담 한 사람"을 가리킨다. 그리고 이 한 사람 아담은 모든 인류의 대표자임을 또한 가리킨다. 따라서 아담 한 사람의 범죄의 결과는 아담 자신에게는 물론 아담의 후손 전(全)인류에 똑같이 그 영향이 미친다는 사실을 밝히 보여준다.

---

56) Vine's op. cit., p. 151

그러면 아담 한 사람의 범죄는 자신과 전 인류에게 어떤 영향을 미치는가? 아담 한 사람의 범죄로 인하여 많은 사람이 정죄와 사망에 이르게 되었다. 많은(many) 사람은 모든(all) 사람을 가리킨다.

아담은 전 인류의 대표자로서 그의 범죄와 그 결과는 온 인류 위에 미치는 것과 같이, 하와는 행위언약에 관계된 자로서 그녀의 범죄와 그 결과는 모든 여자들 위에 미친다는 사실을 성경은 또한 밝히 가르치고 있다. 그 한 예는 여자의 해산의 고통과 남편의 다스림을 받는 것이다(창 3:16). 해산의 고통은 잉태하는 모든 여자들 위에 임하며, 여자가 남자에게 다스림을 받는 것은 창조의 원리와 타락의 결과에 의한 것이다. 하와는 모든 여자들의 대표라는 "대표성의 원리"(A principle of representative)에 의하여 여자의 가르침과 다스림(설교하는 목사와 다스리는 장로)을 성경은 금하였다.

4) 신적(神的) 권위에 있어서 - 여자가 남자 주관함을 허락하지 않음

여자가 남자를 주관하는 것을 허락하지 않는 또 다른 하나의 이유는 하와와 범죄로 인한 결과이다.

"…남편은 너를 다스릴 것이니라"(창 3:16). 하나님은 태초에 사람을 남녀로 창조하시고 남자를 머리로, 여자를 몸으로 말씀하셨다. 그리고 남편은 아내를 다스릴 것이니라고 말씀하셨다. 이 말씀은 가정·교회에서의 남녀의 직분에 관한 매우 중요한 원리이다. 성경은 여자는 남자 아래 있다는 진리를 깨닫게 하기 위하여 남자는 그리스도 아래 있음을 또한 말씀하셨다(엡 4:15; 5:23). 따라서 남자가 그리스도께 복종하듯 여자는 남자에게 복종하여야 한다. 다스림을 받을 자가 다스리고, 가르침을 받을 자가 가르친다면 그것은 신적(神的) 권위에 정면 도전하는 것이요, 하나님께서 제정하신 가정과 교회의 위계질서를 전복(뒤집어 엎음)하는 일이다. 경건한 여성도들은 아내와 어머니로서의 자신들의 높은 신분을 깨달아 여성 안수를 반대한다.

5) 신체적·정신적·심리적 측면에서 - 여자는 연약한 그릇

여자가 남자를 주관하는 것이 합당하지 않는 또 다른 하나의 이유는 여자들의 신체적 · 정신적 · 심리적 면에서이다.

신체적인 면에서 여자는 더 연약한 그릇이라고 하였다. "…저는 더 연약한 그릇이요, 또 생명의 은혜를 유업으로 함께 받을 자로 알아 귀히 여기라…"(벧전 3:7). "그릇"(스케우스, skeo'u"; vessel; 그릇)은 문자적으로는 컵이나 쟁반 같은 그릇을 가리키며(막 11:16; 눅 8:16; 요 19:29; 행 10:11, 16; 롬 9:21; 딤후 2:20; 히 9:21; 계 2:27; 18:12), 상징적으로는 사람의 육체를 가리킨다. 즉 사람의 육체를 질그릇으로 비유하였다. 본래 사람의 육체는 흙으로 만든 질그릇과 같다(창 2:7). 질그릇은 깨지기 쉬운 연약한 그릇이다. 이와 같이 사람의 육체도 깨지기 쉬운 질그릇처럼 매우 연약하다. 남자의 신체도 연약하지만 여자의 신체는 더욱 연약하다.

"더 연약한"(아스데네스테로, ajsqenestevrw; weaker; 더 연약한 · 더 힘없는 · 더 무기력한)은 아스데네스(ajsqenh")의 비교급이다. 일반적으로 여자는 남자보다 신체적인 면, 정신적인 면, 심리적인 면 등 여러 면에서 더 연약하므로 남자의 보호와 지도를 받아야 할 위치에 놓여있다.

남자와 여자는 신체적 · 정신적 · 심리적 차이가 있으며 그로 인하여 비롯되는 "남성과 여성의 삶에 있어서의 역할과 위치의 불가교체성 (the inexchangibility of roles and places in life between man and woman)을 믿기 때문에 여성의 교회에서의 남자 어른들을 포함한 전체 회중에 가르치는 것과 다스리는 것(강도와 치리)을 반대하는 것이다.

이상과 같이 여자는 신체적 · 정신적 · 심리적 측면에서 남자보다 더 제한성을 지니고 있다. 여자는 독립적이 아니라 의존적이며, 다스리는 위치에 있지 아니하고 다스림을 받는 위치에 놓여있다. 이러한 신분과 위치에 있는 여자가 남자를 주관한다면 그것은 하나님의 창조의 원리에 위배된다. 남자는 남자의 위치를 지키며 남자의 역할을 잘 감당할 때 하나님께 영광이 돌아가고 자신과 가정과 교회와 사회에 유익이 되는 것처럼, 여자는 여자의 위치를 지키며 여자의 역할을 잘 감당할 때 하나님께 영광이 돌아가고 자신과 가정과 교회와 사회에 유익이 될 것이다.

6) 여자의 생리적 현상

여자가 가르치는 것과 다스리는 것이 적합하지 않는 또 하나의 이유는 여성의 생리적 현상(멘스, menstration)이다. 성경은 여자의 월경 기간이나 해산 후에는 부정하다고 하였다(레 12:2, 5; 15:25-26). 이것은 현대 의학상으로나 위생상으로도 부인할 수 없다. 그러므로 월경 기간이나 해산 전후 상당한 기간에는 부부가 서로 가까이 하지 않도록 명령되었다(겔 18:6; 22:10).

월경기간에는 생리적 변화가 많이 일어난다. 구토·변비·속쓰림·가스 형성·두통·현기·요통·질 분비물·피곤·치질·살 부음….

월경기간에는 정신적 심리적 변화도 많이 일어난다. 짜증·신경질·히스테리 등 심경에 큰 변화가 일어난다.

이상과 같이 생리적·정신적·심리적 변화가 1개월에 한 번씩 주기적으로 계속되는 상황 하에서 어떻게 올바른 목회를 할 수 있겠는가? 더욱이 남편을 내조하고, 자녀를 양육하며, 집안일을 돌보는 이 중요한 일들을 제쳐놓고 어떻게 성직(聖職)을 잘 감당할 수 있겠는가? 사실상 여자 목사 제도를 찬동하는 사람들은 그리스도 안에서 연약한 자매들을 욕되게 하는 것이요, 감당할 수 없는 무거운 짐을 지도록 강요하는 것이요, 신앙을 약화시키는 결과를 초래케 한다.

7) 여자의 음성(목소리)

여자의 가르치는 것과 남자 주관하는 것을 허락하지 않는 또 하나의 증거는 여자의 목소리이다. 창조주 하나님은 여자의 음성을 아름답게 그리고 고음(high volume)을 내어 앨토(Alto)나 소프라노(Soprano)를 맡게 하셨다. 반면에 남자의 음성은 굵게 그리고 저음을 내어 테너

(Tenor)나 베이스(Base)를 맡게 하셨다. 그렇게 함으로서 남자의 음성과 여자의 음성의 조화와 미를 산출케 하신다. 또한 여자의 음성은 여자의 신분에 맡도록 남편을 돕는 배필로서 남편을 기쁘게 하는 꾀꼬리 소리 같은 음성을 내게 하시며, 남자의 음성은 남자의 신분에 맞도록 아내를 다스리는 머리로서 권위적 저음을 내게 하신다. 여자의 음성 자체가 여자의 강도권과 치리권을 거부한다.

8) 여성 안수를 찬동하여 시행하는 교단들도 실제상은 여성 안수에 대하여 거부반응을 취하고 있다.

여성 안수를 시행하는 교단들의 교회들 다수는 여성 안수에 대하여 그리고 안수받은 여자 목사(신부)를 교역자로 모시는 데 대하여 거부반응을 취하고 있다. 그 이유는 사람들의 본성(human nature)도 거부반응을 일으키기 때문이다. 여성 안수 허용하는 교단들의 성직자 통계들이 이것을 증명한다.

2. 여성 안수 찬동자들의 궤변들(Arguments for Women's Ordination)

1) 여성 안수 반대는 성 차별이라는 궤변

여성 안수 찬동자들은 로마서 10:12; 고린도전서 12:13; 갈라디아서 3:26-28; 골로새서 3:11 등의 구절들을 오용하여 여성 안수 반대는 성 차별(Sexism)이라고 주장한다. 그들은 주장하기를 "성직에 남녀가 무슨 상관이 있는가? 성직에는 남녀의 구별이 없다. 여성 안수를 금하는 것은 성경적 신학적 근거가 없다. 남자니까 성직을 맡을 수 있고 여자니까 성직 안수가 불가하다는 주장은 성경적으로나 신학적으로나 분명히 잘못된 것으로 여겨진다. 성직 안수 문제에 있어서 남녀차별의 잘못은 구약의 관점에서 성서 신학적으로 갈라디아서 3:28에 이르러 시정될 수 있고 긍정적인 해답을 얻을 수 있다고 믿어진다." 57) "남자와 여자의 교회직제의 구별이란 더 이상 성서적이라고 일방적으로 주장할 수는 없다는 점이다"라고 주장한다.58) 아이디(Ide)는 "여성 성직의 권리와 책임을 제거하는 것은 오로지 성차별 때문에 나왔다"라고 주장하였다.59)

반증(反證):

성 구별과 성 차별은 전연 별개의 문제이다. 성 구별은 남성·여성을 구분하는 것이요, 성 차별은 어느 한 성(남성 또는 여성)을 다른 한 성(性)보다 대우를 달리하는 것이다. 성경은 자초지종 성 구별이요 성 차별이 아니다. 하나님은 태초부터 성(sex)을 구별하시고 하나님의 선하시고 기뻐하시는 뜻을 따라 그리고 우리를 위하여 직분을 달리 맡기셨다.

하나님은 태초부터 분리의 역사(work of separation)를 하신다. 하나님은 빛과 어두움을 나누시고(창 1:4), 하늘 위의 물(구름)과 궁창 아래 물로 나누시고(창 1:7), 육지와 바다를 나누시고(1:10), 주야를 나누시고(1:14), 해와 달과 별을 창조하시되 그 영광을 달리하시고 (1:16), 모든 생물들을 암수로, 사람을 남녀로 나누어 구별하셨다 (2:18).

남자와 여자 모두 하나님의 형상대로 지음을 받은 인격적 존재들이다(창 1:27). 그리고 남녀 모두 구속함을 받아 천국 유업도 같이 누릴 형제자매들이다. 그러나 가정·교회에서의 직분과 기능은 상이하다. 이것은 남녀의 차별에 의한 것이 아니라 구별에 의한 것이다. 그런 의미에서 남자와 여자는 동등하며 동시에 상이하다(equal but different).

여성 안수 찬동자들이 오용하는 성구들은 과연 여성 안수와 관련된

---

57) 『교역자 여성 안수』, pp. 56-7
58) Ibid., p. 89
59) A. F. Ide, *Woman as Priest, Bishop and Laity*, Ide House, U. S. A. 1984, p. 48

여성 안수를 지지하는 말씀들인가?

로마서 10:12, "유대인이나 헬라인이나 차별이 없음이라 한 주께서 모든 사람의 주가 되사 저를 부르는 모든 사람에게 부요하시도다."

① **"유대인이나 헬라인**이나**"** 는 **민족적 구별**이다. 율법아래서 유대인은 선민(택한 백성)이요, 헬라인은 이방인이다. 유대인과 이방인은 여러 면에서 큰 차이·차별이 있었다. 유대인들은 자신들이 이방인들보다 우월한 것으로 생각하고 이방인들과의 거리를 멀리하였다. 유대인들은 이방인들을 자신들과 동등한 위치에서 대하기를 원치 아니하였다.

그러나 그리스도는 자기를 부르는 모든 사람들에게 같은 주(Lord)가 되신다. 여기서 "부른다(call upon)는 말씀은 간구하다·예배드리다라는 뜻으로 구약의 표현이다"(창 4:26; 12:8; 13:4; 21:33; 26:25; 왕상 18:24; 왕하 5:11; 시 79:6; 사 64:7; 욜 2:32).[60] 그리스도께서는 저를 부르는 사람들에게는 다시 말하면 저를 믿고 저에게 예배드리는 사람들에게는 유대인이나 이방인이나 구별 없이 모두에게 같은 주님이 되신다(행 9:14, 21; 22:16; 고전 1:2; 딤후 2:22). 그리스도 안에서는 민족적 구별, 인종적 차별이 존재하지 않기 때문이다. 이 구절은 여성 안수와는 전연 상관이 없다.

고린도전서 12:13, "우리가 유대인이나 헬라인이나 종이나 자유자나 다 한 성령으로 세례를 받아 한 몸이 되었고 또 다 한 성령을 마시게 하셨느니라."

② **"종이나 자유자**나 …**"** 는 사회의 **신분적 구별**이다. 일반적으로 과거에는 종은 가난한 자요, 자유자는 부자이었다. 실제상 그 당시 고린

---

[60] John Murray, *The Epistle to the Romans*, 10:12

도 지방에는 종(노예)이 약 40만 명이요, 자유인이 약 25만 명이었다고 한다.61)

그러나 그리스도 안에서는 사회 신분적 구별이 존재하지 않는다. 그 이유는 유대인이나 이방인이나, 종이나 자유자나 다 한 성령으로 세례를 받아, 한 몸이 되었고, 또 다 한 성령을 마시게 하셨기 때문이다. "다 한 성령으로 세례를 받아"라는 말씀은 성령세례를, 성령세례는 성령의 역사로 일어나는 "중생"을(요 3:3, 5), "한 몸이 되었고"라는 말씀은 그리스도와 연합하여 그의 몸의 지체가 되었음을, "한 성령을 마시게 하셨느니라"는 말씀은 상징적 표현으로서 성령을 받음을 가리킨다.

갈라디아서 3:26-28, "너희가 다 믿음으로 말미암아 그리스도 예수 안에서 하나님의 아들이 되었으니 누구든지 그리스도와 합하여 세례를 받은 자는 그리스도로 옷 입었느니라 너희는 유대인이나 헬라인이나 종이나 자주자나 남자나 여자 없이 다 그리스도 예수 안에서 하나이니라."

③ "… **남자나 여자**"는 **성적 구별(性的區別)**이다. 그리스도 안에는 성 구별은 있어도 성 차별은 없다. 여성 안수 문제는 성 차별의 문제가 아니라, 성 구별의 문제이다. 이 세상에는 민족적 차별·인종적 차별·사회적 신분의 차별·성 차별 등이 있어 왔다. 유대인들은 이방인들보다, 자유자는 종보다, 남자는 여자보다 우위에 있어 왔다. 그러나 그리스도 안에서는 남자나 여자나 다 하나이다. 그리스도 안에서는 성 차별(sexism)이 존재하지 않는다. 그리스도와 연합한 자는 윤리적 사회적 성적 구별을 초월한다. 그 이유는 그리스도 안에는 그와 같은 차별들이 다 철폐되었기 때문이다. 따라서 그리스도 안에서 참된 남녀 관계는 성

---

61) *NIV Study Bible*, Zonderran, 1985, p. 1732

차별이 아니라 성 구별이다. 이 말씀도 여성 안수와는 전연 상관이 없는 말씀이다.

골로새서 3:11, "거기는 헬라인과 유대인이나, 할례당과 무할례당이나, 야인이나 스구디아인이나, 종이나 자유인이 분별이 있을 수 없나니 오직 그리스도는 만유시요 만유 안에 계시니라."

④ **할례당과 무할례당 : 종교적 구별**이다. 그리스도 예수 밖에 있을 때에는 이방인도, 무할례자도, 약속의 언약들에는 외인이요. 세상에서 소망이 없는 자요, 하나님도 없는 자들이었다. 그러나 그리스도 예수 안에서는 종교적 구별이 없다(엡 2:11-16). 모두가 새로 지음을 받은 존재들이기 때문이다(갈 6:15). 거기에는(축복받은 자리에는) 할례 받았으면 들어가고 할례 받지 못하였으면 제외되는 곳이 아니다.

⑤ **야만인이나 구스디아인 : 문화적 구별**이다. 거기에는 문화적 구별이 없다. 당시 야만인은 헬라 언어와 문명에 무식한 자들, 문명에 혜택을 받지 못하고 사는 사람들을 가리킨다. 구스디아는 발칸 반도 북쪽 남러시아 지방에서 온 사람들을 가리키는데 그곳 사람들은 짐승들보다 조금 나은 야만인들 중의 야만인이었다고 한다.

상기 구절들은 모두가 예수 그리스도를 구주로 영접하기 전에는 민족적 인종적 차별·사회의 신분적 차별·성 차별·문화적 차별 등이 있었으나 그리스도 안에서는 모두가 죄 사함과 구원을 받음에 여하한 차별이 없이 동등하다는 말씀이다. 위에서 고찰한 바와 같이 여성 안수 찬동자들이 오용하는 성경구절들은 여성 안수와는 전연 상관이 없는 말씀들이다.

2) 여성 안수를 금하는 성구들은 그 당시 특정한 상황 배경 위에서 해석하여야 한다는 궤변

제11장 세계교회협의회(W.C.C.)의 여성안수   233

여성 안수 찬동자들은 주장하기를 고린도전서 14:34-35이나 디모데 전서 2:11-12 말씀들은 그 당시 공동체의 특정한 상황 배경 위에서 이해하고 해석하여야 한다. 다시 말하면 그 편지들이 쓰이고 보내어진 배경들을 성경해석학적으로 이해되어야 한다고 주장한다.62)

그들은 자신들의 주장을 뒷받침하기 위하여 "무릇 여자로서 머리에 쓴 것을 벗고 기도나 예언을 하는 자는 그 머리를 욕되게 하는 것이니 이는 머리 민 것과 다름이 없음이니라 만일 여자가 머리에 쓰지 않거든 깎을 것이요 만일 깎거나 미는 것이 여자에게 부끄러움이 되거든 쓸지 니라"(고전 11:5-6) 등을 실례로 든다. 그들은 말하기를 여자들로 하여금 머리에 수건을 쓰도록 권면한 것은 창녀들과의 혼돈을 피하기 위함이었다. 당시 창녀들은 남자들에게 매력을 얻기 위하여 머리에 수건을 쓰지 않고 얼굴을 노출시켜 남자들을 유혹하였다고 한다. 그러므로 바울은 여자들이 머리에 수건을 쓸 것을 말하였다. "만일 자기 아내가 밖에서 머리에 수건을 쓰지 않고 다니는 것을 남편이 발견하면 이혼의 근거가 되었다." 63)

그렇다면 오늘날에도 여성들이 창기들과의 혼돈을 피하기 위하여 그리고 권위에 복종하는 표시로 머리에 꼭 수건을 쓰고 다녀야 할 것인가 라고 반문하면서 그와 같이 "여자는 일절 순종하므로 종용히 배우라 여자의 가르치는 것과 남자를 주관하는 것을 허락지 아니하노니 오직 조용할지니라"(딤전 2:11-12)는 말씀도 그 당시 상황에서 주어진 말씀이니 지금 이 시대에는 해당이 안된다고 한다.

반증(反證):
여성 안수 찬동자들은 시대에 따라 변천하는 생활양식과 영구 불변한 보편적(우주적) · 신앙적 · 도덕적 진리를 구별하지 못하고 있다. 특별한 상황(specific situation)은 시대의 변천에 따라 변하므로 그 당

---
62) Ibid., p. 102
63) *The Origin and History of Hebrew Law*, p. 232, Chicago, 1961

시 특정한 상황 배경 위에서 이해하고 해석하여야 한다. 그러나 보편적 (우주적) 일반적 규칙들(universal, general rules)은 시대 변천 상황 배경 위에서 이해하고 해석할 수 없다. 그 이유는 일반적 규칙들은 시대 변천이나 문화적 배경에 관계없이 어느 시대 어떠한 상황하에서도 적용되는 영구불변한 진리이기 때문이다. 그런데 고린도전서 14:34-35; 디모데전서 2:11, 12 등은 영구불변한 보편적 진리이다.

물론 그 당시 여자들이 머리에 수건을 쓰고 다닌 것은 당시 상황 배경 위에서 이해되어야 한다. 여자가 머리에 수건을 쓴 것은 남편에 대한 순복과 존경의 표시로서 남편에게 순복하고 남편을 욕되지 않게 하기 위하여 그리고 자신은 창기로 오해를 받지 않게 하기 위하여 수건을 썼다. 그리고 공중 앞에서는 잠잠하였고 집 밖에서는 수건을 쓰지 않고는 다니지 아니하였다.[64] 여자가 머리에 수건을 쓰지 않고 예배드리는 것은 자신을 욕되게 할 뿐만 아니라 자신의 남편을 욕되게 하는 일이었다.

1세기에 유대인들은 물론 로마와 헬라인들도 여자들은 머리에 수건을 쓰고 다녔다. 여자들이 머리에 수건을 쓴 것은 권위(남편)에 대한 복종의 상징이었다. 여자에게는 남자라는 보이는 머리(visible head)가 있음으로 그에 대한 복종의 표시로 머리에 수건을 썼다(고전 11:10). 그러나 여자들이 머리에 수건을 쓰고 다닌 것이 오늘날에는 제재를 받지 않는 것처럼 여자의 가르치는 것과 남자 주관하는 것을 금한 것도 이 시대에는 제재를 받지 않아야 한다는 주장은 성경의 원리를 바로 알지 못하는 무지(無知)에서 나온 말이다.

여자가 머리에 수건을 쓰고 다니는 것 여부는 당시 공동체의 특정한 상황배경에 의한 것이요, 따라서 시대의 흐름에 따라 변할 수 있다. 그것은 그 시대 그 지방의 생활 양식이었다. 그러나 남자 어른들을 포함

---

64) Russell Prohl, *Woman in the Church*, pp. 51-4; Andre Dumas, *Biblical Anthropology and the Participation of Women in the Ministry of the Church*, pp. 28-30

한 전체 회중 앞에서 여자의 가르치는 것과 남자 주관하는 것을 금하신 말씀들은 상황 배경 위에서 이해될 내용들이 아니다. 성경에는 세월이 흐름에 따라 변천하는 문화적 배경들이 있으며, 세월이 변하고 또 변해도 변치 않는 변할 수 없는 영구불변한 진리가 따로 있다. 전자는 문화적 생활양식이요, 후자는 영구불변한 보편적 진리이다. 그런데 여성 안수를 금하는 말씀들은 시대적 배경에 의한 문화적 생활양식이 아니라 영구불변한 진리이다.

예를 들면 구약시대 입을 것과 입지 않을 것, 먹을 것과 먹지 않을 것 등등 생활양식에 관한 규례들이나 생활양식들은 세월이 흐름에 따라 많이 변화되었다. 그 변화들이 성경의 교훈에 역행하거나 충돌되지 않는 한 받아들일 수 있다. 그러나 10계명을 위시한 신앙적·도덕적 규범들은 시대 변천에 관계없이 변할 수 없는 영구불변한 보편적 진리이다. 여성 안수 찬동자들은 이 진리를 바로 깨닫지도 구별하지도 못하므로 창조의 원리와 질서를 파괴하고 있다.

3) 구약시대에 여선지자들이 있었음과 같이 신약시대에도 여자 목사가 있어야 한다는 궤변

여성 안수 찬동자들은 구약시대에 여선지자들이 있었고 신약시대(초대교회시대)에도 여선지자들이 있었음과 같이 이 시대에도 여자 목사가 있어야 한다고 주장한다.[65]

구약시대에 여선지자들이 있었다. 출애굽시대, 사사시대, 열왕기시대, 그리고 구약 말기에 미리암·드보라·훌다·노아댜·안나 등 여선지자들이 있었다.

미리암(Miriam)은 모세와 아론의 누이로서 여선지자(prophetess)였다(출 15:20-21). 그리고 미리암이 여선지자로서 무엇을 전하였는지, 사역 기간이 얼마이었는지 전혀 나타나지 않는다.

---

65) Paul K. Jewett, *The Ordination of Woman*, pp. 62-5

드보라(Deborah)는 사사시대에 이스라엘을 통치한 여선지자이었으며, 동시에 여자로서는 유일한 사사였다. 고로 사람들은 드보라에게 나아와 재판을 받았다. 그녀는 바락으로 하여금 가나안의 왕 야빈의 군대장관 시스라 군대를 멸하도록 명령하였다(삿 4:4-24). 야빈은 이스라엘을 20년 동안 심히 학대한 고로 이스라엘 자손들이 하나님께 부르짖었다.

훌다(Huldah)는 유다 왕 요시아 시대에 살룸의 아내 여선지자이었다. 훌다는 이스라엘 백성이 하나님을 떠나 다른 신들(gods)에게 분향하며 죄를 범하였음으로 회개를 촉구하였다(왕하 22:8, 14-20; 대하 34:22-28).

노아댜(Noadiah)는 거짓 여선지자로서 도비야와 산발랏과 합세하여 느헤미야와 느헤미야가 기도한 자들을 반대하였다(느 6:14).

안나(Anna)는 여선지자로서 결혼하여 7년 간 남편과 같이 살았고 84세가 되도록 과부로 지냈다. 안나는 성전을 떠나지 않고 주야로 금식 기도하며 하나님을 예배하였다. 안나는 예루살렘의 구속을 바라는 모든 사람들에게 아기 예수 그리스도의 탄생에 대하여 말씀하였다(눅 2:36-38).

탈무드(Talmud)에 의하면 이 여선지자들 이외에도 사라, 한나, 아비가엘, 에스더 등도 여선지자라고 불렀다. 초대교회에도 예언하는 여자들이 있었다(고전 11:5). 빌립의 결혼하지 아니한 네 딸들도 여선지자들이었다(행 21:9). 따라서 신약시대에도 여자 목사가 있어야 한다고 주장한다.

반증(反證):
상기와 같이 우리는 구약시대에 소수의 일시적 여선지자들이 있었음을 부인하지 않는다. 그러나 구약시대의 여선지자들은 구약시대 전반에 걸쳐서 있었던 것도 아니고, 그들의 사역도 매우 미흡하였다. 그들은 제사장적 직분, 왕적 직분 즉 제사 드리는 일과 다스리는 일은 하지 않았다. 이 경우 하나님은 그의 백성들을 위한 일시적 역사인 것이다. 하나님의 일시적 역사는 하나님의 일반적 역사에 위배되거나 모순되지 않는다.

4) 사도행전 21:9, "그에게 딸 넷이 있으니 처녀로 예언하는 자라"는 말씀을 근거로 빌립의 네 딸들도 여선지자들이 없다는 궤변

반증(反證):

일반적으로 예언은 앞으로 일어날 일들을 미리 말하는 것(마 15:7; 요 11:51; 벧전 1:10; 유 14절)과 하나님의 말씀을 전하는 것을 말한다(고전 11:5; 14:1-5).

그런데 빌립의 딸들이 예언하였다는 말씀은 고린도전서 11:5; 14:1, 3-5, 24, 31, 39의 말씀들과 같은 맥락에서 고찰해야 한다. 고린도전서에서 우리에게 교훈하는 예언은 기록된 예언의 말씀을 나가서 전하는 것으로서, 예언은 사람들에게 덕을 세우며 안위를 주며, 믿지 않는 자들을 그리스도께로 인도하므로 그 예언을 사모하라고 하였다.

복음을 나가서 전하는 것은 선지자나 성직자만의 일이 아니다. 그것은 그리스도인 모두가 할 일이다. 빌립의 네 딸들은 선지자가 아니었다.

존 칼빈(Calvin)은 빌립의 네 처녀 딸들의 예언에 대하여 논평하기를 "이 처녀들이 예언의 직분을 어떻게 실행하였는지는 불확실하다. 하나님의 영이 그들을 인도하고 다스리심으로 … 그들이 일반 회중 집회 아닌 가정에서 또는 어떤 개인 장소에서 예언하였다고 생각이 든다"라고 하였다.[66]

초대교회에서 여자들이 예언하였다는 말씀은 가정에서나 또는 어떤 개인 장소에서 복음을 잘 전하였다는 뜻으로 이해하여야 하며, 여자의 강도권과 치리권을 금한 고린도전서 14:34, 35; 디모데전서 2:11-14

---

66) Calvin, *Commetary on Acts*, vol. 19, p. 271

의 말씀과 충돌되지 않는다. 우리도 이와 같은 의미에서 빌립의 네 딸들처럼 기록된 말씀을 나가서 사람들에게 전하기를 힘써야 할 것이다 (고전 14:1).

5) 구약시대 남자 제사장직은 그 당시 이방종교들의 여제사장에 대한 반작용이었다는 궤변

여성 안수 찬동자들은 주장하기를 중동의 고대 이방종교들은 여신들에 대한 숭배는 물론이고 신전(temple)에서의 여제사장들은 풍요를 기원하는 하나의 종교의식으로서 매춘행위를 하였다.67) 이러한 배경에서 이스라엘의 제사장직은 여성을 제외할 수밖에 없었기 때문에 남자 제사장직만이 존재하여 왔다.68) 구약 율법에서 여성이 제사장 자격에서 제외되었기 때문에 오늘날도 여성 안수가 불가하다고 주장할 수 없다.69) 오늘날은 여성들에게도 교육과 훈련을 시켜 안수를 줄 수 있다고 궤변을 토한다.

반증(反證):
물론 구약시대 이스라엘의 신앙은 그와 같은 혼음종교와의 구별은 언제나 분명히 하였다(레 18:3; 렘 3:1-2; 겔 16:16, 23). 그러나 구약시대 제사장직은 그 당시 이방종교들의 여제사장들에 대한 반작용이 아니다. 구약시대 제사장직은 모세시대부터 제도화되었으나 실상은 인류의 초창기 아벨 때부터이다(창 4:1-5; 히 11:4). 아담의 10대 손 노아는 족장으로서 온 가족을 위한 제사장으로서 하나님께 번제를 드렸다 (창 8:20-21). 욥도 자녀들의 수대로 매일 아침 일찍 하나님께 번제를 드리곤 하였다(욥 1:5). 아브라함도(창 12:7-8), 이삭도(창 26:25), 야곱도(창 35장; 36장) 그 이후 아론의 자손들을 통한 제사를 드렸다

---

67) Mary Hayter, *The New Eve in Christ*, Eerdmans, 1987, pp. 70 이하
68) Canon R. W. Howard, *Should Woman be Priests?*, Oxford, 1949. pp. 22-5
69) 『교역과 여성 안수』, op. cit., pp. 54-5

(레 10:1-2). 구약시대 공적인 제사는 예수님께서 십자가상에서 운명하시면서 "다 이루었다"라고 말씀하실 때까지 계속되었다. 구약시대 남자 제사장직은 이방종교들의 여제사장에 대한 반작용으로 인하여 태동된 것이 결코 아니며, 하나님의 자아의지에 의하여 결정된 성직(聖職)이다. 그리고 구약시대 제사장 직분은 신약시대에 장로와 감독(목사와 감독)에게도 이어지고 있다. 저들은 구약시대 남자 제사장직은 그 당시 이방종교들의 여제사장들에 대한 반작용이었음으로 여제사장은 제외되었다고 주장하니 성경도 신구약 교회 역사도 바로 이해하지 못하고 있음을 스스로 나타낸다.

6) 신약시대에도 여성 동역자들이 있었다는 궤변

"여성도 동반자(partner)로서 남성과 동등한 위치에서 성직에 봉사함으로 이 시대의 사명을 다해 보자는 것이다".70) 그리고 "로마서 16:1, 3, 7, 12; 빌립보서 4:2-3 등에서는 뵈뵈·브리스길라·안드로니고·유니아· 순두게·유오디아 같은 여인들을 동역자라 칭하고 복음을 위하여 주안에서 바울과 함께 힘쓰며 수고하였다" 특히 겐그리아 교회 일꾼 뵈뵈는 집사가 아니라 복음사역을 맡은 사역자라고 주장하면서 여자 목사 제도를 주장한다. 여성 안수 찬동자들은 "동역자"를 성직자(목사 또는 신부)로, 일반적으로 여자 교역자를 디아코노스(diakono")라고 불렀다고 하면서 뵈뵈는 겐그리아 교회의 교역자라고 주장한다.71)

반증(反證):

사도 바울은 디모데서에서 교회 내에서의 여성들을 환영하고 그들의 직분을 귀하게 여겼다. 그는 빌립보 교회의 유오디아와 순두게에 관하

---

70) Ibid., p. 18
71) Ibid., pp. 71-2, 182. Arthur Frederick Ide, *Woman as Priest, Bishop and Laity*, pp. 41, 42, 44, C. K. Barrett, *A Commentary on the Epistle to the Romans*, p. 282

여 "복음에 나와 함께 힘쓰던 저 부녀들"(빌 4:3)이라고 칭찬하였다. 그는 또 로마에 있는 브리스길라와 아굴라를 "그리스도 예수 안에서 나의 동역자들이라"(롬 16:3)고 언급하고 문안을 부탁하였다. 그는 또 겐그레아 교회의 자매 뵈뵈를 교회의 일꾼으로 많은 사람들을 돕는 자로 천거하였다(롬 16:1).

그러나 위의 여러 부녀자들은 각기 속한 교회에서 각기 맡은 직분(봉사직)에 충성하므로 사도 바울을 조력한 자들이었다. 그런 의미에서 위의 여러 부녀자들은 교회의 일꾼들이요, 광의적 의미에서 사도 바울의 동역자들이라고 칭하였다. 그 부녀자들은 기름부음 받은 종으로서의 사도 바울의 동역자들은 결코 아니었다.

7) 신약시대는 남녀 모두 제사장이므로 여자도 제사장 직분을 맡아야 한다는 궤변

여성 안수 찬동자들은 신약시대 제사장 직분은 남녀 모두에게 주어진 특권이므로 그리스도의 몸된 교회를 섬기는 직분으로서의 성직 안수는 남녀 모두에게 주신 하나님의 은사이다(Ibid., p. 57)라고 주장한다.

반증(反證):

물론 구약시대 제사장 직분은 신약시대에는 예수 그리스도를 구주로 믿는 모든 참 신자들에게로 이전되었다. 민족적 이스라엘로부터 영적 이스라엘로 이전되었다. 그러므로 성도마다 왕같은 대제사장(every believer-High Priest)이 되어(벧전 2:9) 하나님께 직접 나아가 하나님께 직접 예배드리는 특권이 부여되었다(히 4:16).

그러나 여성 안수 찬동자들은 예배 인도자와 예배드리는 자를 구별하지 못하고 동일시하는 데 문제가 있다. 물론 예배 인도자도 예배드리는 자들 중의 한 사람임에는 틀림없다. 예배 인도자는 예배의 요소들대로 하나님의 말씀을 전체 회중 앞에서 설교(강도), 성례(세례·성찬) 거행, 다스리는 일(치리), 삼위일체 하나님의 이름으로 기원하는 축도

등을 포함한 예배 순서 일체를 인도하는 하나님의 사역자이다. 반면에 예배드리는 자들은 일반 회중들이다. 구약시대 제사는 기름부음 받은 제사장이 드렸고 신약시대 예배는 기름부음 받은 목사가 인도한다. 따라서 성직 안수는 남녀 모두에게 주신 하나님의 선물이란 남녀의 구별에 의하여 제정하신 하나님의 성직 제도를 전면 부인하고 도전하는 행위이다.

8) 여자도 남자와 동일한 은사를 받았음으로 성직자가 되어야 한다는 궤변

여성 안수 찬동자들은 동일한 은사를 받은 사람은 남녀 차별 없이 다 성직자가 되어야 한다고 주장한다.

반증(反證):

우리는 여자들의 받은 은사의 다양성과 탁월한 지식·재능·능력 그리고 신앙적 열심 등을 결단코 과소평가하지 않는다. 여자가 남자보다 열등하다는 여하한 이론적 뒷받침이나 근거가 없다. 여자들도 여러 분야에서 탁월한 재능과 기능을 발휘한다. 특히 여성도들의 신앙적 열심과 헌신적 봉사는 참으로 남성도들의 귀감이 된다. 그것은 구약시대에도, 신약시대 초기에도, 지금도 변함없는 사실이다.

우리는 많은 여성도들이 어떤 은사들은 남자와 동일한 은사를, 또는 남자보다 더 많은 은사를 받았으므로 각기 전문분야에서 높은 직위에 앉아 활동하고 있음을 인정한다. 그러나 하나님의 집인 교회에서 동일한 직분을 받은 것은 아니다. 다시 말하면 동일한 은사를 받았을지라도 동일한 직분을 받은 것은 아니다. 하나님은 어떤 직분들은 남자들에게만, 어떤 직분들은 여자들에게만 그리고 어떤 직분들은 남녀 모두에게 맡기셨다.

제사장직은 이 세상의 다른 전문직들과는 분명히 상이하다. 제사장 직분은 하나님께서 제정하신 천직(天職)이다. 여성 안수를 반대하는 사람들 중에는 전문직에 종사하는 여성들도 많이 있다. 성직은 천직이요,

천직은 하나님께서 제정, 선택하시기 때문이다. 여성 안수 찬동자들은 이 중요한 원리를 바로 깨닫지 못하고 있다. 여성 안수 반대는 여성은 열등하고 남성은 월등하다는 뜻이 결코 아니다. 따라서 각기 받은 은사를 하나님의 선하시고 기뻐하시는 뜻에 따라서 잘 개발하여 사용하여야 한다. "은사는 여러 가지나 성령은 같고, 직임은 여러 가지나 주는 같으며, 또 역사는 여러 가지나 모든 것을 모든 사람 가운데서 역사하시는 하나님은 같으니"(고전 12:4-6).

9) 여성 안수 반대는 형평의 원리에 어긋난다는 궤변(여성도들의 수, 봉사에 비추어)

여성 안수 찬동자들은 주장하기를 교회에는 여성도들이 다수이며 교회의 봉사도 여성도들이 더 적극적이니 형평의 원리에 맞도록 여성 안수를 허락하여야 한다는 주장이다.

반증(反證):

물론 하나님의 집인 교회에는 여성도들이 다수이며, 여성도들의 헌신적 교회 봉사는 뭇 남성도들의 귀감이 된다. 그러나 성직은 남성과 여성의 수의 비례에 의하여 결정하는 것이 아니다. 성직은 소위 형평의 원리에 맞도록 여성 안수를 허락하는 것이 아니라 하나님께서 제정하신 성직의 원리에 따라서 안수를 허락한다. 하나님께서 제정하신 성직의 원리란 성직은 남자에 의해서만 수행된다는 사실이다. 성직을 남녀 평신도의 수에 비례하여 분배하는 것이 결코 아니다.

10) 여성 안수 반대는 비민주적이라는 궤변(최고 의결기구에서 제외되므로)

여성 안수 찬동자들은 주장하기를 교회의 최고 결정기구는 당회인데, 당회는 소수 남자 목사와 남자 장로들로 구성되어 있으니 전체 의사가 반영되지 않는 비민주적 결의기관이다. 소수 남성이 다수 여성을 지배하는 것은 여권 침해라고 한다. 다수의 여성들이 결의 기구에 참여치 못하니 교회 운영이 잘못된다고 한다.
반증(反證):
물론 당회는 남자 목사, 남자 장로로 구성된 교회의 최고 결의기구이다. 그러나 개신교 다수는 회중이 공동의회를 열어 장로들을 선택하고 노회가 안수하여 장립한 후 장로들로 하여금 성도들을 대표하여 일을 처리하는 의회 민주 주의이다. 그러므로 당회는 교회 전체의 의사를 반영한다. 뿐만 아니라 지금까지 남자 장로들로 하여금 교회를 다스려 왔으니 과거 2,000년 동안 교회의 행정은 비민주적이고 독재였단 말인가? 교회 역사에 그 많은 훌륭한 하나님의 종들은 어찌하여 여성 안수를 허락하지 않았는가? 경건한 여성도들은 어찌하여 여성 안수를 반대하는가? 그들은 성령의 뜻을 거슬려왔다고 말할 수 있는가?

11) 하나님의 여성상(Female image of God)
여성 안수 찬동자들은 말하기를 지금까지는 하나님의 남성상(male image of God)만을 전통적으로 생각하여 왔다. 과거의 유대교 전통이나 기독교 전통은 하나님을 남성으로 비유하는 데만 치중하여 하나님을 "남성신"으로 착각해 온 경향이 있다. 남성신은 남자와 연결되어 남성 제사장에까지 이르게 되었다. 그 결과 여성이 성직에서 배제되었다. 그러나 지금부터는 하나님의 여성상(female image of God)을 발굴하여 여권(woman's right)을 다시 찾고, 여성들에게 안수를 허락하여야 한다고 주장한다. 그들은 하나님의 여성상을 엘 샤다이에서 발견한다고 궤변한다. 하나님의 명칭들 중 "엘 샤다이"(yD'v' lae)는 주석적으로 볼 때 양육하는 어머니의 "젖가슴"을 가진 하나님으로 이해되며, 젖먹이는 가슴(젖가슴)을 가진 하나님으로 해석되는 엘 샤다이의 모성적 이미지는 구약의 하나님 이해로서 무리 없이 수용될 수 있지 않을까 여겨진다"고 하였다.72)

---

72) Ibid., pp. 49-51

반증(反證):

구약에 계시된 하나님의 명칭들 중 엘 샤다이(yD'v' lae; God Almighty)는 전능하신 하나님이란 뜻이다(창 17:1; 28:3; 35:11; 48:3; 49:2; 출 6:3 등). 70인역에는 엘 샤다이를 판토크라톨(pantokratwr; Almighty; 전능자)로 번역되었다. 신약에도 하나님은 "전능하신 주 하나님"(kuvrio" oJ qeo;" oJ pantokravtwr; Lord God the Almighty)으로 되어 있다(계 4:8).

"엘 샤다이"를 양육하는 "어머니의 젖가슴"으로, 하나님의 양육하심과 돌보심을 나타내는 모성적 이미지로 이해해도 무리 없이 이해될 수 있다는 말은 억지 주장이다. 물론 전능하신 하나님은 믿는 자들의 아버지로서 역할을 하시며 해산의 수고와 양육하심과 돌보심을 나타내는 은유적 모성적인 역할도 하신다(사 49:15). 그렇다고 하나님의 명칭을 임의로 "하나님 아버지와 어머니"로 개칭할 수 있는가?

12) 포괄적 언어의 성구집(An Inclusive Language Lectionary)

미국의 자유주의 교회들의 연합단체인 미국교회협의회(NCCC in USA) 교육목회분과위원회는 여성 해방, 여권 운동, 남녀평등 운동의 일환으로 남성 명칭들을 남녀를 함께 지칭할 수 있는 포괄적 용어들로 대치하였다. 남녀 11명이 위원이 되어 1980년부터 3년 동안 『포괄적 언어의 성구집』이란 책들을 출간하였다. 포괄적 언어의 성구집은 3권으로 되어 있는데 첫권(Cycle A)은 1983년부터, 둘째권(Cycle B)은 1984년부터 그리고 셋째권(Cycle C)은 1985년부터 예배시 교독문으로 사용하도록 한 것이다.[73]

뿐만 아니라 자유주의자들은 포괄적 용어로 『신약과 시편』(An Inclusive Version)을 5년 편집 끝에 출간하였다.[74]

미국교회협의회가 남성 명사들을 남녀가 공히 사용할 수 있는 포괄

---

[73] An Inrlusive Language Lectionary, John knox Press, 1985
[74] One World, p. 2. 1995. 11

적 용어들로 대치시킨 명칭들은 다음과 같다.

① **"하나님 아버지"**를 **"하나님 아버지와 어머니"**로(God the Father → God the Father and Mother)

신구약 성경은 모두 하나님을 아버지로 호칭하였다. 하나님을 아버지로 호칭한 것은 하나님께서 자신을 우리에게 계시하신 것이다. 우리 주님도 우리를 위한 그의 주기도문에서 "하늘에 계신 우리 아버지"라고 불렀고(마 6:9), 빈번히 "아버지" 또는 "나의 아버지"(Father or my Father)라고 불렀다(막 14:36; 마 11:27; 23:9).

하나님의 말씀과 성령의 역사로 중생함을 받아 하나님의 자녀(양자)가 된 그리스도인들도 하나님을 아바(Abba) 아버지라고 부른다.

그러나 자유주의자들이 남녀평등을 운운하면서 하나님의 명칭까지도 임의로 변경한 것은 불신앙적 배교의 행위이다. 하나님은 신(神)이시다. 그러므로 하나님은 성(sex)이 없으시다. 하나님은 남자도 여자도 아니시다. 그러나 하나님께서 자신을 아버지라고 계시하신 것은 하나님과 그리스도와의 관계, 그리고 그리스도인들과 하나님과의 관계가 어떠한가를 가장 잘 묘사한다.

② **"하나님의 아들"**을 **"하나님의 아이"**로(the Son of God → Child of God)

자유주의자들은 예수 그리스도의 영원한 자격(sonship)으로서의 아들이라는 특수명칭을 아들과 딸 모두에게 사용할 수 있는 포괄적 용어인 아이(child)로 대치하였다. 그렇다면 예수님을 여자아이로 성을 바꾸거나 또는 여자아이로 부를 수 있다는 말이 아닌가?

예수 그리스도께서 도성인신 하시기 전에는 성자 하나님(God the Son)으로 그에게는 신성(deity)만 있었다. 그러나 도성인신 하심으로 그의 신성에 인성(humanity)을 취하사 신인(God-Man)이 되셨다. 그러므로 예수 그리스도께서 육체를 취하시고 이 세상에 계시는 동안만은 완전한 신(神)이신 동시에 또한 완전한 사람이었다. 그런데 인성(人性)으로서의 예수님은 남자(male)이었다(마 3:17; 막 1:11; 마 4:1-3; 11:27; 15:39; 27:40; 막 13:32).

③ **"왕"** 을 **"지배자"** 로(King→Ruler)
왕이란 명칭은 위엄과 권위 그리고 통치권을 나타내는 남성 명사이다. 그러나 자유주의자들은 세상에는 여왕(queen)들도 있다고 하면서 왕이라는 명칭 대신 지배자란 명칭으로 대치하였다.

④ **"남자"** 를 **"사람"** 으로(Man → Person)
자유주의자들은 남자를 가리키는 단어 안트로포스(ἄνθρωπος)는 남자와 여자를 다 가리키는 명칭이므로 남녀를 모두 나타내는 단어인 사람(person)으로 대치하였다고 궤변 한다.
물론 남자를 가리키는 단어 안트로포스는 일반적으로 남자와 여자를 다 가리키는 "사람"이라는 명칭으로도 사용되었다(마 4:4; 12:35; 요 2:25). 그러나 남자와 여자를 구별하는 의미에서 "남자"까지도 남자와 여자를 다 포함하는 사람(person)으로 대치한 것은 성 구별까지도 철폐하는 망동(妄動)이다. 그러기에 저들은 호모섹스까지도 허용하지 않는가?

⑤ **"형제들"** 을 **"형제자매들"** 로(Brethren → Brothers and Sisters)
자유주의자들은 주장하기를 성경에 형제들이란 형제 자매들을 가리킨다고 하면서 형제들을 형제자매들이라는 명칭으로 바꾸었다.
물론 형제들이란 단어 아델포스(ἀδελφός)는 여러 가지 의미로 사용되었다. 친구들을 가리키기도 하며(요 20:17), 형제들을 가리키기도 하며(마 1:2; 14:3), 이웃을 가리키기도 하며(마 5:22, 23, 24; 18:15, 21), 같은 민족을 가리키기도 하며(행 3:17; 롬 9:3), 예수님을 따르는 무리들을 가리키기도 한다(마 28:10). 그러나 같은 부모 밑에서 태어난 남자 형제들(brothers)만을 가리킬 때도(행 7:23, 26; 히 7:5) 자매들(sisters)이란 말로 대치할 수 있는가? 이는 어불성설이다.

⑥ **"아브라함"** 을 **"아브라함과 사라와 하갈"** 로(Abraham→Abraham and Sarah and Hagar)

여권운동자들은 주장하기를 아브라함이라는 이름에 사라와 하갈의 이름을 더 추가함으로 아브라함의 자녀들이 사라의 계통인가? 하갈의 계통인가?를 알 수 있다고 궤변한다. 그리고는 마태복음 3:9 "속으로 아브라함이 우리 조상이라고 생각하지 말라"는 말씀을 "아브라함을 우리의 아버지로 사라와 하갈을 우리의 어머니라고 생각하지 말라"고 임의로 추가하였다. 저들은 하나님의 말씀은 일점일획이라도 가감할 수 없다는 무서운 계명(계 22:18, 19)도 아랑곳없다.

⑦ **"경찰"** 을 **"경찰관"** 으로(Policeman → Police officer)

폴리스(police) 다음에 접미어로 맨(man; 남자)이 붙었으니 맨(남자) 대신에 어휘서(officer; 관)를 붙이므로 남녀경찰관 모두에게 사용할 수 있다고 한다.

⑧ **"의장"** 을 **"의장"** 으로(Chairman → Chairperson)

의장(chairman)은 체어(chair) 다음에 접미어로 맨(man; 남자)이 붙었으니 맨(남자) 대신에 펄슨(person; 사람)으로 고쳤다.

13) 외국의 전통적 교회들은 다 여성 안수를 시행한다는 궤변

여성 안수 찬동자들은 주장하기를 "우리와 신앙 교류를 같이하는 다른 나라들의 전통적 교회들은 다 여성 안수를 허락한다. 국제 교류적 측면에서도 여성 안수를 허락하여야 한다"고 주장한다.

반증(反證):

먼저 여성 안수를 실시하는 다른 나라들의 소위 전통적 교회들이란 어떤 교회들인가를 바로 알아야 한다. 우리나라의 교회들과 교류하는 다른 나라들의 교회들도 자유주의 교회들 아니면 신비주의 교회들이다. 실례로 우리나라의 통합측 장로교와 기장측 장로교가 교류하는 미합중국장로교(P.C.U.S.A.), 기독교감리회와 교류하는 미국연합감리교(U.M.C.) 등은 극도로 타락한 자유주의 교회들이며, 우리나라의 순복음 하나님의 성회(기하성)와 오순절 성결 교회와 교류하는 미국의 하나님의 성회는 현대 방언과 신유의 은사를 강조하는 신비주의 교회들이며, 구세군은 오래 전부터, 영국 성공회는 1974년부터 여성 안수를 실시하고 있다. 이들 교회들은 여자 목사, 히피 목사는 물론 호모섹스 목사들도 있다. 이 교회들은 오래 전부터 신앙고백이 일치하지 않는 교회들과 비성경적 연합 운동(Ecumenical Movement)도 하고 있다. 그래도 이들 교회들이 전통적 교회들이라고 말할 수 있는가?

14) 여성안수 반대는 생명경시라는 주장

여성안수 찬동자들, 여권운동자들은 여성안수 반대를 생명경시와 동일시하여 여성안수 반대는 생명을 경시하는 것이라고 주장한다(예장 합동 총회장 여성비하? 생명경시 발언 대책위원회).

반증(反證):

여성안수 반대와 생명경시는 전연 무관한 일이다. 그러므로 여성안수 반대와 생명경시를 동일선상에서 왈가왈부하는 것 자체가 납득이 안 되는 논리적 모순이다.

생명은 생명체를 존재케 하는 원동력이다. 원동력이란 생명체를 활동시키는 힘이다. 영존하시는 하나님은 모든 피조물들의 생명의 근원이시다. 그러므로 생명은 하나님께 속한 것이요 우리의 것이 아니다.

사람의 생명은 천하보다 귀하다. 예수님은 말씀하시기를, "만일 사람이 온 천하를 얻고도 제 목숨을 잃으면 무엇이 유익하리요, 사람이 무엇을 주고 제 목숨을 마꾸겠느뇨?"(마 16:26)

그런데 아이러니칼한 것은 소위 생명을 중시한다는 여권운동자들과 여성안수 찬동자들과 자유주의자들은 오히려 산아제한(Abortion)을 찬동한다. 산아제한은 무제한 어린 생명을 죽이는 살인죄이다. 생명의 근원이시오 부여자이신 하나님은 살인하지 말라(출 20:13; 창 9:5-7; 제6계명)고 명령하셨다.

15) 여성안수 반대하는 자들은 철저히 회개하고, 여성안수 반대제도를 철폐하라는 궤변

최근 "예장합동 총회장 여성비하 생명경시 발언 대책위원회"에서 있은 윤철호 교수의 특강의 마지막 발언들 중의 하나.

반증(反證):

모든 사람은 양심의 자유, 신앙의 자유가 있다. 이는 언론의 자유, 결사의 자유와 더불어 인간의 기본권이다. 그러므로 사람은 누구든지 양심의 자유, 신앙의 자유의 원리에 입각하여 어떤 종파, 어떤 교단의 신앙노선, 교리적 입장, 예배의 형태 등등을 선택하느냐의 문제는 전적으로 각 개인에게 달려 있다.

그러므로 자신의 신앙관은 자신에게 있어서는 생명과 같다. 반대로 다른 사람에게 있어서는 다른 사람들도 그들의 양심의 자유, 신앙의 자유의 원리에 입각하여 어떤 종파, 어떤 교단, 어떤 신앙노선을 선택하는 여부는 전적으로 자기 자신에게 달려 있다.

따라서 나의 신앙관과 다른 사람의 신앙관은 전적으로 반대될 수 있다. 그 때에 나는 다른 종파, 다른 신앙에 관하여 나의 신앙의 세계에서 잘못된 신앙, 잘못된 교리 등에 관하여 가르쳐야 하며, 단번에 주신 믿음의 도리를 위하여 힘써 싸워야 한다(유 3). 그러나 자기의 신앙관과 배치된다 하여 그 세계 사람들에게 "회개하라, … 철폐하라"고 주장하는 것은 월권이요, 양심의 자유와 신앙의 자유의 원리에 위배된다.

3. 여성 안수 제도의 진전 과정(Developments in Womens Ordination throughout Church History)

1) 1927년 배교와 불신앙으로 타락된 자유주의 교회들의 연합단체인 세계교회협의회(W.C.C.)의 모체 중에 하나였던 신앙과 직제 위원회 Commission on Faith and Order)가 1927년 스위스의 로잔(Lausanne)에서 처음 모였을 때 400명의 대표들 중 7명이 여성들이었다. 여성 대표들은 교회 내에서의 여성의 사역과 직분에 관하여 진술하기를 "교회 내에서의 여성의 올바른 위치는 모든 사람들의 정신과 마음에 새겨져야 한다"고 하였다.75)

2) 1948년 8월 22일부터 9월 4일까지 화란의 암스테르담에서 147개 교단 352명의 대표들이 모여서 세계교회협의회(W.C.C.)를 조직한 그때도 "여성의 완전 목회사역에 합의하지 못하였다"고 함으로 일부 자유주의교회들이 여자 목사 제도를 채용하고 있으면서도 여자 목사 제도의 찬반의 합의점을 찾지 못하였음을 보여준다.76)

3) 1961년도 11월 18일부터 12월 6일까지 인도의 뉴델리에서 모였던 W.C.C. 제3차 총회 시에 W.C.C.의 신앙과 직제 위원회는 가정, 교회, 사회, 남녀 협력 분과 위원회와 협력하여 여자 목사 제도를 연구하도록 요청받았다.

4) 이에 호응하여 불란서 파리에서 모였던 신앙과 직제 위원회는

---

75) *Faith and Order, Proceedings of the World Conference, Lausanne*, 3-21 Aug. 1927, H. N. Bate, N. Y. 1927, pp. 372-3
76) *The First Assembly of the WCC,* Amsterdam, 22 Aug. to 4 Sept, 1948. W. A. Vissert's Hooft, N. Y. 1949, p. 147

1963년도 7월 12-26일까지 캐나다 몬트리얼에서 모였던 제4차 신앙과 직제 위원회에 "여자 목사 안수에 관한 연구 보고서"가 나왔다. 이 연구보고서는 여자 목사 문제에 대하여 적극 찬동하였다. 그리고 "목회사역에 있어서의 여성"이라는 주제하에 연구를 계속할 것을 추천하였다.77)

5) 1967년 영국의 브리스톨(Bristol)에서 모였던 신앙과 직제 위원회는 "현재 교회 연합 협상에서 제기되는 문제들 특히 여자 목사 문제에 관하여 연구하도록" 결의하였다.78)

6) 1968년 7월 4일부터 20일까지 스위스의 웁살라(Uppsala, Switzerland)에서 모였던 W.C.C. 제4차 총회에서는 여자 목사 문제에 관하여 더욱 적극적으로 호응하고 찬동하는 피치를 들었다. "현재 여자 목사 제도가 점차 증가한 것과 이 경험에 비추어 신학적인 반영이 더 있어야 한다"고 하였다.79)

7) 1970년도에 "앞으로 다가 올 안수 문제는 무엇인가?"라는 W.C.C. 조사에 의하면 당시 215개 W.C.C. 회원 교단들 중 "72개 교단들이 여자 목사 제도를 허락하고 있다"고 하였다.80)

8) 1971년 W.C.C.의 신앙과 직제 위원회가 루베인(Louvain)에서 모였을 때 여자 목사 문제에 관하여 토론에 더욱 집중하였다. "19세기 동안의 여자 목사 제도 반대세력을 무시할 수 없다. 그러나 전통은 교

---

77) *Concerning the Ordination of Women, Depts on Faith and Order and Cooperation of Men and Women in Church, Family and Society*, WCC: Geneva, 1964, p. 5
78) *Faith and Order Paper* No. 9. 1968, p. 148
79) *Official Report of the Fourth Assembly of the WCC, Uppsala*, 4-20 July 1968, WCC: Geneva, p. 250
80) C. F. Parvey, *Ordination of Women in Ecumenical Perspective*, WCC, Geneva, 1980, p. 9

회에서 변하고 있다. 여자 목사 문제는 취급하여야 하며 그때는 바로 지금이다"라고 성명을 발표하였다. 남녀의 동등한 공동참여 문제에 관하여 활발히 토의하면서 남녀의 공동 참여야말로 참된 공동사회의 지표가 된다고 주장하였다. 목회사역에 남녀 상호 인정을 강조하고 이것이 복음에 대한 반응의 한 형태라고 하였다. 여자 목사 제도는 교회정치와 헌법에 관련된 것이요, 교리 문제가 아니라고 주장하였다.[81]

9) 1975년도 11월 23일부터 12월 10일까지 아프리카 케냐의 수도 나이로비에서 개최되었던 W.C.C. 제5차 총회에서도 여자 목사 제도를 제2분과와 제5분과에서 취급하였다. 제2분과에서는 "연합은 완전한 이해를 요구한다"라는 제목 하에, 제5분과에서는 "교회와 사회에 있어서의 여성; Women in Church and Society"이라는 제목 하에 여자 목사 제도를 토의 및 결의하고, 이 안건에 대한 특별 건의서를 W.C.C. 총회에 건의하였으며, W.C.C. 총회에서는 그 건의서를 채택한 후 W.C.C. 산하 회원 교단들에게 여자 목사 제도에 관한 결의문을 추천 및 권장하였다.

W.C.C. 제5차 총회의 결의 채택 사항들
여자 목사 제도에 관하여 결의 채택한 사항들은 다음과 같다.
① 세계교회협의회(W.C.C.) 산하 회원 교단들은 여성들의 신학적 교육을 위한 자금을 마련할 것.
② 회원 교단들은 모든 결의기관들 안에 적극적인 여성 참여를 보장할 것.
③ 여자들에게 목사 안수를 허락하는 교회들은 남자들과 동일한 기회를 제공하고, 동일한 급료를 지급할 것.
④ 여자 목사 제도에 신학적 반대 입장을 취하지 않는 회원 교회들은

---

[81] *The Ordained Ministry in Ecumenical Perspective Study Encounter*, vol. 8. NO. 4. 1972, p. 12

모든 안수직 목회사역에 여자들이 참여하도록 행동을 취할 것.

⑤ 여자들에게 목사 안수를 허락하는 회원 교회들, 다른 교파들과 대화를 나누지 않는 교회들, W.C.C.에 가입하지 않은 비회원 교회들 모든 교회들에게 여자들이 받은 은사의 척도에 따라서 안수직 목회사역에 전적인 여성참여를 권장한다"고 하였다.[82]

실제상 W.C.C.는 나이로비 총회에 참가하는 대표들 중 상당수의 여성들이 포함되어야 한다고 회원 교단들에게 강조하였으며, 그 결과 그 총회의 "총대 20%는 여성들이었다".[83]

10) 1975년 헬렌 스파울딩(Helen Spaulding)이 마련하고 W.C.C.의 교회와 사회분과 위원회에서 주최한 "여자 목사 안수에 관한 보고서"에 의하면 "당시 295개 회원 교회들 중에 104개 교회(교파)들이 여자 목사 제도를 허락하고 있으며, 기타 교회들은 보고하지 않았다"고 하였다(Ibid.). 그러나 동년(1975년) W.C.C.의 자체조사에 의하면 W.C.C. 회원교단들 중 ⅔이상이 여자 목사 안수를 허락한다고 보고하였다.

11) 1978년도 8월 15일부터 30일까지 인도의 방갈로에 있는 기독교 에큐메니칼 센터에서 모였던 W.C.C.의 신앙과 직제 위원회에서는 W.C.C.에 13개 추천사항들을 건의하였는데 그 중에 제9항의 내용에 의하면, "여러 교회 단체들에게 여자 목사 안수를 권장한다"고 하였다.[84]

세계교회협의회(W.C.C.)의 "교육 목적 중 하나는 교회와 사회에 여성 참여를 증가하기 위함이다"고 하였다.[85]

---

82) *A Report on Sexism from the Nairobi Assembly of the W.C.C* .in 1975
83) Alan A. Brash, The W.C.C., Geneva, W.C.C., 1981, p. 21
84) *Sharing in One Hope, Commission on Faith and Order*, Bangalore, India, 1978, WCC, Geneva, pp. 269-70

여자 목사 제도는 자유주의 신신학 노선을 걷고 있는 교회들, 신오순절주의(신비파) 교회들, 군소 독립교단들, 그리고 지금은 소위 복음주의 노선을 걷는다고하는 신복음주의 교회들 대다수가 채택하고 있다. 한국에 교회들 다수는 앞을 다투어 여성도들에게 목사 안수를 줌으로 여자 목사 홍수시대가 이미 도래 되었다. 더욱이 급진적 자유주의 노선을 걷고 있는 일부 교회들(예를 들면 미국 장로교나 미국연합감리교 같은 교파들)은 여자 목사는 물론 히피 목사, 호모섹스 목사까지도 허용하고 있다. 분명히 앞으로는 더 많은 여성들이 목사 안수를 받고 교회의 강단을 점령하게 될 것이다. 그 증거로는 여자 목사 제도를 채택하고 시행하는 "교파 신학교들의 학생수의 30-40%가 여학생들"이라는 사실에서도 입증할 수 있기 때문이다.[86]

4. 여성 안수를 시행하는 교회들(Churches Which Ordain Women)

1) 한국의 교회들

현재 우리나라에서 여성 안수를 실시하고 있는 교단들은 대한예수교장로회(통합), 한국기독교장로회(기장), 기독교대한감리회(기감), 순복음하나님의 성회(기하성), 구세군대한본영, 대한성공회, 기독교대한 복음교회, 오순절성결교회, 기독교대한성결교회(기성)와 예수교대한성결교회(예성), 독립교단(김상복 · 박조준 목사 계통) 그리고 여러 군소 독립교회들에서도 여성 안수를 주기 시작하였으며, 대한예수교장로회(합동정통), 대한예수교장로회(합신측), 심지어는 보수장자 교단이라고 자처하는 대한예수교장로회(합동측) 일부에서와 고신측 일부에서도 공공연히 공개적으로 여성 안수를 주장하고 있는 실정이다. 지금은 말세라 여자 목사 홍수시대가 되었도다 !

---

85) Ans J. Van Des Bent, *What in the World is the W.C.C.?*, p. 40
86) Parvery, op. cit. p. 13.

① **대한예수교장로회(통합측)(The Presbyterian Church of Korea)**

이 교단은 자유주의 교회들의 연합단체인 한국기독교교회협의회(N.C.C.)와 세계교회협의회(W.C.C.)의 정회원이다.

주소: 서울시 종로구 연지동 135 한국 교회 100주년 기념관 303호, (전화) 741-4350-3, 교육국 708-3226, FAX. 745-5416

(1) 교단 역사

1884년 F9월 22일 미국북장로교 알렌 선교사(Horace N. Allen) 내한하여 의료선교 시작.

1885년 4월 5일 주일 미국북장로교 언더우드(Horace D. Underwood) 선교사가 도착.

1901년 평양신학교(현 총신대학교 전신) 개교.

1907년 9월 17일 조선예수교장로회 독노회 창립(평양 장대현 교회에서).

1912년 9월 제1회 예수교장로회 총회 창립(7노회 목사 96, 장로 121) 중국 산동성으로 3명의 선교사 파송.

1938년 제27차 총회시 신사참배 결의.

1943년 4월 조선 예수교장로회 총회 해체되고 일본 기독교 조선 장로교단으로 흡수 통합.

1946년 해방 후 남한에서 남부총회로 재건.

1949년 조선예수교장로회에서 대한예수교장로회로 명칭 변경.

1959년 9월 24일 제44회 총회(대전 중앙 교회에서) 개회 벽두에 총대 148명은 대전 미락식당에서 회의하고 그날 밤 상경하여 연동교회에서 그리고 새문안 교회에서 연속 회동하고 보수측(합동측)으로부터 분립하였다. 이 교단을 통합측이라 부른다.

(2) 여성 안수

대한예수교장로회는 1907년 선교사 33명과 한국인 장로 36명이 모여 첫 독노회가 창설되던 때부터 목사와 장로의 자격을 "목사와 장로는 세례받은 남자이어야 한다"고 규정하였다. 헌법 제5항 23조 5항 "목사의 자격을 27세 이상된 남자"로 규정하고 있다.

1930년 미국연합장로교회(U.P.C.: United Presbyterian Church)가 여성에게 시무장로를 허락한다는 결의를 하게 되자, 1932년 경안노회가 이 문제에 대하여 총회에 "어느 성서에 근거하여 이런 결정을 했으며, 동일한 신조를 갖고 있는 우리 교회는 왜 저들과 다르게 해석하느냐"는 질의를 하였다. 이에 대해 총회는 답하기를 "우리와 상관할 것이 없고, 우리 조선장로교는 본 정치에 의하여" 여자 장로를 세울 수 없다고 답했다.

그러나 이 문제는 1933년 함남 여전도회가 본격적으로 여장로 제도를 실현해야 한다고 강조하면서 청원 운동에 나서, 제22차 총회에 헌의할 것을 목표로 서명운동을 벌여 회장 최영혜 이하 회원 103명의 연서로 함남노회에 제출하였다. 노회는 이들의 청원을 인정하여 정식으로 총회의 헌의안으로 제출케 되어 최초로 여성 안수 문제가 총회의 의제로 상정되었다. 총회는 이 안건을 토의하였으나, "정치 제5장 3조를 개정할 필요가 없음으로 허락할 수 없사오며…"라는 이유로 기각하고 말았다. 1934년에도 동일 안건을 제출하였으나 총회는 강력히 반대하였다. 그러나 자유주의자들은 1970년대 이후부터는 거의 해마다 여성 안수 청원건을 총회에 상정하였고 드디어 1994년 총회에서는 여성 안수 청원건이 통과되었다.

1994년 9월 12일 김기수 총회장이 사회한 제79회 총회에서 여전도회지도위원회와 24개 노회가 청원한 여성 안수가 찬반 토론 없이 투표에 부쳐졌으며 총대 1,822명 중 총투표수 1,321표 중에서 가(可)701표, 부(否)612표, 기권 8표로 겨우 통과시켰다.[87]

1995년 3월 7일부터 5월 11일까지 실시한 51 봄노회에서 여성 안수 수의 결과 총집계 72.84%로 헌의 역사 62년 만에 여성 성직의 법

---

87) 기득공보 1994. 9. 17, 1#

제화가 이루어졌다.

1995년 5월 27일 교단 총회에서 여성 안수 헌법 개정을 공고함.

1996년 9월 제81회 교단 총회 목사고시 합격자 중 여성 77명이 합격되었음을 보고하다.

1996년 가을노회에서 19명의 여자 목사가 안수받다. 가을 노회 고시를 통해 여장로 고시 합격자 13명이 장로 임직되다.

1997년 4월 현재 여자 장로 피택자 10명, 여자 목사 안수 대기자 58명.

1997년 5월 14일 목사 고시 일에 여성 응시자 163명.

2008년 문화체육부 통계에 의하면 교단의 교역자 수가 19,337명으로 나타났으며 그 중에 상당한 수가 여교역자 · 여자 목사들이다.

② 한국기독교장로회(기장측, The Presbyterian Church in the Republic of Korea)

이 교단도 자유주의 교회들의 연합단체인 한국기독교교회협의회(N.C.C.)와 세계교회협의회(W.C.C.)의 정회원이다.

주소: 서울시 종로구 연지동 136-46 한국기독교회관 1501호, (전화) 02) 708-4201-6, 392-3549, Fax. 02) 708-4027, 여목 02) 708-4033.

(1) 교단 역사

1952년 대한예수교장로회 제37차 총회 시 김재준 목사 제명.

1953년 6월 10일 제38회 총회에서 분립한 김재준 목사 일파가 한국신학대학에서 따로 회집하고 교회분열을 가져왔다.

1954년 6월 제39회 총회에서 총회 명칭을 "대한기독교장로회"로 개칭.

1961년 5월 제46회 총회에서 총회 명칭을 "한국기독교장로회"로 개칭.

(2) 여성 안수

1955년 5월 제41회 총회에서 "여자 장로 제도 채택".

1974년 9월 제59회 총회에서 "여자 목사 제도 채택".

1977년 11월 경기노회에서 양정신 씨를 안수하여 첫 여자 목사가 탄생되었다.

2003년 90여 명의 여자 목사들이 있다. 지금은 상당수의 여자 목사들이 있다.

③ 기독교대한감리회(Korea Methodist Church)

이 교단도 자유주의 교회들의 연합단체인 한국기독교교회협의회(N.C.C.C.)와 세계교회협의회(W.C.C.)의 정회원이다.

주소: 서울시 중구 태평로 1가 64-8, 감리회관 20층, (전화) 399-4300-2, 여목 02) 792-9629

(1) 교단 역사

1885년 4월 5일 최초의 감리교 선교사 아펜셀라 부부 입국.

1887년 정동제일교회 설립.

1895년 미국남감리회 리드 선교사 내한 선교 시작.

1904년 5월 김창식, 김기범 최초로 개신교 목사가 되다.

1905년 협성신학교(감신대 전신) 개교.

1918년 남감리회 한국 연회 조직.

1930년 남·북감리회 합동 → 기독교조선감리회 창설.

1931년 제1회 연합연회와 만주선교연회가 조직.

1949년 4월 20일 재건파와 복구파가 합동하여 대한기독교 감리회로 발족.

(2) 여성 안수

1931년 미국연합감리교 소속으로 한국에서 사역하고 있던 미국인 여선교사 14명에게 목사 안수를 주었다. 미국 여자 선교사들의 목사 안수는 한국교회에 큰 영향을 주었다. 그러기에 감리교에서는 같은 해에 여자 목사, 여자 장로 제도를 채택하고 같은 해 6월에 연합감리교 여선교사들이 양주삼 총리사에게 안수하여 한국 최초로 여자 목사가 탄생되었다. 지금은 여자목사들이 많이 있다.

④ 하나님의성회(The Assemblies of God)

하나님의 성회를 한국에서는 "순복음교회"라고 부른다. 하나님의 성회를 영어로는 일명 Pentecostal Church(오순절 교회)라고 부른다. 그들의 이론과 주장에 의하면 "오순절 교회란 오순절날 초대교회에 성령이 임하여 성령세례를 받은 사도들의 신앙을 따르는 교회라는 뜻이다"라고 한다.[88] 오순절 계통의 교회들은 "성령세례"를 강조한다. 그들은 주장하기를 성령세례를 받으면 사도 시대처럼 방언을 말하며 병 고치는 역사가 일어난다고 한다. 그러므로 오순절 계통의 교회들은 자신들의 교회들을 자칭 사도적 신앙 운동(Apostolic Faith Movement), 방언 운동(Tongues Movement), 늦은비 운동(Latter Rain Movement) 또는 순복음(Full Gospel, 충만한 복음)이라고도 부른다. 그러나 그들의 "오순절주의" 또는 "오순절파"라는 명칭은 신오순절주의 또는 신오순절파교회들(N대 Pentecostal Churches)라고 정의하여야 옳다. 그 이유는 오늘날의 오순절파는 초대교회에 있었던 오순절 성령의 역사와는 본질상, 성질상 판이하기 때문이다.

⑤ 기독교대한하나님의성회(The Korea Assemblies of God)

주소: 서울시 종로구 평동 222번지 총회회관 301호, (전화) 02)720-6832, 737-4071, Fax. 737-4396.

1996년 6월 N.C.C.에 가입. 여성 안수는 교단 처음부터 있었다. 기독교대한하나님의 성회는 신오순절파 교회로서 신비파이다. 신비파 교회가 자유주의 연합단체인 N.C.C.에 가입한 것은 도저히 이해할 수 없다.

---

88) 이영훈, 『순복음교회의 신앙과 신학』, p. 312.

조용기 목사는, "일단 여자들이 목회로 부름을 받으면 그들은 더 이상 여자의 범주에 속하지 않는다. 그들은 주의 사자들이다"라고 말했다.[89]

⑥ 구세군대한본영(Salvation Army Territorial H. Q. for Korea)

한국의 구세군 대한 본영은 한국의 자유주의 교회들의 연합단체인 한국기독교교회협의회(N.C.C.)의 정회원이다. 구세군 본부는 오래 전에 N.C.C.의 상부인 세계교회협의회(W.C.C.)가 인종차별투쟁사업(P.C.R.)이란 명목으로 공산주의 게릴라 단체들에게 막대한 자금을 계속 지원하여 온 사실과 자유주의의 첨단을 걷고 있음으로 탈퇴하였지만, 구세군 대한 본영은 K.N.C.C.에 계속 남아 있다.

주소: 서울시 종로구 신문로 1가 58-1
(전화) 732-1402-6

(1) 교단 역사

구세군의 창설자: 윌리암 부트(William Booth, 1829 - 1912)는 영국 낫팅함(Nottingham)에서 태어나 1844년에 회심하였다. 후에 그는 감리교회의 목사가 되었으나 1861년 목사직을 사임하였다. 그는 1865년 7월 2일 "기독교선교회"라는 이름으로 런던의 가난한 사람들에 대한 불쌍한 마음을 가지고 교회 운동을 펼치게 되었고 그것이 구세군의 효시가 되었다. 당시 영국의 사회현실은 산업혁명 후기 증상으로 많은 실업자와 빈민들이 생겨나게 되었고 정신적 타락과 알콜 중독, 윤락행위 등 제반 사회 문제가 심각하게 대두되었다. 이때에 윌리암 붓트는 노천 광장, 극장, 공장 기타 여러 곳에서 음악을 동반한 전도와 빈민구호활동을 하게 되었다. 1878년에는 기독교 선교회를 구세군(Salvation Army)이라 개칭하고 윌리암 붓트는 구세군을 대표하는 초대 "대장"이 되었다. 현재 구세군은 러시아과 동구권을 포함한 104개 국에서 복음전도사업을 통한 영혼구원과 사회사업을 통한 이웃사랑

---

89) 조용기, *Christian News*, 1998. 1. 15.

을 전개해 나가고 있다. 그들의 현대적 표어는 "마음은 하나님께, 손길은 이웃에게"(Heart to God, Hand to Man)이다.

구세군의 특징: 군대식 조직, 복장과 계급, 용어 등이다. 목회자는 '사관'이라 하며 사관은 구세군 사관학교를 졸업한 후 사관으로 임관될 때 계급은 '부위', 5년이 지나면 '정위', 정위로부터 15년이 지나면 '참령', 참령 이후부터는 특별한 직책이 주어졌을 때 '부정령', '정령', '부장', '대장'의 계급으로 진급하게 된다. 한 나라의 구세군 대표자는 사령관, 전 세계 구세군 대표자는 대장이라고 한다.

(2) 한국 구세군의 역사

구세군의 해외선교는 1880년부터 시작되어 유럽 여러 나라와 캐나다, 미국 등에 전파되었고, 동양에서는 1895년 처음으로 일본에 전파되었다.

한국에 구세군이 전파된 것은 1907년 구세군 창립자인 윌리암 붓드 대장의 일본 순회집회 때 참석했던 조선 유학생의 요청에 따라 1908년 10월 2일에 정령 허가두 사관(Colonel Hoggard 영국인)에 의해 한국 선교가 이루어지게 되었다. 1908년 11월 22일에 한국 구세군의 첫 번째 영문(교회)인 서울제일영문이 개영 하게 되었다. 그 후 비약적인 발전을 거듭하여 초대 한국 사령관인 허가두 정령의 8년 간 재임기간 동안 사관 87명, 교인 2,753명, 영문 78개소를 개척하는 놀라운 모습을 보여주었다.

사회사업은 1918년 한 독지가의 기부금으로 서대문구 충정로에 아동구제시설인 혜천원을 설립한 것을 시작으로 1926년에는 윤락여성을 위한 여자관과 교육사업인 학교를 설립하였다. 그리고 1924년부터는 천재지변에 구호를 실시하는 긴급구호를 시작하는 등 사회사업에 활발한 활동을 펴서 구세군에 대한 관심을 갖게 하였다. 일제하에서의 선교는 일본의 2차 세계대전 참전으로 탄압이 시작되었고 1940년에는 세계적 조직인 구세군이 스파이 행위로 의심받아 오던 중 1941년 일본 구세군에 의해 구세단으로 명칭이 변경되고 해외 사관들은 모두 귀국 조치시키는 등 일본 구세군에 의해 운영되다가 1943년 전쟁에 협조하지 않는다 하여 강제 폐쇄 조치되어 지하교회로 그 명맥을 이어오던 중 1947년 새로운 사령관의 부임과 더불어 사업이 재개되었다. 이때 시작한 의료사업(영동구세병원)은 미국인 리차드 박사의 적극적인 참여로 사회사업에 새로운 장을 여는 듯 했으나 1950년 발발한 한국전쟁으로 당시 구세군 사령관이던 로오드 부장은 피납되었고, 진주 영문 담임사관이던 노영수 참령은 순교 당하는 등 많은 피해를 당하는 수난이 계속되었다.

1909년 이래 구세군은 그 동안 20명의 사령관이 바뀌어 오는 동안 현재에는 180여 개의 영문(교회)과 110,000여 명의 교인, 496명(독신 34명 나머지는 동부인)의 사관 그리고 67여 개의 사회사업시설을 운영하는 등 선교와 사회사업에 활동을 보이고 있다. 구세군 사관(목사)은 부부가 같이 하므로 여자 사관은 약 260명이 넘는다.

2) 미국 자유주의 교회들의 여성 안수(American Churches Which Ordain Women)

① 미국장로교(Presbyterian Church in U.S.A.)

이 교단은 미국의 자유주의 교회들의 연합단체인 미국교회협의회(N.C.C.C. in U.S.A.)와 전 세계 자유주의 교회들의 연합체인 세계교회협의회(W.C.C.)의 정회원이다.

주소: 100 Witherspoon St. Louisville, KY. 40202

TEL.(888)728-7228, FAX.(502)569-5018

(1) 교단 역사

미국 장로교의 시작은 존 낙스(John Knox)가 스위스의 제네바에서 존 칼빈(John Calvin)으로부터 배우고 1559년 영국 스코틀랜드로 돌아와 스코틀랜드에서 장로교를 세움으로부터 시작되었다. 그러나 스코틀랜드와 아일랜드의 장로교도들의 상당수는 영국국교와 로마 천주교의 핍박으로 인하여 1620년대에 신앙의 자유를 찾아 대서양을 건너 미대륙 동북부로 이민 정착하게 되었다. 이들을 청교도들이라고 한다. 이들은 1611년에 버지니아 주에, 1630년에는 메사추세츠 주와 콘넥티컷 주에, 1640-43년에는 롱 아일랜드와 뉴욕 주에 장로교회들을 세우게 되었다.

1680년에는 메릴랜드 주에 정착한 청교도들이 본국 스코트랜드와 아일랜드 장로교에 교역자들을 파송하여 줄 것을 요청하였다. 이 요청에 응하여 아일랜드 장로교는 매키미(Makemie, 1658-1708) 목사를 1683년 북미 선교사로 파송하였다.

1706년에는 매키미 목사를 중심으로 6명의 교역자들이 필라델비아에서 장로교 첫 노회(Presbytery)를 조직하였다. 1716년에는 노회를 대회(Synod)로 승격시키고, 1717년에는 첫 대회를 개최하게 되었고, 1789년에는 총회(General Assembly)로 승격되었다.

초대 총회장에는 "미국독립선언문"에 목사로서는 유일하게 서명한 존 위터스푼(John Witherspoon)이 당선되었다. 미국 장로교는 1729년에는 웨스트민스터 신앙고백서를 신앙고백서로 채택하였다. 1861년 미국 시민전쟁(남북전쟁 1861-1865)으로 인하여 교회들이 남북으로 갈라져 북부에는 북장로교, 남부에는 남장로교가 되었다. 미국 북장로교는 1858년에 조직 된 연합장로교와 1958년 펜실베니아 주 피츠버그(Pitsburg, Pa.)에서 연합하여 연합장로교(U.P.C.)라 개칭하고, 이 교회들은 오랜 세월 후에 1983년 6월 10일 조지아 주 아틀란타 시(Atlanta, Ga.)에서 에큐메니칼 운동의 일환으로 123년 만에 다시 합하여 교단 명칭을 미국 장로교(P.C.U.S.A.)라고 다시 개칭하였다. 현재 교세는 대략 375만 정도이다.

(2) 여성 안수

미국연합장로교(U.P.C.)에서는 1922년에 여자 집사 제도를, 1930년에는 여자 장로 제도를, 1955년에는 여자 목사 제도를 가결하였다. 그리하여 1956년 마가렛 타우너(Margaret E. Towner)가 최초로 미국 장로교 여자 목사가 되었다. 1971년에는 스테어(Lois H. Stair) 씨가 여성으로 총회장이 되었다.

미국 북장로교(N.P.C.)에서는 1964년 여자 목사 제도를 채택하고 1965년 레이첼 헨더라잇(Rachel Henderlite)이 첫 여자 목사가 되었다. 1986년 N.C.C.C.의 통계에 의하면 이 교단의 여자 목사 수는 1,519명으로 나타났다.

미국 장로교는 한국의 대한 예수교 장로회(통합측: 장신대 계통)와 대한 기독교장로회(기장측: 한신대 계통)와 더불어 세계교회협의회(W.C.C.)의 정회원들로서 오래 전부터 신앙적 신학적 여러 면에 밀접한 관계를 맺고 있음으로 이들 한국의 자유주의 장로교회들은 미국 장로교의 영향을 받지 않을 수 없다. 그러므로 이 교회들은 날이 갈수록 점점 더 자유주의화 되어가고 있다.

② 미국연합감리교(The United Methodist Church)

이 교단도 미국의 자유주의 교회들의 연합단체인 미국교회협의회(N.C.C.C.)와 전 세계 자유주의 교회들의 연합단체인 세계교회협의회(W.C.C.)의 정회원이다.

TEL.(615)742-5406, FAX.(615)742-5423

(1) 교단 역사

원래 감리교 운동은 영국의 부흥사 존 웨슬리(John Wesley)의 사역으로 영국에서 시작되었다. 그러나 미국 감리교의 발단은 1784년 발티모(Baltimore)에서 있었던 크리스마스 회의(Christmass Conference)가 조직적 교회의 시작으로 간주된다. 그리고 초대 감독에는 후랜시스 아즈베리(Francis Asbury)가 피선되었다. 미국감리교는 1930년 남북 감리교회가 연합하여 연합감리교가 되었으며, 1939년에는 감리감독교(남부측), 감리 프로테스탄트 교회, 감리감독교가 연합감리교 안으로 흡수되었다. 1946년에는 그리스도연합형제교와 복음교회가 합하여 "복음연합형제교회"가 되었다. 1968년 4월 28일 달라스에서 복음주의연합형제교회와 연합감리교가 또 합하여 연합감리교가 되었다.

(2) 여성 안수

미국연합감리교는 1956년 "여성의 완전한 목사 권리"(full clergy rights for women)를 인정하고, 1976년 총회에서는 여자 목사 제도를 법으로 제정하였다. 그리고 1980년 7월 17일 메조리 스웬크 매튜스 (Majorie Swank Mattews)가 최초의 여감독(bishop)이 되었다. 1986년 N.C.C.의 통계에 의하면 이 교단의 여자 목사수는 1,891명으로 나타났다. 미국연합감리교는 대한기독교감리회(기감측: 감신대 계통)와 더불어 세계교회협의회(W.C.C.)의 정회원들로서 오래 전부터 신앙적 신학적 분야를 위시하여 여러 면에 밀접한 관계를 맺고 있음으로 한국의 기독교 감리회는 미국연합감리교의 영향을 받지 않을 수 없다. 그러므로 날이 갈수록 점점 더 자유주의화 되어 가고 있다.

③ 미국기독교개혁교회(Christian Reformed Church)

주소: 2850 Kalamazoo Ave., S.E. Grand Rapids, M1. 49560.
TEL.(616)224-0744 FAX.(616)224-5895

(1) 교단 역사

미국의 "기독교개혁교회"(C.R.C.)는 1600년대 이래 화란에서 미국으로 이민 온 화란인들로 구성된 교회이다. 기독교개혁교회는 장로교와 마찬가지로 칼빈주의 신앙과 장로교 정치를 택하고 있다. 그들은 벨직신앙고백서(1561), 하이델베르그 요리문답(1563), 돌트 정경 (1618-19), 웨스트민스터 신앙고백서(1648) 등을 신앙고백서로 채택하고, 성경의 영감과 무오를 믿어왔다.

이 교단은 1847년 미국 미시간 주에서 창립총회를 열고 화란의 개혁교로부터 독립하였다. 이 교단은 미시간 주 그랜드 래피드(Grand Rapids, Mi.)에 칼빈대학과 칼빈신학교(1876)를 중심으로 2008년도 통계에 의하면 미국 전역에 776교회, 187,060만 성도, 1,340명의 교역자를 가지고 있다.

(2) 여성 안수

기독교개혁교회는 1995년 대회(Synod)에서 여성 안수를 결의하였다. 이 단체는 신오순절주의, 호모섹스 등의 문제를 안고 있다. 주초 문제는 옛날부터 개방하고 있다.

1996년 6월 11-19일까지 미시간 주 그랜드 래피드 시에서 열렸던 총회에서도 1995년 여성 안수 결의에 대한 총회 결의의 개정을 동의하지 않기로 122:54로 부결시켰다. 그리고 3명의 여자 목사 안수를 허락하였다.

④ 영국교회(성공회)(Anglican Church)

이 교회도 전 세계 자유주의 교회들의 연합단체인 세계교회협의회(W.C.C.)의 정회원이다.

주소: Church House, Great Smith st. London, SWIP 3NZ, TEL. 01-222-9011, FAX. 01-233-2660

(1) 교단 역사

기독교가 영국에도 일찍이 3세기경에 들어갔다. 6세기경에는 영국에 침입한 앵글로와 색슨족(Angles and Saxons)이 영국 교회를 진멸하였으나 생존 신자들이 로마교회와 함께 야만인들을 점차 개화시켰다.

콘스탄티노플을 중심으로 한 동방 교회들이 로마 교회를 반대하여 왔다. 드디어 로마 천주교와 동방 교회(Greek Orthodox Church)는 1054월 7월 16일 분열되었다.

한편 영국에서는 1534년 헨리 8세가 로마 천주교를 반대하여 수장령(supreme head)을 발표하고, 영국 교회를 로마 천주교로부터 독립시켰다. 헨리 8세의 누이 메리 여왕 때 영국 교회는 일시적으로 로마 천주교로 환원하였었으나 엘리자벳 1세 여왕은 영국 교회를 로마 천주교로부터 완전히 독립시켰다. 그 이후로 영국 교회는 계속 독립적으로 나아오고 있다.

영국 교회는 1662년 모든 기독교인들을 영국 교회로 단일화하려고 시도하였으나(2,000명 이상의 사제들이 떠나게 되었고) 실패하여 지금도 영국에는 영국 교회, 천주교, 개신교 등으로 나뉘어져 있다.

영국 교회는 감독(Bishop), 사제(Priest), 부제(Deacon)의 3품 성직이 있으며, 니케아 신조, 39개 신조, 공동기도문(Book of Common Prayer, 1549/1662) 등을 교리로 신봉한다.

성 어거스틴은 597년 첫 번째 캔터베리의 대주교가 되었다. 캔터베리 대주교는 영국 교회의 영적 지도자이다. 1980년 현재 지금의 대주교는 102번째 대주교이다. 캔터베리 대주교는 1867년 전 세계의 주교들을 초청하여 람베트에서 주교회의를 개최하였다. 이것이 시발점이 되어 영국 교회에서는 10년에 한 번씩 전 세계의 주교들이 모이는 람베트 회의(Lambeth Conference)가 개최된다.

(2) 여성 안수

1988년 7월 20일 - 8월 5일까지 람베트 회의가 영국 캔터베리에 있는 캔트 대학에서 개최되었다. 이 대회에는 세계 각국에서 약 500여 명의 주교들이 참석하였다. 여기서 여성 사제직을 423:28의 압도적 차이로 가결하였다.

1994년 3월 12일에는 브리스톨의 감독 배리 로저슨(Barry Rogerson)에 의하여 브리스톨 성당에서 처음으로 32명의 여자들이 안수를 받아 사제가 되었다. 안수식 설교에서 로저슨 감독(W.C.C. 중앙위원)은 "우리가 하나님의 은사를 받은 여성들을 하나님의 교회에서 목사로 안수할 수 있게 되어 기쁘다", "이날은 슬픈 날로 생각하는 이들

(여성 안수 반대자들 — 역자주)을 위하여 그리고 우리들을 하나님께서 다 연합시켜 주시기를 위하여 기도를 요청한다"라고 하였다.

캔터베리 대주교 조지 캐리(Jorege Cary)와 요크 대주교 존 합굿(John Habgood)은 브리스톨 성당에서 있었던 여성 안수는 "영국 교회의 긴 역사에서 의미 있는 이정표이다", "우리 교회 내의 다수는 여성 안수는 하나님의 뜻이라고 믿는다"라고 하였다. 그 교단의 여성 안수를 위한 운동을 벌이고 있는 크리스티나 리스(Christina Rees)도 "오늘은 위대한 날이다"라고 하였다. 이로서 영국 교회는 나머지 43개 교구에서도 여성 안수가 실시될 것이다. 그들의 보고에 의하면 약 1,200명의 여자들이 사제로 안수를 받을 것이라 한다.[90]

성공회 로마 교구에서는 1996년 11월 3일 43세의 룻 세시리아 몬제 테란 데 에라조(Ruth Cecillia Monge Teran de Erazo) 여인은 로마에서 가장 큰 성 바울 성공회당에서 여성 안수를 받고 11월 10일에는 처음으로 성찬식을 집례하였다. 이에 로마 교황청 리노 휘시켈라(Rino Fiscchella) 신부는 11월 16일 아베니레(Avvenire) 일간지에서 "최근 로마에서 성공회 신부로 안수받은 여자 신부는 '배교'(apostate) 신부가 아니라"고 선언하였다.[91]

영국 교회 내의 "여성 안수를 위한 운동"(M.O.W.: The Movement for the Ordination of Women)은 1996년 11월 9일 100명의 지지자들이 모였는데 크리스티나 리즈(Christina Rees) 회장은 말하기를 "지금 여성들이 신부들이 될 수 있으니 우리는 여성들이 자연적으로 감독들도 될 것을 희망한다"고 하였다.

이 단체는 호모섹스 신부도 받아들일 것을 주장하며 "호모섹스 기독 운동(L.G.CM.: the Lesbian and Gay Christian Movement)을 공적으로 지지한다.

미국의 성공회 감독 에드몬드 브라윙(Edmond Browing)은 말하기를

---

90) *EPS*, 1994. 3. 18.
91) *ENI*, 96. 12. 4-0667.

"여성 안수 반대는 하나님의 계속적 영감과 계시에 대한 불순종이며, 우리를 진리에서 진리에로 인도하는 성령을 거역하는 죄이다"라고 하면서 여성 안수를 전적으로 지지하였다.

미국 성공회 안에는 이미 1,000명 이상의 여사제들이 있다. 그러나 영국 성공회 안에 상당수의 신부들과 다수의 평신도들은 여성 안수를 반대하고 있다. 그들은 여성 안수를 반대하는 "신앙의 수호자들"(the Defenders of the Faith)이라는 단체를 결성하고 여성 안수 반대를 위한 운동을 힘차게 벌리고 있다. 이 단체의 회장이며 신부인 후랜시스 본(Francis Bown)은 "영국 교회의 여성 안수를 통하여 영국 교회의 죽음을 보았다"라고 하였다. 여성 안수 반대자들은 죽기까지 반대하겠다고 결심하였다.92) 그러나 영국 교회도 세월이 흐름에 따라 대세는 여성 안수쪽으로 더욱 기울어지고 있다. 한편 여성 안수에 반대하는 신부들 중에는 교단을 떠나는 신부들도 많고, 로마 천주교에 가입하는 신부들도 적지 않게 늘어나고 있다.

⑤ 현재 미국에서 여성 안수를 시행하고 있는 교회들

이 교회들은 자유주의 교회들 아니면 신오순절 계통의 교회들(신비파)이다. 그 교회들의 명단들과 여자 목사 수는 다음과 같다.

(1) 미국침례교(American Baptist Churches)
(2) 미국루터교(American Lutheran Church)
(3) 하나님의성회(Assemblies of God)
(4) 그리스도의제자(Disciples of Christ)
(5) 기독교회중교회(Christian Congregation)
(6) 하나님의성회(인디아나 주 앤덜슨 파)(Church of God; Anderson, Ind.)
(7) 형제교회(Church of the Brethren)

---

92) *ENI*, 96-0363.

(8) 나사렛교회(Church of the Nazarene)
(9) 성공회(Episcopal Church)
(10) 자유감리교(Free Methodist Church)
(11) 포스퀘어복음국제교회(International Church of th Foursquare Gospel)
(12) 미국루터교(Lutheran Church in America)
(13) 메노나잇교회(Mennonite Church)
(14) 메노나잇교회(총회)(Mennonite Church, General Conference)
(15) 모라비안교회(Moravian Church〈Unitas Fratrum〉)
(16) 미국장로교(Presbyterian Church in U.S.A.)
(17) 미국개혁교(Reformed Church in America)
(18) 구세군(Salvation Army)
(19) 그리스도연합교회(United Church of Christ)
(20) 연합감리교(United Methodist Church)
(21) 웨슬레안교회(Wesleyan Church)
(22) 유대교(개혁파, Reform Judaism) 1972년부터

여성 안수는 날이 갈수록 증가되고 있으며 미국교회협의회(N.C.C.C. in U.S.A., 미국 자유주의교회들의 연합체) 1989년도 통계에 의하면 미국에는 여자 목사가 20,730명이 넘는다고 하였다.

⑥ 현재 캐나다에서 여성 안수를 시행하고 있는 교회들

이 교회들도 미국이나 다른 나라 교회들과 마찬가지로 자유주의 교회들 아니면 신오순절파(신비파)교회들이다. 1989년도 캐나다교회협의회(N.C.C.)의 통계에 의하면 여자 목사들이 있는 교회명단을 다음과 같이 발표하였다. .

(1) 캐나다성공회(Anglican Church of Canada)

(2) 온타리오퀘벡침례교(Baptist Convention of Ontario and Quebec)
(3) 서부캐나다침례교연맹(Baptist Union of Western Canada)
(4) 아메리카침례교(American Baptist Churches)
(5) 아메리카루터교(American Lutheran Church)
(6) 하나님의성회(Assemblies of God)
(7) 성서성결운동(Bible Holiness Movement)
(8) 캐나다침례교연맹(Canadian Baptist Federation)
(9) 연합침례교(United Baptist Convention of the Atlantic Provinces)
(10) 그리스도의제자(Disciples of Christ)
(11) 기독교회중교회(Christian Congregation)
(12) 온타리오회중기독교회(Congregational Christian Church in Ontario)
(13) 하나님의성회(인디아나 주 앤덜슨 파)(Church of God; Anderson, Ind.)
(14) 형제교회(Church of the Brethren)
(15) 나사렛교회(Church of the Nazarene)
(16) 성공회(Episcopal Church)
(17) 캐나다휘스퀘어복음교회(Foursquare Gospel Church of Canada)
(18) 에스토니아복음루터교회(Estonian Evangelical Lutheran Church)
(19) 캐나다복음루터교회(Evangelical Lutheran Church in Canada)
(20) 자유감리교(Free Methodist Church)
(21) 라트비안복음루터교(Latvian Evangelical Lutheran Church in America)
(22) 아메리카루터교(Lutheran Church in America)
(23) 메노나잇교회(Mennonite Church〈Canada〉)
(24) 캐나다메노나잇협의회(Conference of Mennonite in Canada)
(25) 모라비안교회(Moravian Church in America, 캐나다 교구)
(26) 예수그리스도말일성도교회(Church of Jesus Christ Latter

Day Saints)
(27) 미국장로교(Presbyterian Church〈U.S.A.〉)
(28) 몰몬교(Reorganized Church of Jesus Christ of Latter Day Saints)
(29) 구세군(Salvation Army)
(30) 그리스도연합교회(United Church of Christ)
(31) 미국감리교(United Mcthodist Church)
(32) 웨슬레안교회(Wesleyan Church)

　미국·카나다의 교회들은 물론 전 세계 자유주의 교회들, 신오순절주의 교회들, 신복음주의 교회들 그리고 자칭 다수의 보수주의 교회들마저도 여자 목사 안수를 시행하고 있다.

제 12 장

세계교회협의회(W.C.C.)의
호모 섹스(Homo Sex, 동성혼음) 교회들

  W.C.C.는 동성애자들(homosexuals)에 대한 여하한 공적인 정책은 없다. 따라서 W.C.C. 내의 회원 교단들 중에는 호모섹스 목사, 호모섹스 신자들이 많이 있으나 어떠한 과학적 통계는 없다
  동성애자들이란 동성(same sex) 곧 남자 남자끼리(gays), 여자 여자끼리(lesbians)의 음란행위를 하는 자들을 말한다.

- W.C.C. 제3차 총회가 1961년 인도의 뉴델리에서 개최되었을 때, 일부 회원 교단들의 요청에 의하여 W.C.C.는 인간 성(human sex-uality)에 대하여 거론하기 시작하게 되었다.

- 1960년대부터 서방나라들은 반대하는 것은 동성애자들에 대한 차별이라고 주장하면서 동성애자들을 위한 법들을 제정하기 시작하였다.

- 1968년 W.C.C. 제4차 총회가 스웨덴의 웁살라에서 개최되었을 때, 총회 대표들은 일부다처, 결혼, 독신, 피임, 이혼, 낙태 그리고 또한

동성애 등의 문제점들에 대한 진지한 연구를 하여, 교회들이 책임 있는 행동지침을 할 수 있도록 하였다.

● 1975년 W.C.C. 제5차 총회가 아프리카 케냐의 나이로비에서 개최되었을 때에는 "성에 대한 신학적 연구(a Theological study of sexuality)"를 요구하게 되었다. 그리고 교회들로 하여금 각 개인들의 각기 다른 생활 선택을 지지하도록 결의하였다.

● 1983년 W.C.C. 제6차 총회가 북미 카나다의 밴쿠버(Vancouver)에서와 1991년 W.C.C. 제7차 총회가 오스트레일리아의 캔버라(Canberra)에서 개최되었을 때에는 나이로비 총회에서 결의한 내용과 유사한 지침을 권고하였다.

● 1989년 W.C.C. 중앙위원회가 모스코바(Moscow)에서 개최되었을 때 "성과 인간관계(Sexuality and Human Relations)"에 대하여 2차로 연구하고, 그 결과 1990년에는 그 연구한 "성과 인간관계에 대한 연구지침서"(A Guide to the Study of Sexuality and Human Relations)이란 제목으로 출판하여 각 지역에서 참조하도록 하였다.

● 1990년대에 이르러 W.C.C.의 여러 교단(교회)들은 동성애자들의 결혼을 허용하였을 뿐 아니라 성직자들이 결혼 주례까지도 하게 되었다.

● 1991년 캔버라 총회 기간에는 캔버라에서 남자 동성애자들(gays) 여성동성애자들(lesbians)이 따로 모여 W.C.C. 중앙위원회에 요청하는 결의문을 작성하여 보냈는데 그 결과문이란 성 선택(sexual orientation)이었다. 성 선택이란 성전환을 말한다.

그로 인하여 W.C.C. 총회를 개최한 짐바웨에서는 동성애를 찬동하는 소수의 무리들과 반대하는 다수의 사람들 사이에 강한 충돌들이 있었다.

• 하라레 총회이후 W.C.C.는 회원교회들이나 또는 회중들이 서로 상반된 견해를 대화로 해결하도록 하였으며, W.C.C. 회원 교회들은 점점 더 호모섹스 교회들이 늘어가고 있다.93)
정말 타락된 단체이다. 말세지말이로다 !

세계교회협의회 회원 교회들 가운데는 호모섹스(동성혼음) 교회들이 많이 있다. 지면상 이들 중 몇 교회들만을 실례로 제시하고자 한다.

1. 만국친교공동체교회(U.F.M.C.C.: Universal Fellowship Metropolitan Community Church)

주소: 8704 Santa Monica Blvd. 2nd fl. West Hollywood, Ca. 90069, USA.
TEL. (310)360-8640, FAX. (310)360-8680

미국에는 호모 섹스자들로 구성된 단일교파가 있다. 이 호모섹스 교단을 "만국친교공동체교회"라고 한다. 이 호모섹스 교단은 1968년 10월 6일 미국 로스앤젤레스(L.A.)서 **트로이 페리**(Troy D. Perry) 목사에 의하여 조직되었으며, 지금은 19개 나라에 300교회 이상 42,000명 이상의 동성애자 신도들을 가지고 있다. 19개 나라들 중 미국, 캐나다, 멕시코, 오스트레일리아, 뉴질랜드, 남아프리카공화국, 독일, 불란서, 화란 등에 이 호모섹스 교회들이 많이 있다.94) 1995년도 이 교단 통계 발표에 의하면 미국에만도 교회 291개, 신도수 30,000명,

---

93) *A History of the Ecumenical Movement*, 1968-2000, WCC Publication, 2004. pp. 267-271
94) *ENI.* 1997. 8. 6. 97-0351.

목회자 296명이다. 1998년 통계에 의하면 신도수 44,000명, 교회 300, 목회자수 372명이다.95) 이 교단은 1981년부터 미국 자유주의 교회들의 연합체인 **"미국교회협의회"** (N.C.C.C. in U.S.A.)와 대화를 나누며 그 단체에 가입하기를 원하고 있다. 물론 미국교회협의회 지도층에서는 이를 대환영하나 일부 회원 교단들이 반대하므로 지연되고 있다.

만국친교공동체교회는 세계교회협의회(W.C.C.) 제6차 캐나다 밴쿠버 총회(1983)와 제7차 오스트레일리아의 캔버라 총회(1991)에 방청단을 파견하였고, 1998년 12월 짐바웨 수도 하라레에서 개최된 세계교회협의회 제8차 총회에도 방청단을 파송하였다.

미국의 대표적 동성애교단인 만국친교공동체교회(U.F.M.C.C.) 지도자 그윈 깃보드(Gwynne Guidbord)는 1999년 미국 자유주의 교회들의 연합단체인 "미국교회협의회" (N.C.C.C.) 총회에서 연사로서 따뜻한 환영을 받았다. 회집된 미국교회협의회 대표들 중 최소한 절반은 일어서서 그 호모섹스 여자에게 갈채를 보내었다. 그 녀는 2001년 "캘리포니아교회협의회" 회장으로 선출되었다.96)

2. 미국장로교(P.C.U.S.A.: Presbyterian Church in the United States of America) - W.C.C. 정회원

주소: 100 Witherspoon St. Louisville, KY. 40202, USA. TEL. (888) 728-7228, FAX. (502) 569-5018. 2005년도 교회수 10,960, 신도수 2,313,662명, 교역자수 8,752명.

1) 교단 역사

미국장로교의 시작은 존 낙스(John Knox)가 스위스의 제네바에서 존 칼빈(John Calvin)으로부터 배우고, 칼빈이 시무하던 교회에서 목회

---

95) NCCC in USA, 2006 *Year book*, p. 385.
96) *Calvary Contender*, 2001. 4. 15.

를 하고, 영국 스코틀랜드로 돌아와 스코틀랜드에서 장로교를 세움으로 부터 시작되었다. 그러나 스코틀랜드와 아일랜드의 장로교도들의 상당 수는 영국국교와 로마천주교의 핍박으로 인하여 1620년대에 신앙의 자 유를 찾아 대서양을 건너 미대륙 동북부로 이민 정착하게 되었다. 이들 을 청교도들이라고 한다. 이들은 1611년에 버지니아 주에, 1630년에는 메사추세츠 주와 콘넥티컷 주에, 1640-43년에는 롱 아일랜드와 뉴욕 주에 장로교회들을 세우게 되었다.

1680년에는 메릴랜드 주에 정착한 청교도들이 본국 아일랜드 장로교 에 교역자들을 파송하여 줄 것을 요청하였다. 이 요청에 응하여 아일랜 드 장로교는 매키미(Makemie, 1658-1708) 목사를 북미 선교사로 파 송하였다.

1706년에는 매키미 목사를 중심으로 6명의 교역자들이 필라델비아 에서 장로교 첫 노회(Presbytery)를 조직하였다. 1716년에는 노회를 대회(Synod)로 승격시키고, 1717년에는 첫 대회를 개최하게 되었고, 1789년에는 총회(General Assembly)로 승격되었다.

초대 총회장에는 "미국독립선언문"에 목사로서는 유일하게 서명한 **존 위터스푼**(John Witherspoon)이 당선되었다. 미국장로교는 1729년 에는 웨스트민스터 신앙고백서(Westminster Confession of Faith)를 신앙고백서로 채택하였다. 1861년 미국 시민전쟁(남북전쟁 1861-1865) 으로 인하여 교회들이 남북으로 갈라져 북부에는 북장로교, 남부에는 남장로교가 되었다. 미국북장로교(N.P.C.)는 연합장로교와 1958년 펜 실베니아 주 피츠버그(Pitsburg, Pa.)에서 연합하여 연합장로교 (U.P.C.)라 개칭하고, 이 교회들은 오랜 세월 후에 1983년 6월 10일 조지아 주 아틀란타 시(Atlanta, Ga.)에서 에큐메니칼 운동의 일환으로 123년 만에 다시 합하여 교단 명칭을 미국장로교(P.C.U.S.A.)라고 다 시 개칭하였다.

2) 여성 안수

미국연합장로교(U.P.C.)에서는 1922년에 여자 집사 제도를, 1930년에는 여자 장로 제도를, 1955년에는 여자 목사 제도를 가결하였다. 그리하여 1956년 마가렛 타우너(Margaret E. Towner)가 최초로 미국장로교 여자 목사가 되었다. 1971년에는 스테어(Lois H. Stair) 씨가 여성으로 총회장이 되었다.

미국북장로교(N.P.C.)에서는 1964년 여자 목사 제도를 채택하고 1965년 레이첼 헨더라잇(Rachel Henderlite)이 첫 여자 목사가 되었다.

3) 동성애자들(Homosexuals)에게 안수

• 성전환자(Transsexual)도 계속 목회할 것을 결의.

미국장로교 죠지아주 노회는 1996년 10월 22일 남자 목사가 성전환 이후에도 계속 목회하도록 186:161 표로 가결하였다. 화제의 장본인은 에릭 스웨손(Eric Swenson)이라는 목사로 그는 두 큰 딸을 둔 49세의 아버지로서 여자로 성전환을 하고 이름을 에릭(Eric)에서 에린(Erin)으로 개명하였다.

• 1999년, 미합중국장로교회(P.C.U.S.A.)는 동성애 전도자 제인 스파(Jane Spahr)를 그 해의 '신앙의 여성' 수상자로 지명하였다. 두 명의 자녀를 둔 이 이혼모는 그 교단을 섬기는 첫 번째 공공연한 동성애자이었다.[97]

• 아틀란타 노회 정의와 여성위원회 위원장 애니 세이레(Anne Sayre)는 성전환은 신학적으로나 도덕적으로도 책망할 근거가 없다고 결정하였다.[98]

• 미국장로교(P.C.U.S.A.)는 제213차 정기총회에서 2001년 6월 15

---

97) 김효성, 『현대교회문제』(서울: 옛신앙, 2007), p.132.
98) *ENI.* 1996. 11. 6.

일 켄터키주 루이빌의 켄터키 인터내셔널 컨벤션 센타(Kentucky International Convention Center)에서 찬성 317표, 반대 207표로 동성애자들(Homo-Sexuals)에게 목사 안수 주기로 결의 하였다.[99]

• 2009년 11월 10일 밤 샌프란시스코 노회는 리사 라지(Lisa Larges) 동성애자를 목사 안수 허가하기로 156표대 138표로 가결하였다.

미국장로교는 한국의 대한예수교장로회(통합측: 장신대 계통)와 대한기독교장로회(기장측: 한신대 계통)와 더불어 세계교회협의회(W.C.C.)의 정회원들로서 오래 전부터 신앙적 신학적 여러 면에 밀접한 관계를 맺고 있음으로 이들 한국의 자유주의 장로교회들은 미국장로교의 영향을 받지 않을 수 없다. 그러므로 이 교회들은 날이 갈수록 점점 더 자유주의화·세속화되어가고 있다.

3. 미국연합감리교(U.M.C.: United Methodist Church) - W.C.C. 정회원

1) 교단 역사

원래 감리교 운동은 영국의 부흥사 존 웨슬리(John Wesley)의 사역으로 영국에서 시작되었다. 그러나 미국감리교의 발단은 1784년 메릴랜드 주 발티모(Baltimore)에서 있었던 크리스마스 회의(Christmass Conference)가 조직적 교회의 시작으로 간주된다. 그리고 초대 감독에는 후랜시스 아즈베리(Francis Asbury)가 피선되었다. 미국감리교는 1930년 남북감리교회가 연합하여 연합감리교가 되었으며, 1939년에는 감리감독교(남부측), 감리프로테스탄트교회, 감리감독교가 연합감리교 안으로 흡수되었다. 1946년에는 그리스도연합형제교와 복음교회가 합

---

[99] *EPS*. 1987. 12. 10.

하여 "복음연합형제교회"가 되었다. 1968년 4월 28일 달라스에서 복음주의연합형제교회와 연합감리교가 또 합하여 연합감리교가 되었다.

2) 여성 안수

미국연합감리교는 1956년 "여성의 완전한 목사 권리"(full clergy rights for women)를 인정하고, 1976년 총회에서는 여자 목사 제도를 법으로 제정하였다. 그리고 1980년 7월 17일 메조리 스완크 매튜스 (Majorie Swank Mattews)가 최초의 여감독(woman bishop)이 되었다.

3) 동성애자들(Homosexuals)에게 안수

• "미국연합감리교" 본부 3개 부처(제자도, 교회와 사회, 고등교육과 사역)는 1988년 4월 총회에 기독교에 맞지 않는 호모 섹스 같은 용어들을 제하여 버리고, 동성애자들에게 금하는 목사 안수를 허락하고, 자신은 동성애자라고 스스로 밝히는 자에게 목회사역을 계속하도록 건의하였다.

• 1997년 9월 미국 네브라스카주 오마하의 제일연합감리교회 (U.M.C.)의 지미 크리치(Jimmy Creech) 목사는 그의 교인들 중 두 명의 여자 동성애자들을 위해 결혼식을 거행하였다.100)

• 1998년 1월, 연합감리교회 소속 목회자들 일부가 동성애를 옹호하는 성명을 발표하였다.101)

• 1999년 1월 16일, 한 여성 동성애 부부가 미국 캘리포니아주 새크라멘토(Sacramento)에서 1,500명의 사람들 앞에서 95명의 연합감리교회 목사들에 의해서 '축복'을 받았다. 그들은 그 의식을 동성애

---

100) Ibid., p. 149.
101) *크리스챤 신문*, 1998. 1. 26, 2쪽.

자의 권리를 옹호하고, 동성애자들의 결합에 대한 그들 교단의 금지 조치에 항의하기 위해 사용하였다.102)

• 미국연합감리교(UMC)는 2000년 5월 5일부터 12일까지 개최되었던 총회에서 705대(對) 210으로 동성애(Homo Sex)를 찬동하였다. 다시 말하면 교회에 부임하는 목사들이 "나는 동성애가 모든 사람을 위한 하나님의 완전한 뜻이라고 믿지 않는다. 나는 동성애를 행하지 않을 것이다. 나는 내 관활 아래서 동성애가 행하지 않도록 부추기지 않을 것이다"라는 선언문에 서명하도록 교회법에 명문화하자는 안건을 놓고 투표한 결과 705대 210으로 부결시켰다.103)

미국연합감리교는 대한기독교감리회(기감측: 감신대 계통)와 더불어 세계교회협의회(W.C.C.)의 정회원들로서 오래 전부터 신앙적 신학적 분야를 위시하여 여러 면에 밀접한 관계를 맺고 있음으로 한국의 기독교 감리회는 미국연합감리교의 영향을 받지 않을 수 없다. 그러므로 날이 갈수록 점점 더 자유주의화 되어 가고 있다.

4. 미국성공회(Episcopal Church) - W.C.C. 정회원

주소 : 815 Second Ave. New York, N.Y. 10017, USA.
TEL. (212)716-6240, FAX. (212)867-0395
E-mail: cepting@episcopalchurch.org
2004년도 통계: 교회수 7200, 신도수 2,247,819, 교역자수 5719.104)

1) 미국성공회 역사

• 미국성공회(Episcopal Church)는 미국의 개신교들 중 가장 오랜

---

102) *Christianity Today*, 1999. 3. 1.
103) *기독교신문*, 2000년 5월 21일, 제1563호, p.2.
104) *YearBook of NCCC*, 2007. p.375, W.C.C.(1948).

역사를 가지고 있다. 영국성공회 신도들(Anglicans)은 미국 동부 버지니아주 제임스타운(Jamestown, Va.)에 정착하여, 로버트 헌트(Robert Hunt) 초대 목사와 함께 1607년 성공회 교회를 개척하였다. 컨넥티컷 주의 사무엘 씨베리(Samuel Seaburry) 신부는 아벌딘(Aberdeen)에 있는 스코트 성공회에 의하여 1784년 미국성공회의 초대 감독이 되었다.

미국이 영국의 식민 통치로부터 독립한 이후에는 영국 성공회에 속해있던 미국성공회가 1789년 미국성공회로 독립하게 되었다.

● 미국성공회는 1997년 7월 21일 펜실베니나 주 필라델피아(Philadelpia)에 있는 그리스도 교회에서 214명의 감독들이 참석한 총회에서 시카고의 **후랭크 그리스월드 3세**(Frank Tracy Griswold III, 59세)가 110표를 얻어 **에드몬드 브라우닝**(Edmond Browning) 대표 감독에 이어 미국성공회의 제25대 대표 감독으로 선출되었다. 미국성공회의 신도수는 250만에 불과하나 전 세계 성공회에 상당한 영향력을 행사하고 있다.

2) 동성애자들(Homosexuals)에게 안수

미국성공회 안에는 호모섹스 신부들로 구성된 단체가 있는데 이 단체를 **"본래의 모습회"**(Integrity Inc.)라고 한다. 이 단체는 그리스월드 3세가 대표 감독으로 선출된 것을 환영하였다. 그 이유는 에드몬드 브라우닝 전 감독이나 그리스월드 3세 감독은 교회 생활에서 동성애자들의 완전 참여를 지지하는 자들이기 때문이다.[105]

● **미국성공회 수녀들 – 가톨릭교로 개종**

미국 동부 메릴랜드주 발티모(Baltimore, Md.) 소재 All Saints

---

105) *ENI*, 1997. 8. 6. 97-0337.

Sisters of the Poor에 속해 있는 10명의 수녀들(nuns)은 성공회(Episcopal Church)를 탈퇴하고 2009년 9월 3일 로마 가톨릭교로 개종하였다.

이 수녀들은 7년 전부터 미국성공회를 탈퇴하려고 고심해 왔다고 하였다. 그 지역 워렌 탕히(Warren Tanghe) 목사도 성공회를 탈퇴하고 같은 날 수녀들과 함께 가톨릭교로 개종하였다.

그 수녀들은 발티모 선(Baltimore Sun) 신문과의 인터뷰에서 "우리 성공회는 너무나 멀리 자유주의 길을 여행하고 있다. 남자 동성애 감독들(gay bishops)을 허용하고, 동성애자들의 결혼을 축하하며, 너무나 타락되었다"고 하였다.

2003년 뉴 햄프셔(New Hampshire)에서 공적으로 동성애자 **제니 로빈슨**(Gene Robinson)을 뉴 햄프셔 교구 감독으로 세운 이래 10여개 교회들, 4개 지역(노회) 다수가 동성애 목사 허용 문제로 분열되었다. 그럼에도 불구하고 메릴랜드 성공회 감독 유진 씻톤(Eugene Sutton)은 말하기를 "그럼에도 불구하고(분열에도 불구하고) 우리는 그리스도 안에서 한 몸에 머물러 있는 것이 우리의 피차 기쁨이다"라고 하였다.106)

뉴 햄프셔 교구 감독 동성애(gay) **지니 로빈슨**(Gene Robinson)은 뉴욕 시에서 정기적으로 벌리는 동성애자들 축제 (gay festival) 기간 중 6월 28일 뉴욕제일장로교회에서 설교하면서 "여성에게 목사 안수 허락지 않는 교회 또는 동성애자들에게 목사안수 허락지 않는 교회는 미래가 없다"(A Church that does not ordain women or openly gay people- I don't see a future)라고 하였다. 기독교의 윤리와 성직자들의 타락! 이 세상 믿지 않는 사람들에게 무엇이라고 변명할 고 !

---

106) *ENI*, No.10, 2009. 10. 26. p. 12.

북미에서 성공회 새로운 교단 창립 - 호모섹스에 반대하여

미국과 카나다의 성공회 보수 목회자들과 교회들은 여성들에게 목사 안수, 동성애자들에게 교회에서 축복(동성애자 결혼), 동성애자 감독선출 등을 반대하여 새로운 교단을 창립하였다.

펜실베니아 주 피츠버그(Pittsburgh)의 전(全) 성공회 감독 **로버트 던칸**(Robert Duncan)을 중심으로 펜실베니아 주 피츠벅 교구, 텍사스 주 달라스 교구, 칼리포니아 주 산 죠아퀸 교구, 일리노이 주 퀸시 교구 등 미국과 카나다의 700개 이상의 교회와 10만 이상의 성도들, 그리고 아프리카의 케냐, 우간다, 남미의 남쪽 성공회 교회들을 포함한 교회들이 텍사스 주 달라스(Dallas, TX.)에서 2003년 6월 22-25일까지 창립총회를 개최하였다.[107]

5. 미국연합그리스도교회(United Church of Christ) - W.C.C. 정회원

주소: 700 Prospect Ave. Cleveland, Oh. 44115 USA
TEL. (216)736-2100, FAX. (216)736-2103
2005년 교세: 신도수 1,224,297명, 교회수 5,567, 교역자수 4,293명.

1) 교단 역사

"미국연합그리스도교"는 1957년 6월 25일 오하이오 주 클리브랜드(Cleveland, Oh.)에서 회중 기독교회(Congregational Christian Church)와 복음주의 개혁 교회(Evangelical Reformed Church)가 에큐메니칼 운동의 일환으로 통합된 교회이다.

---

107) *ENI*, 2009.7.20. Bulletin-09-0523.

회중 교회는 영국과 뉴잉글랜드(미국 동북부)의 청교도들이 17세기에 세운 교회로서 칼빈주의 신앙노선이었다.

개혁 교회는 19세기 초 독일에서 미국 동부 펜실베이니아 주로 이민 와서 세운 교회들로서 루터, 칼빈, 쯔빙글리의 신앙노선에 선 선교회였다. 그러므로 이 교회들도 초창기에는 역사적 기독교 신앙(옛 신앙)을 지켰으나, 세월이 흐름에 따라 타락되었다. 그 결과 1961년에는 세계교회협의회(W.C.C.)에 가입하고 지금은 동성애 목사들까지도 있게 되었다.

2) 동성애자들(Homosexuals)에게 안수

- 1972년, 미국연합그리스도의교회(U.C.C.)는 윌리암 존슨(William Johnson)의 안수를 허락하였다. 그는 대 교단에서 안수받은 첫 번째의 공공연한 동성애자이었다.[108]

- 1980년, U.C.C.는 현행적 남녀 동성애자들을 목사로 봉직하도록 공식적으로 허용한 최초의, 유일한 대교단이 되었다.[109]

- 1985년, 2년마다 모이는 U.C.C. 총회는 동성애자들을 목사로 허락하는 것을 압도적 표수로 결정하였다.[110]

6. 미국침례교(American Baptist Church in the U.S.A.) - W.C.C. 정회원

---

108) *Christian News*, 1997. 10. 27. p. 5.
109) *Christian News*, 1992. 4. 13.
110) *Christian News*, 1985. 4. 29. p. 3.

주소: P.O. BOX 851, First Avenue, Vally Forge, Pa. 19482, USA. TEL. (610)768-2000, FAX. (610)768-2320.

1995년도 교세: 신도수 1,396,700명, 교회수 5,740, 교역자 4,267명(총 교역자수 7,524명).111)

1) 교단 역사

"미국침례교회"는 시민전쟁(Civil War)으로 인하여 1845년 남북침례교(Southern and Northern Baptist Church)로 분열될 때까지는 각 지역 협의체들로서 존재하여 왔다. 북침례교는 1950년 명칭을 "미국침례교"로 개칭하였다. 이 교단은 미국의 자유주의 교회들의 연합체인 미국교회협의회(N.C.C.C. in U.S.A.)와 전 세계 자유주의 교회들의 연합체인 세계교회협의회(W.C.C.)의 정회원으로서 특히 전국 침례교, 7일 침례교, 그리스도의 제자교회, 형제 교회, 자유 침례교 등과 밀접한 교류를 하고 있다.

이 교단도 여성 안수는 물론 동성애 목사들을 수용하고 있다.

7. 캐나다연합교회(U.C.C.: United Church of Canada) — W.C.C. 정회원

주소: 3250 Bloor St. W., Suite 300 Etobicoke, Toronto,
Ont. M4Y 3G2, Canada. TEL. (416)924-9192, FAX. (416)968-7983

교세: 신도수 593,600명, 교회수 3,527, 교역자수 1,902명(2004년 교단 통계), W.C.C.에 가입(1948).

1) 교단 역사

---

111) op. cit., p. 371.

"캐나다연합교회"는 1925년 6월 10일 회중 교회, 감리교, 장로교 (71%)가 합하여 캐나다 연합 교회가 되었다. 1968년에는 복음주의 연합 형제 교회가 또 가입하였다. 처음에는 60만 신도였으나 지금은 천주교 이외에는 캐나다에서 가장 큰 교단이 되었다.

2) 동성애자들(Homosexuals)에게 안수

카나다연합교회는 캐나다에서는 처음으로 동성애자들에게 목사 안수를 주기로 1988년 합법화한 최초의 교단이 되었다.[112] 이 교단 산하 밴쿠버(Vancouver)에 있는 2교회(Trinity and First)는 남자 동성애자들과 여자 동성애자들을 교회의 모든 분야에 받아들였다. 이 교회는 Province of British Columbia 주(州)에서는 동성애자들을 받아들이는 첫 번째 경우(case)가 되었다.

트리니티연합교회 린다 얼빈(Linda Ervin) 여자 동성애 목사는 밴쿠버 선(Bancouver Sun) 신문에 "많은 남자 동성애자들과 여자 동성애자들이 교회를 반대하는 이유는 교회가 그들을 정죄하고 불친절하기 때문이다. 교회는 동성애자들을 위한 결혼, 특별 장례, 교회의 직원, 비서, 찬양 사역자 등으로 환영하며 채용하여야 한다"고 역설 하였다.[113]

토론토(Toronto)에 있는 4교회와 윈니펙(Winnipeg)에 있는 2교회도 동성애자들을 받아들였다.

캐나다 연합 교회는 매우 급진적 자유주의 교회이다. 그러기에 산아제한 찬동, 사형제도 반대 등 비성경적, 반윤리적 입장을 취하고 있다. 살인죄인 산아제한은 찬동하고, 무고한 사람들을 살해 또는 이에 버금가는 중범죄를 범한 죄인들에게는 생명의 존엄성, 인권 운운하면서 사형 제도를 반대한다.

8. 캐나다성공회(The Anglican Church of Canada) -

---

[112] *Christian News*, 1997. 10. 27. p. 5.
[113] *ENI*, Bulletin-97-0201.

W.C.C. 정회원

주소: 80 Hayden St. Toronto, Ont. M4Y 3G2, Canada
TEL. (416)924-9192, FAX. (416)968-7983
교세: 신도수 641,845명, 교회수 2,884, 신부수 1,930명, W.C.C.(1948)(2001년 통계).

1) 교단 역사

"캐나다성공회"는 영국 선교회(British Missionary Societies)의 선교자들이 18, 19세기에 복음을 전하여 1893년 조직된 캐나다에서 세 번째로 큰 교단이다. 캐나다 성공회는 1979년 교회 지침서(Church's Guidelines)에서 "모든 사람은 하나님 앞에서 평등하다. 동성애는 승인하지 않는다. 그러나 근래에 와서는 1979년 교회지침서를 개정하여야 한다는 목소리가 커졌다.

2) 동성애자들(Homosexuals)에게 안수

여론 조사에 의하면 19명의 감독은 동성애자들을 적대시한 죄를 그들에게 사과해야 한다고 하였다.[114]

9. 영국교회(성공회: Church of England, Anglican Church) - W.C.C. 정회원

주소: General Synod, Church House, Great Smith ST.
GB-London SWIP 3NZ, UK. TEL. 44-171-222-9011, FAX. 44-171-233- 2660
교세: 신도수 27,200,000명, 교회수 17,460, 교구수 44, 신부수 18,376명(5,197명 은퇴), W.C.C. 가입(1948).[115]

---

114) Ibid.

제12장 세계교회협의회의 호모섹스교회들   289

"영국교회"는 1534년 헨리 8세가 영국 교회의 수장령(Supreme Head of the English Church)을 공포하고 로마 가톨릭교로부터 독립하여 탄생한 교회이다. 그러나 지금은 로마 가톨릭교와 다시 연합을 모색하고 있다.

성공회 감독들은 1991년 성명서를 발표하기를 "평신도들은 동성애를 받아들일 수 있으나 성직자들은 동성애를 받아들일 수 없다"고 하였다. 그러나 1997년 7월 14일 밤에는 평신도, 성직자 구별 없이 모두 동성애자들을 받아들이기로 결정하였다. 회의 기간 중 동성애자들은 회의장 밖에서 "우리는 포괄적·포용적 교회를 위하여 기도한다"(We are praying for an inclusive church)고 외쳤고, 이 결정을 전적으로 환영, 지지하였다.

이보다 바로 일주일 전 영국연합개혁교회는 동성애자들을 목사로 받아들일 것을 결의하였다. 물론 이 교회들 안에는 이런 결의가 있기 오래 전부터 동성애 목사들이 있어 왔다.116)

전(全) 글라스고(Glasgow)와 갤로웨이(Galloway)의 감독 디렉 라오클리프(Derek Rawcliffe)의 성공회 감독은 영국 BBC TV 방송 프로그램에 나와서 자신은 동성애자(gay)라고 말하고 교회로 하여금 동성애자들을 축복해 줄 것을 계속 요청해 왔다고 하였다. 그는 1981년부터 1991년까지 10년 동안 감독으로 있었다. 영국 성공회에서 높은 자리에 있는 감독이 동성애자이다.117)

10. 영국연합개혁교회(U.R.C.: United Reformed Church in the U.K.) - W.C.C. 정회원

---

115) *W.C.C. HandBook*, 1985, pp. 185.
116) *ENI*, 1997. 7. 23. 97-0312.
117) *ENI*, 1995. 3. 14. 0071.

주소: 86 Tavistock Place, GB-London WCIH 9RT, UK.
TEL. 44-171-916-2020, FAX. 44-171-916- 2021
교세: 신도수 190,941명, 교회수 1,898, 교역자수 1,080명(574명 은퇴), W.C.C. 가입(1948)[118]

1) 교단 역사

"영국연합개혁교회"는 16-17세기에 세워진 회중 교회와 장로교가 1972년 10월에 통합되고, 1981년 9월에는 연합개혁교회와 재차 통합하여 현재의 연합 개혁 교회(U.R.C.)가 되었다. 이 교단은 영국에서는 가장 큰 교단이며, 약 102,000신도, 1,750여 교회들이 영국, 웨일즈, 스코틀랜드 등지에 그 교단 교회들이 퍼져있다.

2) 동성애자들(Homosexuals)에게 안수

이 교단은 1997년 7월 8일 지교회가 동성애자를 담임목사로 청빙하기를 원한다면 허락하기로 19인이 발의하고, 324:189로 결의하였다. 대 교단이 이와 같은 결정을 한 것은 영국에서는 처음이다.

영국연합개혁교에서 39년 동안 목회를 한 자넷 웨버(Janet Webber) 동성애 여자 목사는 20년 동안 동성애 생활한 호모섹스 여자(Lesbian) 목사이다. 그는 총회 석상에서 "우리는 그들을 말하는 것이 아니라 우리를 말하는 것이다. 얼마나 많은 목회자들, 장로들 그리고 교인들이 동성애자들인지 아무도 모른다. 왜냐하면 사회와 교회들이 숨기도록 강요하기 때문이다"라고 하였다.

영국연합개혁교에서 13년 동안 목회한 말틴 헤이젤(Martin Hazel) 동성애 목사는 말하기를 "동성애는 드디어 현실이 되었다"고 기뻐하였다.

그 교단 부총무 존 월러(John Waller) 목사는 일부 보수 교역자들과

---

118) op. cit., pp. 191-2.

평신도들이 탈퇴할 것에 대비하여 "사람들이 떠날 것이다. 그러나 나는 그들이 떠나지 않기를 바란다. 어떤 한 가지 문제로 사람이 교회를 떠나는 것은 좋은 생각이 아니다. 다른 견해들도 계속 존중시되어야 한다"119)고 말하였다. 이 얼마나 타락되었는가! 동성애 목사! 이 한 가지가 사소한 일인가?

11. 영국감리교(Mathodist Church - U.K.) - W.C.C. 정회원 존 길레스피(John Gillespi) 목사 파면 당함.

길레스피 목사는 미국에서 영국으로 건너가서 루에스감리교(Looes Methodist Church)를 7년 동안 시무하였다. 그는 영국감리교회가 동성애자들(남자들: gays, 여자들: lesbians)에게 안수하여 목사로 사역하도록 결의한 것에 대하여 반대하였다. 그러므로 길레스피 목사는 영국감리교로부터 파면 당하였다. 그는 50여명의 성도들과 함께 독립 개척하였다.120)

12. 화란개혁교회(Netherlands Reformed Church) - W.C.C. 정회원

주소: Postbus 405, Overgoo 11 NL-2260 AK Leidschendam, Netherlands TEL. 31-70-431-3131, FAX. 31-70-43-1202
교세: 신도수 2,700,000명, 교회수 1,800, 교역자수 1,775명, W.C.C.에 가입(1948).121)
"화란개혁교회"는 16세기 유럽의 종교개혁이 일어났을 때 정치적으로는 스페인으로부터, 종교적으로는 로마 천주교로부터 독립한 나라

---

119) Ibid., 93-0310.
120) *EPS*. 94.07.58.
121) Ibid., p. 162.

이며, 교회이다. 개혁 교회는 존 칼빈, 존 낙스, 쯔빙글리 계통이다. 그러나 지금은 타락되어 동성애 목사들을 지지하는 교회가 되었다.

13. 화란개혁교회(Reformed Church in the Netherlands) – W.C.C. 정회원

주소: Postbus 202 NL-3830 AE Leusden, Netherlands
TEL. 31-33-496-0360, FAX. 31-33-496-8707
교세: 신도수 844,427명, 교회수 823, 교역자수 1,168명, W.C.C. 가입(1971)(1985년도 통계)

"화란개혁교회"는 1886년 화란개혁교(Netherlands Reformed Church)로부터 분리된 교회이다. 특히 이 교단은 아브라함 카이퍼(Abraham Kuyper)의 영향 하에 1892년 이래 급성장하였다. 이 교단의 많은 신도들은 미국, 캐나다, 오스트레일리아, 뉴질랜드 등으로 이민을 가서 각기 개혁 교회들을 세우고 화란의 본 교회와 계속 유대관계를 맺고 있다. 이 교단은 칼빈주의에 기원하여 벨직 신앙고백서, 하이델베르그 신앙고백서, 돌트 정경 등을 신앙고백서로 받아들였다.

그러나 이 교단도 세월이 흐름에 따라 신앙적으로, 도덕적으로 점점 변질 타락되어 지금은 동성애 목사들까지도 수용하게 되었다. 그리고 과거에 분리되었던 화란 개혁교(N.R.C.)와 다시 통합을 시도하고 있다.

14. 스웨덴 교회(Church of Sweden, 루터교) – W.C.C. 정회원

1) 역사

스웨덴은 약 900만 인구 중 루터교 약 760만 명(87%), 가톨릭 약 15만 5천명, 동방 정교 약 9만7천명, 회교 약 20만 명, 유대교 약 1만 6천명, 불교 약 3천명, 힌두교 약 3천명 등이다.

스웨덴은 **루터교**가 **국교**(State Church)이다. 따라서 모든 국민은 다른 종교를 선택하지 않는 한 자동적으로 루터파로 등록이 된다. 국민 대부분은 태어날 때부터 기독교(루터교)이지만 절대 다수인 95%는 거의 또는 전혀 교회에 나가지 않는다.

스웨덴은 마틴 루터가 독일에서 종교개혁을 일으킨 10년 후

1527년 거스타바스 바사(Gustarvas Vasa) 왕때 종교개혁이 일어나기 시작하였으며,

1531년에는 제1대 웁살라(Uppsala) 대주교가 임명되었다.

1593년에는 웁살라 성직자 회의에서 스웨덴 교회를 루터교로 확정하였다. 그리고 **아우그스벍 신앙고백서**(Augsburg Confession of Faith)를 표준교리로 채택하였다.

2) 동성애 여자 감독으로 선출

스웨덴 루터교 스톡홀름(Stockholm) 교구에서는 2009. 5월 브르니(Brunne) 동성애 여자(a lesbian)가 한스 얼프베브란트(Hans Ulfvebrand)를 413대 365로 누르고 감독으로 당선되었다.

브르니는 자칭 세계에서 처음으로 나는 동성애 여자라고 공개적으로 밝히는 첫 번째 감독이라고 자처한다. 그 여자 감독은 감독으로 당선된 후 5월 26일(2009) "나는 힘없는 사람들 편에 서겠다. 다행이도 나는 힘이 있는데 이 힘을 힘없는 사람들을 위하여 사용할 것이다 "라고 하였다.

이 여자 동성애자 감독이 말하는 **"힘없는 사람들"**이란 특히 호모섹스자들(Homosexuals)을 말한다. 교회의 속성들 중 하나는 거룩성(Holiness)인데 교회들이 이 정도 되었으니!122)

3) 스웨덴 교회는 2006년 10월 27일 교회에서 동성애자들의 결혼을 할 수 있도록 결정

---

122) *ENI*, 2009. 6. 29. Bulletin 09-0463.

러시아 정교(Russian Orthodox Church)는 이에 반대하여 오랫동안 지속되어 온 스웨덴 교회와의 우호관계를 잠정적으로 정지(파기)하였다. 러시아 정교 대외관계 책임자 키릴(Kiril) 대주교는 2005년 12월 말 성명서를 발표하면서, "우리는 스웨덴 루터교회가 소위 동성결혼에 대하여 반대하는 데 실패하였을 뿐만 아니라 동성애자들이 교회에서 결혼할 수 있도록 법령(a decree)을 제정한 것에 대하여 큰 실망과 슬픔을 금할 수 없다 … 이것은 전 세계적으로 돌이킬 수 없는 영적, 도덕적 가치의 심각한 손해(damage)를 일으킨다"고 하였다.[123)]

　아프리카 수단(Sudan)의 성공회의 대주교 **다니엘 뎅**(Danial Deng)은 전 세계 감독들과 언론인들 앞에서 "그(로빈슨)는 교회를 위하여 물러나야 한다. 그를 감독으로 선출한 사람들은 전세계 성공회 신자들을 울부짖게 하였기 때문에 대회 앞에 사죄하여야 한다."고 하였다.
　뎅 대주교는 2003년 로빈슨이 주교로 선출되었을 때에도 "성공회 공동체의 분열을 가져올 뿐만 아니라, 아프리카 교회의 증거(church witness)에 심한 손해를 가져왔다 … 이슬람 세계 사람들은 우리를 비기독교인 (이단자)이라고 부른다. 이 사람들은 악하며 우리의 사람들(이슬람인들)에게 더욱 해를 끼칠 수 있다."고 하면서 10년에 한 번씩 모이는 **람베트 대회**(Lambeth Conference) 참석을 거부하였다. 뎅 대감독 배후에는 전 세계 38성공회 교구 중 17개로부터 150명 이상의 감독들이 뎅 대주교를 지지하였다.[124)]

15. 덴마크복음주의루터교회(Evangelical Lutheran Church of Denmark) - W.C.C. 정회원

---

123) *ENI*, 2006. 1. 25. Bulletin 06- 0001.
124) *ENI*, 2008. 8. 27. Bulletin-08-0648.

주소 : Vestergade 8, I. DK-1456 Copenhagen K. Denmark
TEL. 45-3311-4488, FAX. 45-3311-9588

교세: 신도수 4,684,060명, 교회수 2,101, 교역자수 2,029명(1985년 통계) W.C.C.에 가입(1948).

덴마크에는 A.D. 825년경 불란서 선교사를 통하여 기독교가 전래되었다. 그리고 1520년경에는 루터의 종교개혁이 덴마크에서도 일어났다. 그러나 이 대 교단도 타락하여 동성애 목사들이 있다. 포크 루터 교회(Lutheran Folk Church)의 신부는 "자신은 동성애자"라고 공언하였다.[125] 덴마크 정부는 동성애자들도 부부(남편과 아내)로 법적으로 인정한다.

16. 독일복음교회(E.C.G.: Evangelical Church in Germany) – W.C.C. 정회원

독일복음교회(E.C.G.) 산하 북엘리반복음루터교(North Eliban Evangelical Church) 대회에서는 동성애자들 결혼을 축하하는 결의를 77대 7(11명 결)로 가결하였다.[126]

17. 이태리 WCC 3개회원교단 65명 목회자들 동성애 법안 찬동

유럽의회(The European Parliament)가 1994. 2.25. 제출한 동성애에 관한 새로운 법률안은 이태리의 WCC 3개 회원교단들 소속 65명의 목회자들이 환영하였다. 3개 회원교단들은 이탈리아복음 침례교연

---

125) *EPS*, 89. 10. 5.
126) *ENI*, 97-0090.

맹(Evagelical Baptist Union of Italy). 이탈리아복음감리교 (Evangelical Methodist Churst of Italy), 왈덴시안교회(Waldensian Church) 등이다.

이 WCC 회원교단들로 구성된 65명의 목회자들 중 대표적 인물들은 감리교의 서기오 아퀼란테(Sergio Azuilante) 감독, 루터교의 한스 게르크 필립피(Hans Gerth Philippi)목사, 왈도파의 파오로 리카(Paulo Ricca)목사등이다.

이 65명의 목회자들은 "기독교 윤리는 역사적으로 다른 방법들(Ways)로 경험되어 왔다. 기독교 윤리의 핵심은 하나님의 형상대로 지음받고, 사랑받고, 구원받은 개인들(the imdividuals)을 존중함이 지속유지 되어야 한다.

우리는 불필요한 도발을 유발하는 "결혼"(Marriage)이라는 단어를 빼버리고, 곧 "견고한 동거(Stable cohabitation)" 또는 "시민연합"(Civil union)" 등의 좀 더 적합한 단어들을 선호하여야 한다고 하였다.127)

18. 오스트레일리아연합교회(Uniting Church in Australia) ― W.C.C. 정회원

주소: P.O. BOX A 2266. 222 Pitt st. Sydney South, NSW 2135, Australia, TEL. 61-2-92-87-0900, FAX. 61-2-92-87-0999, 교세: 신도수 1,850,000명, 교회수 3,200, 대회수 7, 교역자수 2,200명.128)

1) 교단 역사

"**오스트레일리아연합교회**" 는 1977년 6월에 회중 교회, 장로 교회,

---
127) EPS. 94. 3. 14
128) op. cit., p. 240., W.C.C. 가입(1948)

제12장 세계교회협의회의 호모섹스교회들 297

감리 교회의 통합으로 이루어진 교회이다. 이 교단은 성공회와 천주교에 뒤이어 오스트레일리아에서 세 번째로 큰 교단이다. 오스트레일리아 연합교회(호주)는 1997년 7월 5일부터 12까지 개최된 총회에서는 "목사 안수에 있어서 성 선택(sexual orientation)은 그 자체는 아무런 금지가 없다. 그래서 노회나 지역협의회에서는 동성관계를 인정하는 어떤 자료를 제공할 수 있다"고 하였다. 여기서 성 선택(sexual orientation)이란 성적 관계에 있어서 그 대상자가 동성이든, 이성이든 자신의 선택에 달려 있다는 것이다.

호주연합교회 소식통에 의하면 현재 교회의 정책은 "목회를 위한 응시자 또는 후보자는 성 선택에 대한 어떠한 규제도 없다"고 하였다.

2) 동성애자들(Homosexuals)에게 안수

이 교단은 1977년 7월 5일-12일까지 오스트레일리아 서부 펄트(Perth)에서 총회가 개최되었는데 이 총회에서 교회가 성 개방(open to sexuality)을 해야 한다고 주장하고 동성애자들을 성직에 임명하는 것을 지지하였다. 그들은 "동성애자들도 동성애 아닌 자들보다 목회사역에 덜 적합하다고 믿을 이유가 없다", "동성애 아닌 사람들은 새로운 성 윤리(a new sexual ethic)를 발전시키도록 교회에 요청한다"고 하였다.[129] 이와 같은 발언은 동성애자들(gays and lesbians: 남자 동성애자들과 여자 동성애자들)도 동성애 아닌 자들보다 목회사역에 손해를 입지 않아야 한다는 말이다.

19. 브라질성공회(Episcopal Church of Brazil) - W.C.C. 정회원

주소: C. P. 11510 90 870-000 Porto Alegre, RS. Brazil

---

129) *ENI* 1997. 5. 14. 97-0202.

TEL. 55-51-336-0651, FAX. 55-51-336-5087
교세: 신도수 45,000명, 교회수 63, 감독수 8명, 신부수 110명, W.C.C.에 가입(1966).130)

"브라질성공회"는 지금으로부터 약 104년 전 1893년경 설립되었다. 최근 7명의 감독들은 종족, 문화, 사회계급, 성 등을 사랑으로 받아들여야 한다고 하였다.131) 성(性; sex)도 사랑으로 받아들여야 한다는 말이 무슨 뜻인가? 동성애자들도 사랑으로 받아들여야 한다는 뜻이다. 이 교단에도 동성애자들이 있다.

이외에도 세계교회협의회(W.C.C.) 안에는 동성애(Homo Sex: 동성애) 교회들과 동성애를 찬동하는 교회들이 많이 있다. 극도로 타락된 말세 교회들이다.

20. 남아프리카 교구교회(성공회) – 동성애자들에게 공개사과(Church of the Province of Southern Africa-Anglican) – W.C.C. 정회원

W.C.C. 회원교회들 중 하나인 남아프리카 교구교회(성공회)의 신부들(감독들)은 남아프리카 공화국 케이프 타운(Cape Town)에서 개최된 대회(Synod)에서 "교회내에서 동성애 남자들(gays)과 동성애 여자들(lesbians)을 반대하여 용납할 수없는 편견으로 상처를 주어온 동성애자들에게 공적으로 사과드립니다. 우리는 교회가 세기가 넘도록 많은 사람들이 그들의 성선택(Sexual Orientation) 때문에 상처를 입어온데 대하여 책임을 통감합니다. 우리 교회 내에서 동성애자들을 적대시하는 것은 모든 사람을 사랑하는 우리 주님의 사랑과도 일치하지

---

130) op. cit., p. 260.
131) *ENI* 1997. 5. 14. 97-0201.

않습니다. 우리는 지금까지 상처를 받아온 많은 동성애자들에게 회개하며 용서를 구합니다.
　신부들(감독들)은 성경 원어인 헬라어와 히브리어 본문에 기록된 동성애에 관하여 교회가 더 연구하기를 요청한다, 우리는 어떤 특정한 본문을 단순한 해석에 기초하여 동성애자들을 공격하는 경향에 불쾌하다."132)

동성애(Homosex)에 대한 성경적 교훈

동성애(Homosex)는 동성((Homo)간의 성(sex)행위를 말한다.

① 동성애는 창조의 원리에 역행한다. 하나님은 태초에 남자와 여자를 창조하시고, 둘이 한 몸이 되어 한 가정을 이루고 행복하게 살도록 축복하셨다(창 1:27-28, 2:18-24, 롬 1:26).
② 동성애는 생육하고 번성하라는 축복의 말씀에 정면 위배된다.(창 1:22) 동성애는 자녀를 낳지 못한다.
③ 동성애 성행위는 가증하고 추잡한 죄이다(레 18:22, 신 23:17)
④ 구약시대 동성애자들에 대한 처벌은 최고형이고 사형이었다(레 2:13).
⑤ 동성애는 천벌인 AIDS병을 가져온다.
⑥ 소돔과 고모라를 위시한 여러 나라들의 멸망 중 하나는 동성애를 위시한 음행죄로 말미암음이었다(창 19:)

---

132) *ENI*, Bulletin-97-0123, East London, South Africa, 12 March.

세계교회협의회(W.C.C.)의
실상을 밝힌다
A Critique of the World Council of Churches

부록 1

세계교회협의회 회원 교단들
(W.C.C. Member Churches)

　세계교회협의회는 **6대주, 7개 지역**(아프리카, 아시아, 라틴 아메리카 및 카리브, 유럽, 중동, 북미, 오세아니아), 110개 이상의 나라, **349개 교단**이 가입되어 있다. 저들의 주장에 의하면 세계교회협의회(W.C.C.)에는 **5억 5천만**(550,000,000) 명의 신도를 가지고 있다고 주장한다.

　349개 교단을 지역별로 분석한다면 아프리카 27%, 유럽 23%, 아시아 21%이며, 28%는 개혁주의 전통계통, 16%는 루터파, 11%는 감리교이다.

　북미 31개 교단, 7200만(72,000,000), 아시아 75개 교단, 6260만(62,000,000), 유럽 81개 교단 2억 8700만(287,000,000), 아프리카 92개 교

단, 1억 3193만 5천(131,935,000), 중동 12개 교단, 970만(9,700,000), 라틴아메리카 28개 교단 450만(4,500,000), 카리비안 13개 교단 260만(2,600,000)이다133)

한국에서는 **대한예수교장로회(통합측), 대한기독교감리회(기감측), 대한기독교장로회(기장측)** 및 **정교회한국대교구** 등 4개 교단이 W.C.C.의 정회원으로 가입되어 있다.

아프리카(Africa)
알제리아(Algeria):
알제리아프로테스탄트(개신)교회(Protestant Church of Algeria) – W.C.C., 1974년

앙골라(Angola):
앙골라복음침례교회(Evangelical Baptist Church in Angola) – W.C.C., 2005년
앙골라복음회중교회(Evangelical Congregational Church in Angola) – W.C.C., 1985년
앙골라복음오순절선교회(Evangelical Pentecostal Mission of Angola) – W.C.C., 1985년
앙골라복음개혁교회(Evangelical Reformed Church of Angola) – W.C.C., 1995년

베닌(Benin):
베닌-토고프로테스탄트감리교회(Protestant Methodist Church in Benin and Togo) – W.C.C., 1972년

---

133) *An Introduction to the W.C.C.*

벌키나 화소(Burkina Faso):
벌키나화소복음개혁교협회(Association of Evangelical Reformed Churches of Burkina Faso) - W.C.C., 2005년

부룬디-르완다-자이레교구교회(Burundi, Rwanda and Zaire)
부룬디성공회(Episcopal Church of Burundi) - W.C.C., 1961년

카메룬(Cameroon):
아프리카프로테스탄트교회(African Protestant Church), 개혁교 - W.C.C., 1968년

카메룬복음교회(Evangelical Church of Cameroon), 개혁교 - W.C.C., 1958년

카메룬원주민침례교회(Native Baptist Church of Cameroon) - W.C.C., 1995년

카메룬장로교회(Presbyterian Church in Cameroon) - W.C.C., 1961년

카메룬장로교회(Presbyterian Church of Cameroon) - W.C.C., 1963년

카메룬침례교연맹(Union of Baptist Churches in Cameroon)

중앙 아프리카(Central Africa)
콩고(Congo<People's Republic>):
콩고그리스도교회(침례교, Church of Christ in Congo - Baptist) - W.C.C., 1985년

콩고그리스도교회(제자교회, Church of Christ in Congo - Disciples) - W.C.C., 1965년

콩고그리스도교회(Church of Christ in Congo - Reformed) -

W.C.C., 1961년
콩고그리스도교회(Church of Christ in Congo - Mennonite) - W.C.C., 1973년
콩고그리스도교회(Church of Christ in Congo - Reformed) - W.C.C., 1972년
콩고그리스도교회(Church of Christ in Congo - Reformed) - W.C.C., 1996년
콩고그리스도교회(Church of Christ in Congo - Baptist) - W.C.C., 1973년
콩고그리스도교회(Church of Christ in Congo - Anglican) - W.C.C., 1961년
지상예수그리스도교회(Church of Christ on Earth) - W.C.C., 1969년
성령의빛그리스도교회(Church of Christ Light of the Holy Spirit), African Instituted - W.C.C., 1973년
콩고복음교회(Evangelical Church of Congo), Reformed - W.C.C., 1963년
콩고복음루터교회(Evangelical Lutheran Church in Congo) - W.C.C., 1978년

동아프리카(East Africa)
에리트리아(Eritria):
에리트리안정교회(동양정교, Eritrian Orthodox Tewahedo Church) - W.C.C., 2003년

이집트(Egypt):
이집트복음장로교회(나일대회)(Evangelical Presbyterian Church of Egypt)

콥틱정교회(Coptic Orthodox Church), 동양정교 - W.C.C., 1948년
알렉산드리아 및 전아프리카헬라정교회(Greek Orthodox Patriarchate of Alexandria and All Africa)

에디오피아(Ethiopia):
메카니예수에디오피아복음교회(Ethiopian Evangelical Church Mekane Yesus), 루터교 - W.C.C., 1979년
에디오피아정교회(Ethiopian Orthodox Church), (Oriental) - W.C.C., 1948년

가봉(Gabonese Republic):
가봉복음교회(Evangelical Church of Gabon), 개혁교 - W.C.C., 1961년

가나(Ghana):
서아프리카교회(Church of the Providence of West Africa), 성공회 - W.C.C., 1953년
가나복음주의 루터교회(Evangelical Lutheran Church of Ghana) - W.C.C., 2001년
복음장로교회(Evangelical Presbyterian Church, Ghana) - W.C.C., 1963년
가나감리교회(Methodist Church, Ghana) - W.C.C., 1960년
가나장로교회(Presbyterian Church of Ghana) - W.C.C., 1952년

기니아(Guinea):
기니아프로테스탄트복음교회(Protestant Evangelical Church of Guinea), Free Church - W.C.C., 2005년

인도양(Indian Ocean)

아이보리 코스트(Ivory Coast):
그리스도교회(Church of Christ) - W.C.C., 1998년
아이보리코스트연합감리교회(United Methodist Church of Ivory Coast) - W.C.C., 1987년

케냐(Kenya):
아프리카기독교회(African Christian Church and Schools), African Instituted - W.C.C., 1975년
케냐성공회(Anglican Church of Kenya) - W.C.C., 1948년
아프리카성령교회(African Church of the Holy Spirit) - African Instituted, W.C.C., 1975년
케냐감리교회(Methodist Church in Kenya) - W.C.C., 1968년
케냐복음루터교회(Kenya Evangelical Lutheran Church) - W.C.C., 1995년
동아프리카장로교회(Presbyterian Church of East Africa) - W.C.C., 1967년

레소토(Lesotho):
레소토복음교회(Lesotho Evangelical Church), 개혁교 - W.C.C., 1965년

리베리아(Liberia):
리베리아루터교회(Lutheran Church in Liberia) - W.C.C., 1968년
리베리아장로교회(Presbyterian Church of Liberia) - W.C.C., 1969년

마다가스칼(Madagascar):

마다가스칼예수그리스도교회(Church of Jesus Christ in Madagascar), United - W.C.C., 1969년
인도양지역교회(Church of the Providence of the Indian Ocean), 성공회 - W.C.C., 1975년
말라가시루터교회(Malagasy Lutheran Church) - W.C.C., 1966년

말라위(Malawi):

중앙아프카지역교회(Church of the Providence of the Central Africa), 성공회 - W.C.C., 1956년

모잠비크(Mozambique):

모잠비크장로교회(Presbyterian Church of Mozambique) - W.C.C., 1981년

나이제리아(Nigeria):

나이제리아형제교회(Church of the Brethren in Nigeria), Free Church - W.C.C., 1985년
나이제리아교회(Church of Nigeria), 감리교 - W.C.C., 1980년
주님의교회(Church of the Lord), African Instituted - W.C.C., 1975년
나이제리아감리교회(Methodist Church, Nigeria) - W.C.C., 1963년
나이제리아침례교회(Nigerian Baptist Convention) - W.C.C., 1971년
나이제리아장로교회(Presbyterian Church of Nigeria) - W.C.C., 1961년
나이제리아그리스도개혁교회(Reformed Church of Christ in Nigeria) - W.C.C., 1998년
아프리카교회(The African Church), African Instituted - W.C.C.,

2005년

르완다(Rwanda):
르완다침례교협회(Association of Baptist Churches in Rwanda) - W.C.C., 2001년
르완다장로교회(Presbyterian Church of Rwanda) - W.C.C., 1981년
르완다성공회(Province of the Episcopal Church in Rwanda) - W.C.C., 1961년

시에라 레온(Sierra Leone):
시에라레온감리교회(Methodist Church Sierra Leone) - W.C.C., 1967년

남아프리카 공화국(South Africa):
남아프리카교구교회(Church of the Province of Southern Africa), Anglican - W.C.C., 1948년
아프리카교회협의회(Council of African Instituted churches) - W.C.C., 1998년
남부아프리카복음루터교회(Evangelical Lutheran Church in Southern Africa) - W.C.C., 1976년
남아프리카복음장로교회(Evangelical Presbyterian Church in South Africa) - W.C.C., 1983년
남부아프리카감리교회(Methodist Church of Southern Africa) - W.C.C., 1948
남아프리카모라비안교회(Moravian Church in1983 South Africa), Free Church - W.C.C., 1961년
아프리카장로교회(Presbyterian Church of Africa) - W.C.C., 1981년

남부아프리카연합장로교회(Uniting Presbyterian Church of Southern Africa) - W.C.C., 1948년
남부아프리카연합개혁장로교회(Uniting Reformed Presbyterian Church of Southern Africa) - W.C.C.,1991년
남부아프리카연합회중교회(United Congregational Church of Southern Africa), United - W.C.C., 1968년

수단(Sudan):
수단아프리카내지교회(Africa Inland Church Sudan), Free Church - W.C.C., 2001년
수단장로교회(Presbyterian Church of the Sudan) - W.C.C., 1965년
수단성공회교구(Province of the Episcopal Church of the Sudan) - W.C.C., 1977년

탄자니아(Tanzania):
탄자니아성공회(Anglcan Church of Tanzania) - W.C.C., 1948년
탄자니아복음루터교회(Evangelical Lutheran Church in Tanzania) - W.C.C., 1967년
탄자니아모라비안교회(Moravian Church in Tanzania) - W.C.C., 1982년

토고(Togo):
토고복음장로교회(Evangelical Presbyterian Church of Togo) - W.C.C., 1960년
토고감리교회(Methodist Church of Togo) - W.C.C., 1996년

우간다(Uganda):
우간다교회(Church of Uganda, 성공회) - W.C.C., 1961년

서아프리카(West Africa)
나미비아(Namibia):
나미비아복음루터교회(Evangelical Lutheran Church in Namibia) - W.C.C., 2001년
나미비아공화국복음루터교회(Evangelical Lutheran Church in the Republic of Namibia) - W.C.C., 1992년

잠비아(Zambia):
잠비아개혁교회(Reformed Church in Zambia) - W.C.C., 1991년
잠비아연합교회(United Church of Zambia) United - W.C.C., 1966년

짐바브웨(Zimbabwe):
지바브웨복음주의 루터교회(Evangelical Lutheran Church in Zimbabwe) - W.C.C., 1990년
짐바브웨감리교회(Methodist Church in Zimbabwe) - W.C.C., 1985년
짐바브웨개혁교회(Reformed Church in Zimbabwe) - W.C.C., 1990년
짐바브웨연합그리스도교회(United Church of Christ in Zimbabwe), 개혁교 - W.C.C., 1998년

아시아(ASIA)
방글라데시(Bangladesh):
방글라데시침례교회(Bangladesh Baptist Church Sangha) - W.C.C., 1976년
방글라데시교회(Church of Bangladesh), United - W.C.C., 1975년

홍콩(Hong Kong):

중국그리스도교회홍콩협의회(Church of Christ in China, The Hong Kong Council), United - W.C.C., 1967년

인도(India):

벵갈-오리싸침례교회(Bengal-Orissa-Baptist Convention) - W.C.C., 1965년
북인도교회(Church of North India), United - W.C.C., 1948년
남인도교회(Church of South India), United - W.C.C., 1948년
마란카라정통시리아교회(Malankara Syrian Orthodox Church), 동양정교 - W.C.C., 1948년
말라바말토마시리아교회(Mar Thoma Syrian Church of Malabar), Mar Thoma - W.C.C., 1948년
인도감리교회(Methodist Church in India) - W.C.C., 1982년
텔루구침례교회(Samavesam of Telugu Baptist Churches) - W.C.C., 1965년
인도연합복음루터교회(United Evangelical Lutheran Church in India) - W.C.C., 1948년

인도네시아(Indonesia):

바탁기독교공동체교회(Batak Christian Community Church), 루터교 - W.C.C., 1975년
중앙수라웨시기독교회(Church of Central Sulawesi, reformed) - W.C.C. 1974년
기독교복음교회(Christian Evangelical Chutch of Sangihe Taland), 개혁교 - W.C.C. 1974년
기독교개신교앙카라 교회(Christian Protestant Angkala Church), 루터파 - W.C.C., 1990년

인도네시아감리교회(Methodist Church in Indonesia) - W.C.C., 2005년
숨바기독교회(Christian Church of Sumba), 개혁교 - W.C.C., 1998년
발리프로테스탄트기독교회(Protestant Christian Church in Bali), 개혁교 - W.C.C., 1976년
카로바탁프로테스탄트교회(Karo Batak Protestant Church), 개혁교 - W.C.C., 1969년
바탁프로테스탄트기독교회(Batak Protestant Christian Church), 루터교 - W.C.C., 1948년
인도네시아기독교프로테스탄트교회(Christian Protestant Church in Indonesia), 루터교 - W.C.C., 1997년
할마헤라복음기독교회(Evangelical Christian Church in Halmahera), 개혁교 - W.C.C., 1979년
타나파푸아복음교회(Evangelical Christian Church in Tanah Papua), 개혁교 - W.C.C., 1961년
인도네시아기독교회(The Indonesian Christian Church Gereja), 개혁교 - W.C.C., 1965년
인도네시아기독교(Indonesian Christian Church Huria), 루터교 - W.C.C., 1974년
인도네시아프로테스탄트 교회(Protestant Church in Indonesia), 개혁교 - W.C.C., 1948년
동자바기독교회(East Java Christian Church), 개혁교 - W.C.C., 1948년
자바기독교회(Javanese Christian Churches), 개혁교 - W.C.C., 1950년
칼리만탄복음교회(Kalimantan Evangelical Church), 개혁교 - W.C.C., 1948년
몰루카스프로테스탄트교회(Protestant Church in the Moluccas),

개혁교 - W.C.C., 1948년
미나하사기독복음교회(Christian Evangelical Church in Minahasa),
개혁교 - W.C.C., 1948년
니아스프로테스탄트기독교회(Nias Protestant Christian Church),
루터교 - W.C.C., 1972년
파순단기독교회(Pasundan Christian Church), 개혁교 - W.C.C.,
1960년
시말룬군프로테스탄트기독교회(Simalungun Protestant Christian
Church), 루터교 - W.C.C., 1973년
중앙술라웨시기독교회(Christian Church of Central Sulawesi),
개혁교 - W.C.C., 1948년
티몰프로테스탄트복음교회(Protestant Evangelical Church in Timor),
개혁교 - W.C.C., 1948년

일본(Japan):

일본성공회(Anglican Church in Japan) - W.C.C., 1948년
일본한인기독교회(Korean Christian Church in Japan), United -
W.C.C., 1963년
일본정교(Orthodox Church in Japan) - W.C.C., 1973년
일본연합그리스도교회(United Church of Christ in Japan) - W.C.C.,
1948년

대한민국(Korea):

한국성공회(Anglican Church of Korea) - W.C.C., 1999년
대한기독교감리회(Korean Methodist Church) - W.C.C., 1948년
대한기독교장로회(기장)(Presbyterian Church in the Republic of
Korea) - W.C.C., 1960년
대한예수교장로회(통합)(Presbyterian Church of Korea) - W.C.C.,

1948년

말레지아(Malaysia):
말레지아감리교회(Methodist Church in Malaysia) - W.C.C., 1977년
사바프로테스탄트교회(Protestant Chruch in Sabah), 루터교 - W.C.C., 1975년

파키스탄(Pakistan):
파키스탄교회(Church of Pakistan), United - W.C.C., 1971년
파키스탄연합장로교회(United Presbyterian Church of Pakistan) - W.C.C., 1961년

필리핀(Philippines):
필리핀침례교회(Convention of Philippine Baptist Church) - W.C.C., 2001년
필리핀성공회(Episcopal Church in the Philippines) - W.C.C., 1991년
필리핀독립교회(Philippine Independent Church), 독립 - W.C.C., 1958년
필리핀연합그리스도교회(United Church of Christ in the Philippines), United - W.C.C., 1948년
필리핀복음감리교회(Evangelical Methodist Church in the Philippines) - W.C.C., 1972년

싱가포르(Singapore):
싱가포르감리교회(Methodist Church in Singapore) - W.C.C., 1977년

스리랑카(Sri Lanka):

세이론교회(Church of Ceylon), 성공회 - W.C.C., 1948년
스리랑카감리교회(Methodist Church of Sri Lanka) - W.C.C., 1950년

대만(Taiwan):
대만장로교회(Presbyterian Church in Taiwan) - W.C.C., 1951년

태국(Thailand):
태국그리스도교회(Church of Christ in Thailand), United - W.C.C., 1948년

티모르 로로사에(Timor Lorosa'e):
티모르 로로사에 프로테스탄트교회(Protestant Church in Timor Lorosa'e), 개혁교 - W.C.C., 1991년

라틴 아메리카 및 카리브 연안(LATIN AMERICA and the CARIBBEAN)
아르헨티나(Argentina):
남부성공회(Anglican Church of the Southern Cone of America) - W.C.C., 1995년
하나님의교회(Association The Church of God), 오순절파 - W.C.C., 1980년
기독교성서교회(Christian Biblical Church), 오순절파 - W.C.C., 1997년
리버플레이트 복음교회(Evangelical Church of the River Plate), 루터교 - W.C.C., 1956년
아르헨티나복음감리교회(Evangelical Methodist Church of Argentina) - W.C.C., 1971년

연합복음루터교회(United Evangelical Lutheran Church) - W.C.C., 1960년

볼리비아(Bolivia):
볼리비아복음주의루터교회(Bolivian Evangelical Lutheran Church) - W.C.C., 1991년
볼리비아복음감리교회(Evangelical Methodist Church in Bolivia) - W.C.C., 1971년

엘살바도르(El Salvador):
엘살바도르루터교회(Salvadoran Lutheran Synod)

브라질(Brazil):
브라질기독개혁교회(Christian Reformed Church of Brazil) - W.C.C., 1972년
브라질성공회(Episcopal Church of Brazil) - W.C.C., 1966년
브라질루터신앙고백복음교회(Evangelical Church of Lutheran Confession in Brazil) - W.C.C., 1950년
브라질감리교회(Methodist Church in Brazil) - W.C.C., 1948년
브라질연합장로교회(United Presbyterian Church of Brazil) - W.C.C., 1984년

칠레(Chile):
칠레복음루터교회(Evangelical-Lutheran Church in Chile) - W.C.C., 1963년
칠레감리교회(Methodist Church of Chile) - W.C.C., 1971년
칠레자유오순절선교교회(Free Pentecostal Missions Church of Chile)

- W.C.C., 1991년
칠레오순절교회(Pentecostal Church of Chile) - W.C.C., 1961년
오순절선교교회(Pentecostal Mission Church) - W.C.C., 1961년

콜럼비아(Colombia):
콜럼비아장로교회(Presbyterian Church of Colombia) - W.C.C., 2005년

엘살바돌(EL Salrador):
엘살바돌침례교회(Baptist Association of EL Salvador) - W.C.C., 1991년
살바돌루터교대회(Salvadorian Lutheran Synod) - W.C.C., 1991년

멕시코(Mexico):
멕시코감리교회(Methodist Church of Mexico) - W.C.C., 1948년

니카라과(Nicaragua):
니카라과침례교회(Baptist Convention of Nicaragua) - W.C.C., 1983년
니카라과모라비안교회(Moravian Church in Nicaragua) - W.C.C., 1984년

페루(Peru):
페루감리교회(Methodist Church of Peru) - W.C.C., 1972년

우루과이(Uruguay):
우루과이감리교회(Methodist Church in Uruguay) - W.C.C., 1971년

카리비안 회원 교단들(CARIBBEAN MEMBER CHURCHES)
쿠바(Cuba):
쿠바감리교회(Methodist Church in Cuba) - W.C.C., 1968년
쿠바장로개혁교회(Presbyterian Reformed Church in Cuba) - W.C.C., 1967년

프에르토리코(Puerto Rico):
프에르토리카감리교회(Methodist Church of Puerto Rica) - W.C.C., 2005년

자메이카(Jamaica):
자메이카침례교연맹(Jamaica Baptist Union) - W.C.C., 1995년
자메이카모라비안교회(Moravian Church in Jamaica) - W.C.C., 1969년
자메이카-연합교회(United Church of Jamaica and Grand Cayman), United - W.C.C., 1967년

화란 열도(Netherlands Antilles):
연합프로테스탄트교회(United Protestant Church), United - W.C.C., 1962년

서리나미(Suriname):
서리나미모란비안교회(Moravian Church in Suriname) - W.C.C., 1975년

트리니다드-토바고(Trinidad & Tobago):
트리니다드장로교회(Presbyterian Church in Trinidad & Tobago) -

부록 1 세계교회협의회 회원 교단들 319

W.C.C., 1961년

서인도(West Indies):
바하마(Bahamas)
서인도교구교회(Church of the Province of the West Indies), 성공회
- W.C.C., 1948년
카리비안-아메리카감리교회(Methodist Church in the Caribbean & Americas) - W.C.C., 1967년
동서인도교구모라비안교회(Moravian Church, Eastern West Indies Province) - W.C.C., 1971년

아이티(Haiti):
아이티칠례교회(Baptist Convention of Haiti) - W.C.C., 2005년

유럽(EUROPE)
오스트리아(Austria):
오스트리아구카톨릭교회(Old Catholic Church of Austria) - W.C.C., 1967년
아우구스벌그-헬베틱신앙고백복음교회(Evangelical Church of the Augsburg and Helvetic Confessions in Austria Lutheran) - W.C.C., 1948년
헬베틱고백서복음교회(Evangelical Church of Helvetic Confessions), Reformed - W.C.C., 1948년

벨기에(Belgium):
벨기에연합프로테스탄트교회(United Protestant Church of Belgium), United - W.C.C., 1948년

세르비아(Serbia):
세르비아개혁기독교회(Reformed Christian Church in Serbia) - W.C.C., 1948년
세르비아 정교(Serbian Orthodox Church), 동방정교 - W.C.C., 1965년
세르비아아우구스신앙고백슬로박복음교회(Slovak Evangelical Church of the Augsburg Confession in Serbia), 루터교 - W.C.C., 1963년

에스토니아(Estonia):
에스토니아복음루터교(Estonia Evangelical Lutheran Church) - W.C.C., 1948년

체코슬로바키아(Czechoslovakia):
체코형제복음교회(Evangelical Church of Czech Brethren) - W.C.C., 1948년
체코후스교회(Czechoslovak Hussite Church), Hussite - W.C.C., 1963년
체코슬로바키아정교(Orthodox Church of Czechoslovakia) - W.C.C., 1955년
슬로바키아개혁교회(Reformd Church in Slovakia) - W.C.C., 1948년
아우구스버그신앙고백실레시안복음교회(Silesian Evangelical Church of the Augsburg Confession), 루터교 - W.C.C., 1955년
아우구스버그신앙고백슬로박복음교회(Slovak Evangelical Church of the Augsburg Confession in Slovakia), 루터교 - W.C.C., 1948년

덴마크(Denmark):
덴마크침례교연맹(Baptist Union of Denmark) - W.C.C., 1949년

덴마크복음루터교회(Evangelical Lutheran Church of Denmark) - W.C.C., 1948년

핀란드(Finland):
핀란드복음루터교회(Evangelical-Lutheran Church of Finland) - W.C.C., 1948년
핀란드정교(Orthodox Church of Finland) - W.C.C., 1982년

불란서(France):
아우구스버그신앙고백교회(Church of the Augsburg Confession of Alsace and Lorraine), 루터교 - W.C.C., 1948년
불란서복음루터교회(Evangelical Lutheran Church of France) - W.C.C., 1948년
알사스-로레인개혁교회(Reformed Church of Alsace and Lorraine) - W.C.C., 1948년
불란서개혁교회(Reformed Church of France) - W.C.C., 1948년

독일(Germany):
독일구교회(Catholic Diocese of the Old Catholics in Germany) - W.C.C., 1948년
독일복음교회(Evangelical Church in Germany), United - W.C.C., 1948년
바바리아복음루터교회(Evangelical Lutheran Church in Bavaria) - W.C.C., 1950년
브룬스윅복음루터교회(Evangelical Lutheran Church in Brunswick) - W.C.C., 1950년
하노버복음루터교회(Evangelical Lutheran Church of Hanover) -

W.C.C., 1950년
미크렌버그복음루터교회(Evangelical Lutheran Church of
Meeklenburg) - W.C.C., 1950년
색소니복음루터교회(Evangelical Lutheran Church of Saxony) -
W.C.C., 1950년
스카움버그-리피복음루터교회(Evangelical Lutheran Church of
Schaumburg-Lippe) - W.C.C., 1950년
북엘비안복음루터교회(North Elbian Evangelical Lutheran Church) -
W.C.C., 1950년
메노나이트교회(Mennonite Church) - W.C.C., 1948년
투린기아복음루터교회(Evangelical Lutheran Church in Thuringia) -
W.C.C., 1950년
모라비안교회(Moravian Church) - W.C.C., 1948년

그리스(Greece):
그리스교회(Church of Greece), 동방정교 - W.C.C., 1948년
그리스복음교회(Greek Evangelical Church), 개혁교 - W.C.C.,
1948년

헝가리(Hungary):
헝가리침례교연맹(Baptist Union of Hungary) - W.C.C., 1956년
헝가리루터교회(Lutheran Church in Hungary) - W.C.C., 1948년
헝가리개혁교회(Reformed Church in Hungary) - W.C.C., 1948년

아르메니아(Armenia):
아르메니아사도교회(Armenia Apostolic Church), 동양정교 - W.C.C.,
1962년

아이슬랜드(Iceland):
아이슬랜드복음루터교회(Evangelical Lutheran Church of Iceland) - W.C.C., 1948년

아일랜드(Ireland):
아일랜드교회(성공회, Church of Ireland) - W.C.C., 1948년
아일랜드감리교회(Methodist Church in Ireland) - W.C.C., 1948년

라트비아(Latvia):
라트비아복음루터교회(Evangelical Lutheran Church of Latvia) - W.C.C., 1962년

이탈리아(Italy):
이탈리아복음침례교연맹(Evangelical Baptist Union of Italy) - W.C.C., 1997년
이탈리아복음감리교회(Evangelical Methodist Church of Italy) - W.C.C., 1954년
왈덴시안교회(Waldensian Church) - W.C.C., 1948년

네덜란드(Netherlands):
화란메노나잇교회(Menonaite Church in the Netherlands) - W.C.C., 1948년
복음루터교회(Evangelical Lutheran Church)
화란개신교회(Protestant Church in the Netherlands), united - W.C.C., 1948년
화란구카톨릭교회(Old Catholic Church of the Netherlands) - W.C.C., 1948년

항론파형제교단(Remonstrant Brotherhood), 개혁교 - W.C.C., 1948년

노르웨이(Norway):
노르웨이교회(Church of Norway), 루터교 - W.C.C., 1948년

폴란드(Poland):
폴란드정교회(Polish Autocephalic Orthodox Church in Poland) - W.C.C., 1961년
폴란드아우구스버그신앙고백복음교회(Evangelical Church of the Augsburg Confession in Poland), 루터교 - W.C.C., 1948년
폴란드폴리쉬카톨릭교회(Polish Catholic Church in Poland), (Old Catholic) - W.C.C., 1948년
구카톨릭마리아비트교회(Old Catholic Mariavite Church in Poland), 독립 - W.C.C., 1969년

포르투갈(Portugal):
포르투갈복음장로교회(Evangelical Presbyterian Church of Portugal) - W.C.C., 1965년
루시타니안카톨릭-사도복음교회(Lusitanian Church of Portugal), 성공회 - W.C.C., 1962년

루마니아(Romania):
루마니아복음주의루터교회(Evangelical Lutheran Church in Romania) - W.C.C., 1948년
루마니아정교(Romanian Orthodox Church) - W.C.C., 1961년
루마니아개혁교회(Reformed Church of Romania) - W.C.C., 1948년
루마니아아우구스버그신앙고백복음장로교회(Evangelical Lutheran

Church of the Augsburg Confession in Romania), 루터교 - W.C.C., 1948년

스페인(Spain):
스페인복음교회(Spanish Evangelical Church), 개혁교 - W.C.C., 1948년
스페인개혁성공회(Spanish Reformed Episcopal Church) - W.C.C., 1962년

스웨덴(Sweden):
스웨덴교회(Church of Sweden), 루터교 - W.C.C., 1948년
스웨덴선교언약교회(Mission Covenant Church of Sweden), 개혁교 - W.C.C., 1948년

알바니아(Albania):
알바니아정교회(자치)(Orthodox Autocepalous Church of Albania) - W.C.C., 1994년

스위스(Switzerland):
스위스구카톨릭교회(Old Catholic Church of Switzerland) - W.C.C., 1948년
스위스프로테스탄트교회연맹(Federation of Swiss Protestant Church), 개혁교 - W.C.C., 1948년

터키(Turkey):
콘스탄티노플에큐메니칼교구(Ecumenical Patriarchate of Constantinople), 동방정교 - W.C.C., 1948년

러시아(USSR):
세르비아-몬테니그로개혁기독교회(Reformed Christian Church in Serbia-Montenegro), 개혁교 - W.C.C., 1948년
러시아정교회(Russian Orthodox Church) - W.C.C., 1961년
에스토니안복음루터교회(Estonian Evangelical Lutheran Church Estonian SSR) - W.C.C., 1948년
라트비아복음루터교회(Evangelical Lutheran Church of Latvia Latvian SSR) - W.C.C., 1962년
세르비안정교회(Serbian Orthodox Church) - W.C.C., 1965년
슬로박복음교회(세르비아-몬테니그로 아우구스버그 신앙고백)(Slovak Evangelical Church), 루터교 - W.C.C., 1963년

영국과 아일랜드 공화국(United Kingdom and Republic of Ireland) - headquartered in England:
영국침례교연맹(Baptist Union of Great Britain) - W.C.C., 1948년
영국모라비안교회(British Province of Moravian Church), Free Church - W.C.C., 1949년
영국교회(Church of England), Anglican(성공회) - W.C.C., 1948년
감리교회(Methodist Church) - W.C.C., 1948년
- headquartered in Ireland:
아일랜드교회(Church of Ireland), 성공회 - W.C.C., 1948년
아일랜드감리교회(Methodist Church in Ireland)
- headquartered in Scotland:
스코틀랜드교회(Church of Scotland), 개혁교 - W.C.C., 1948년
스코틀랜드회중교회(Scottish Congregational Church)
스코티시성공회(Scottish Episcopal Church)
- headquartered in Wales - W.C.C., 1948년

웨일스교회(Church in Wales), 성공회 - W.C.C., 1948년
웨일스장로교회(Presbyterian Church of Wales) - W.C.C., 1948년
연합개혁교회(Unitid Reformed Church) - W.C.C., 1948년
웰치독립연맹(Union of Welsh Independents), Reformed(개혁교) - W.C.C., 1967년
스코트랜드연합자유교회(United Free Church of Scotland) - W.C.C., 1948년

중동(MIDDLE EAST)
사이프러스(Cyprus):
사이프러스교회(Church of Cyprus), 동방정교 - W.C.C., 1948년

이란(Iran):
이란복음장로교회(Evangelical Presbyterian Church of Iran) - W.C.C., 1950년

예루살렘(Jerusalem):
예루살렘-중동성공회(Episcopal Church in Jerusalem and the Middle East) - W.C.C., 1976년
예루살렘그리스정교회(Greek Orthodox Patriarchate of Jerusalem) - W.C.C., 1948년

레바논(Lebanon):
시리아레바논전국복음대회(National Evangelical Synod of Syria and Lebanon), 개혁교 - W.C.C., 1948년
아르메니안사도교회(Armenian Apostolic Church-Cilicia), 동양정교 - W.C.C., 1962년

근동알미니안복음교회연맹(Union of the Armenian Evangelical Church in the Near East), 개혁교 - W.C.C., 1948년

시리아(Syria):
안디옥및전동부시리안정교회(Greek Orthodox Patriarchate of Antioch and All the East Syrian) - W.C.C., 1948년
안디옥시리안정교회(Syrian Orthodox Patriarchate of Antioch), 동양정교 - W.C.C., 1960년

이집트(Egypt):
칩틱정교회(Coptic Orthodox Church), 동양정교 - W.C.C., 1948년
이집트장로교회(Evangelical Presbyterian Church of Egypt), 개혁교 - W.C.C., 1948년
알렉산드리아헬라정교회(Greek Orthodox Patriarchate of Alexandria), 동방정교 - W.C.C., 1948년

북아메리카(NORTH AMERICA)
캐나다(Canada):
캐나다성공회(Anglican Church of Canada) - W.C.C., 1948년
캐나다친우종교사회연회(Canadian Yearly Meeting of the Religious Society of Friends), Quakers - W.C.C., 1948년
기독교회(그리스도의 제자)(Christian Church<Disciples of Christ>) - W.C.C., 1948년
에스토니안복음루터교회(Estonian Evangelical Lutheran Church Abroad) - W.C.C., 1962년
캐나다복음루터교회(Evangelical Lutheran Church in Canada) - W.C.C., 1985년

캐나다장로교회(Presbyterian Church in Canada) - W.C.C., 1948년
캐나다연합교회(United Church of Canada), United - W.C.C., 1948년

미국(United States of America):
아프리카감리감독교회(African Methodist Episcopal Church) - W.C.C., 1948년
아프리카감리감독시온교회(African Methodist Episcopal Zion Church) - W.C.C., 1948년
미국아메리칸침례교회(American Baptist Churches in the USA) - W.C.C., 1948년
기독교회(그리스도의제자)(Christian Church<Disciples of Christ> in the Unitid States) - W.C.C., 1948년
기독감리감독교회(Christian Methodist Episcopal Church) - W.C.C., 1948년
형제교회(Church of the Brethren) - W.C.C., 1948년
미국성공회(Episcopal Church in the U.S.A) - W.C.C., 1948년
미주복음루터교회(Evangelical Lutheran Church in America) - W.C.C., 1948년
성사도아시리안교회(Holy Apostolic Catholic Assyrian Church of the East), 시리아정교 - W.C.C., 1948년
미주헝가리개혁교회(Hungarian Reformed Church in America) - W.C.C., 1958년
국제공동체교회연합회(International Council of Community Churches), 초교파 - W.C.C., 1974년
국제복음교회(International Evangelical Church), 오순절파 - W.C.C., 1972년
미국모라비안교회(북부)(Moravian Church in America <Northern Province>) - W.C.C., 1948년

미국모라비안교회(남부)(Moravian Church in America <Southern Province>) - W.C.C., 1948년
아메리카전국침례교회(National Baptist Convention of America) - W.C.C., 1955년
미국전국침례교회(National Baptist Convention, USA, Inc.) - W.C.C., 1948년
아메리카동방정교(Orthodox Church in America Eastern) - W.C.C., 1953년
폴란드카톨릭교회(Polish National Catholic Church) - W.C.C., 1948년
미국장로교회(Presbyterian Church<USA>) - W.C.C., 1948년
진보전국침례교회(Progressive National Baptist Convention, Inc.) - W.C.C., 1975년
미국개혁교회(Reformed Church in America) - W.C.C., 1948년
종우회(Religious Society of Friends), Free Church - W.C.C., 1948년
그리스도연합교회(United Church of Christ), United - W.C.C., 1948년
연합감리교회(United Methodist Church) - W.C.C., 1948년

오세아니아(OCEANIA)
오스트레일리아(Australia):
오스트레일리아성공회(Anglican Church of Australia) - W.C.C., 1948년
오스트레일리아그리스도교회(Churches of Christ in Australia), Disciples - W.C.C., 1948년
오스트레일리아연합교회(Uniting Church in Australia), United - W.C.C., 1948년

쿡 아일랜드(Cook Islands):

쿡아일랜드기독교회(Cook Islands Christian Church), 개혁교 - W.C.C., 1975년

피지(Fiji):

피지감리교회(Methodist Church in Fiji) - W.C.C., 1976년

뉴질랜드(New Zealand):

뉴질랜드성공회(Anglican Church in Aotearoa, New Zealand) - W.C.C., 1948년

뉴질랜드그리스도협동교회(Associated Churches of Christ in New Zealand), Disciple - W.C.C., 1948년

뉴질랜드침례교연맹(Baptist Union of New Zealand) - W.C.C., 1948년

니느웨회중기독교회(Congregational Christian Church of Niue) - W.C.C., 2001년

뉴질랜드감리교회(Methodist Church of New Zealand) - W.C.C., 1948년

뉴질랜드장로교회(Presbyterian Church of New Zealand) - W.C.C., 1948년

파푸아 뉴기니(Papua New Guinea):

파푸아뉴기니복음주의루터교회(Evangelical Lutheran Church of Papua New Guinea) - W.C.C., 1990년

파푸아뉴기니-솔로몬 아일랜드연합교회(United Church in Papua New Guinea and the Solomon Islands) - W.C.C., 1971년

사모아(Samoa):

아메리칸사모아회중기독교회(Congregational Christian Church of American Samoa) - W.C.C., 1985년
사모아회중기독교회(Congregational Christian Church in Samoa), Reformed - W.C.C., 1961년
사모아감리교회(Methodist Church in Samoa) - W.C.C., 1975년

솔로몬 아일랜드(Solomon Islands):

멜라네시아교회(Church of Melamesia), 성공회 - W.C.C., 1977년
솔로몬아일랜드연합교회(United Church in the Solomon Islands) - W.C.C., 1971년

통가(Tonga):

통가감리교회(통가자유웨슬레안교회)(Methodist Church in Tonga<Free Wesleyan Church of Tonga>) - W.C.C., 1975년

투발루(Tuvalu):

투발루회중기독교회(Congregational Christian Church of Tuvalu), Reformed - W.C.C., 1980년

바누아투(Vanuatu):

바누아투장로교회(Presbyterian Church of Vanuatu) - W.C.C., 1961년

부록 2

성경적 성별의 원리
(The Principle of Biblical Separation)

1) 우리는 진리 비진리, 신자 불신자, 신앙 불신앙에 관심을 가져야 한다.

하나님의 은혜로 다수의 보수적 근본주의(Fundamentalism) 성도들은 무사히 배교적 교회들의 영문 밖(outside the gate)에 있으나, 불행하게도 배교와 불신앙으로 극도로 타락한 전 세계 자유주의 교회들의 연합단체인 세계교회협의회(世界敎會協議會; World Council of Churches)와 아시아 지역 자유주의 교회들의 연합단체인 아시아 기독교 교회 협의회(Christian Conference of Asia), 그리고 우리나라의 자유주의 교회들의 연합단체인 한국 기독교 교회 협의회(National Council of Churches in Korea) 등의, 에큐메니칼 운동(Ecumenical Movement)이 무엇인지 올바로 이해하지 못하는 수많은 하나님의 자녀들은 아직도 그 영문 안에 머물러 있으며, 에큐메니즘(Ecumenism)에 대한 왜곡된 자유주의의 선전으로 계속 악영향을 받고 있다. 더욱이 수많은 교회 지도자들과 목회자들은 신앙의 투쟁에 직접 참여하기를 원치 않으며, 그들의 신도들을 소요케 할지도 모를 여하한 선한 싸움으로부터도 가급적 멀리 떨어져 있기를 원하고 있다.

그렇지만 우리들은 그리스도 안에 있는 이 연약한 믿음의 형제들에게 그들의 잘못된 신앙 노선과 방향을 지적해 줄 책임과 특권을 지니고 있음을 명심해야 한다. 그 이유는 우리에게는 어느 범위까지 그리스도의 보혈로 구속함을 받은 믿음의 형제자매들을 보살펴야 할 신앙적 책임이 따르기 때문이다. 우리는 그들을 우리의 "영문 안"(inside the gate)으로 들어오도록 해야 한다. 그럼에도 불구하고 싸워야 할 이 신앙의 전투에서 빌라도와 같이 자기들의 손을 씻고, 책임을 면하려 하는 무관심한 자들이 많이 있다는 사실은 매우 가슴 아픈 일이다.

그리스도인들은 주님이 마태복음 23:23에서 "이것도 행하고 저것도 (행하지 않은 채) 버리지 말아야 할지니라"고 하신 말씀을 기억해야 한다. 우리는 우리의 임무를 등한시하는 죄를 범하지 말아야 한다. 주님께서는 벙어리 개들을 책망하셨는데 그 이유는 그들이 짖을 수도 없고 짖지도 않기 때문이다. 이사야 선지자는 말하기를 "그들은 다 벙어리 개라 능히 짖지 못하며"(사 56:10)라고 하였다. 우리는 우리가 경고해야 하고, 짖어야 할 때 오히려 잠잠하고 우리의 입을 봉한다면 이사야 선지자를 통하여 경고하신 그 동일한 하나님께서 우리들을 엄히 경고, 책망하신다는 것을 기억해야 한다. 만일 우리가 이웃집에 도둑이 비밀리에 침입하여 도둑질하고 있음을 안다면 이웃에게 경고해 주는 것이 우리의 당연한 할 일이 아니겠는가? 또한 이웃집에 불이 났다면 급히 알려 줘야 하지 않겠는가? 실로 그렇다. 하나님께서 그의 파수꾼에게 무엇을 명하셨는지 주의해야 할 필요가 있다. 하나님께서는 "크게 외치라 아끼지 말라 네 목소리를 나팔같이 날려 내 백성에게 그 허물(죄)을 고하라"(사 58:1)고 명하시지 않았는가?

우리들은 하나님의 백성들을 위한 지대한 책임을 지니고 있다. 우리들의 책임은 곧 에큐메니칼 자유주의의 배(boat)가 침몰되기 전에 세계교회협의회(W.C.C.)와 한국 기독교 교회 협의회(N.C.C.K.)에 속한 교회들이 그런 배교와 불신앙의 단체들로부터 탈퇴하도록 믿음의 성도들을 경고하고 도와주는 것이다.

우리들은 하나님의 자녀들로서 성경에서 교훈한 순종의 원리에 충성해야 한다. 우리들은 하나님의 말씀은 최종 법정판결(final judgement)임을 믿어야 한다. 사람들이 계속 불순종의 상태에 있게 될 때 그들의 양심은 화인(火印)맞게 되며 타협하게 된다. 성경은 "선을 행할 줄 알고도 행치 아니하면 죄니라"(약 4:17)고 하였다. 성경을 하나님의 말씀으로 믿는 그리스도인들은 하나님의 명령에 관하여 결코 왈가왈부 논쟁을 하지 않는다.

웨스트민스터 소요리문답 제14문, "죄는 무엇입니까?"

"죄는 하나님의 법을 순종함에 있어서 부족한 것이나 또는 어기는 것이니라."

우리들이 감히 "주께서 천천(千千)의 수양이나 만만(萬萬)의 강수(江水) 같은 기름을 기뻐하실까?"(미 6:7)라고 질문할 수 있는가? 우리는 순종하는 것이 희생제물보다 더 낫고, 청종하는 것이 수양의 기름(고기)보다 더 낫다는 하나님의 말씀을 명심해야 한다.

순종은 하나님의 자녀들에게 매우 중요하다. 그 이유는 순종은 제자(discipleship)로서 합당한가에 대한 시험(test)이기 때문이다. 순종은 마음속에서부터 시작하여 외부적 행위들로 나타나야 한다. 다시 말하면 순종(obedience)은 행동(work)을 가져온다. 이 행동은 위로부터 요구되는 것이다. 만일 누구든지 주님을 참으로 사랑한다고 하면 그의 계명들을 지킬 것이다(요 14:21). 우리들은 이 귀중한 원리들을 지금까지 적용해 오고 있다. 평안과 행복의 유일한 길은 오직 하나님의 말씀을 순종함으로 온다.

(1) 우리는 배교와 불신앙으로 타락한 자유주의자들, 교회들, 단체들을 식별(recognize), 표시(mark)해야 한다(요일 4:1, 계 2:2).

우리는 그들이 어떠한 자들인지 바로 인식해야 한다. 그 다음에 우리들은 성령의 인도하심을 따라서 성경 말씀과 전통적 신조들과 우리의 신앙고백서들(the Words of God, our Traditional Creeds and Confessions of Faith)로써 그들의 거짓 교훈들을 시험하고 무엇이 잘못되었는지를 찾아내야 한다. 그 다음 우리는 그들을 배교들로서 표시해야 한다.

요한 사도는 말하기를 "사랑하는 자들아 영을 다 믿지 말고 오직 영들이 하나님께 속하였나 시험하라 많은 거짓 선지자가 세상에 나왔음이니라"(요일 4:1)고 하였다. 시험하라는 말씀은 "도키마제테" 즉 증명하라(prove)는 뜻이다.

또한 바울은 "형제들아 내가 너희를 권하노니 너희 교훈(doctrine)을 거스려 분쟁을 일으키고 거치게 하는 자들을 살피고(표시하고) 저희에게서 떠나라(피하라)"(롬 16:17)고 하였다. "표시한다"(to look at, behold, watch, contemplate, keep eye on)는 단어는 주시하여 보다, 보다, 주의하다, 깊이 생각(숙고)하다, 계속 주시하다라는 뜻이다. "표시한다"는 말은 곧 오늘날 참된 신자들이 속임을 당하지 않도록 눈을 크게 뜨고, 속이는 자들을 면밀히 조사하고, 그들이 어떤 사람들인지 그리고 그들이 무엇을 말하는지를 똑바로 알고 폭로하고 책망하는 것이다.

사도 바울이 "거짓 선지자들을 주의하라"고 말했을 때 그는 그들 거짓 선지자들의 이름을 명시(明示)하는 것도 주저하지 않았다. 즉 "그중에 후메네오와 빌레도가 있느니라"(딤후 2:17)고 하였다. 이들 두 사람은 신앙에서 떠나서 "부활은 벌써 지나갔다"고 말함으로 부활을 부인하는 그 당시 불신앙의 자유주의자들이었다. 그들은 에베소 지역에서 있었던 이단의 스승이었다. 후메네오와 빌레도는 진리에서 즉 그리스도 안에서의 참된 구원의 교리에서 떠나 신앙적으로 방황한 사람들이었다.

(2) 우리는 배교의 무리들을 책망하고 폭로(Rebuke and Expose) 해야 한다(엡 5:11).

거짓 선지자들은 교회 역사에 항상 존재하였다. 구약시대에도 거짓 선지자들이 있었고(사 56:10-12), 예수님 당시에도 있었으며(마 24:5), 말세에는 더욱 그러하다(벧후 2:1; 요일 4:1).

"책망하다"는 단어는 "엘렝코"인데, 이 말은 꾸짖다, 폭로하다, 시험하다, 조사하다, 논박하다(to rebuke, expose, examine, investigate, refute)라는 뜻이다(마 18:15; 엡 5:11, 13; 딤전 5:20; 딤후 4:2; 고전 13:24).

우리는 배교와 불신앙의 무리들, 단체들을 조사하고, 그들의 정체와 활동들을 폭로하고 그들의 죄를 책망해야 한다. 악에 대한 침묵은 하나님 앞에서 죄이다. 하나님은 벙어리 개를 가장 싫어하신다. 하나님의 말씀은 우리의 임무가 배교의 무리와 우호관계를 단절하고 책망하는 것이라고 가르친다. "너희는 열매 없는 어두움의 일에 참예하지 말고 도리어 책망하라"(엡 5:11).

주 예수 그리스도는 책망하고 견책하시는 분이시다. 주님은 타락하고 외식하는 바리새인들, 사두개인들, 서기관들, 대제사장들 그리고 성전을 다스리는 자들과 결코 타협하지 않으셨다. 오히려 그들의 불의와 죄를 노골적으로 책망하셨다(마 22:29). 그리하여 모든 사람들은 주님과 그들 간에는 구별(차이)이 크게 있음을 알게 되었다.

우리 주님은 바리새인들과 서기관들을 "위선자들, 어리석은 자들, 소경들, 회칠한 무덤 같은 자들, 독사들, 지옥의 자식들"이라고 책망하셨다(마 23:13-26). 더욱이 돈 바꾸는 자들을 성전에서 몰아내고, 돈 바꾸는 자들의 돈을 쏟고, 테이블을 두 번이나 뒤집어엎으셨다(요 21:12-13; 막 11:15-18; 눅 19:45). 주님은 말씀하시기를 "기록된 바 내 집은 기도하는 집이라 일컬음을 받으리라 하였거늘 너희는 강도의 굴혈(窟穴)로 만드는도다"(마 21:13)라고 하셨다.

우리 주님은 배교와 불신앙을 결코 용납하거나 승인하지 않으셨으며, 결코 그들과 타협하거나 협동하지 않으셨다. 주님께서는 이리들을 양 무리들의 지도자로 허락지 않으셨다. 오히려 양의 옷을 입은 이리들을 주의하라고 경고하셨다.

"자유주의자들" 과 "신복음주의자들"(The Liberals and the New Evangelicals)은 주장하기를 예수님도 죄인들과 친교를 가졌었다고 변명한다. 그러나 누가복음 15:1-2과 마태복음 9:12의 경우 예수님은 세리들과 죄인들을 구원받지 못한 죄인들로서 그리고 영적 병자로서 취급하셨다. 주님은 죄인들과 타협하거나 협동하지 않으셨다. 주님은 죄인들이 회개하고 변화되기만을 원하셨다. 주님은 죄인들의 친구가 되셨다.

사도 바울의 거짓 스승들에 관한 교훈들은 오해의 여지를 남겨두지 않았다. 사도 바울은 그들을 "거짓 사도들, 속이는 행악자들" (고후 11:13-15)이라고 불렀다. 그리고 말하기를 "우리나 혹 하늘로부터 온 천사라도 우리가 너희에게 전한 복음 이외에 다른 복음을 전하면 저주를 받을지어다"(갈 1:8)고 하였다.

사도 바울은 한 큰 도성, 에베소 시(市)에서 3년 간 "사랑, 관용 그리고 형제우애" 보다는 오히려 경고와 책망의 설교를 하였다. "그러므로 너희가 일깨어 내가 삼년이나 밤낮 쉬지 않고 눈물로 각 사람을 훈계하던 것을 기억하라" 고 하였다(행 20:31). 3년을 밤낮으로 배교와 불신앙에 대항하여 눈물로 경고의 메시지를 전했다는 말씀은 상상하기 어려운 일이다.

사도 베드로는 경고하기를 "민간에 또한 거짓 선지자들이 일어났었나니 이와 같이 너희 중에 거짓 선생들이 있으리라"(벧후 2:1)고 하였다. 유다서 전장은 표시, 경고, 책망, 폭로하는 강한 표현들을 사용하였다. 에베소 교회는 악한 자들을 용납지 않았으므로 칭찬을 받았다(계 2:2). 그러나 반면에 버가모 교회와 두아디라 교회는 이단의 교훈에 가담하였기 때문에 책망을 받았다(계 2:14, 24).

모든 신약성경 기록들은 기독신자들에게 교훈, 경고, 책망, 권면을 준다. 실제로 성경 전체를 보면 경고에 관한 권들, 장수들, 구절들(books, chapters and verses)이 사랑에 관한 것보다 더 많다. 우리는 사도 바울이 젊은 교역자 디모데에게 "이것들을 명하고 가르치라"(딤전 4:11)고 한 것처럼 하나님의 백성들을 바르게 교훈해야 한다. 우리는 영적 분별력이 없는 교역자들, 진리에 무관심한 교역자들에게 이 진리를 가르쳐야 한다. 또한 철없는 양떼들에게 그들이 어느 단체, 어떠한 신앙적 노선으로 줄달음치고 있는지를 알려주어야 한다.

(3) 우리는 불신앙의 자유주의자들을 결코 용납(not allowed)하지 않아야 한다(요이 10-11).

우리는 불신앙의 무리들이 하나님의 집인 교회에 들어오지 못하도록 해야 한다. W.C.C.와 N.C.C.의 지도층 자유주의자들과 그들의 이 교훈(이단사상들)에 대하여 우리가 가져야 할 태도는 매우 분명하고 확고하다. 그것은 곧 그들과의 신앙적 교류를 단절하는 것이다. 그들이 우리 교회에서 예수 그리스도의 양떼들에게 연설, 설교, 강의를 못하게 해야 한다. 우리는 우리의 귀한 신앙을 파괴하는 무리들에게 우리의 교회들이 분별력 없이 무방비 상태로 개방되도록 내버려두지 않아야 한다. 우리는 그들을 환영하지 않아야 한다. 만일 우리 가운데 어느 한 사람이라도 배교를 받아들이면 우리는 그들의 재앙에 참여하는 자가 될 것이다.

우리는 사랑의 사도인 요한이 그의 서신에서 이단에 관하여 어떻게 강하게 말하였는지를 명심하자! "누구든지 이 교훈을 가지지 않고 너희에게 나아가거든 그를 집에 들이지도 말고 인사도 말라, 그에게 인사하는 자는 그 악한 일에 참예하는 자임이니라"(요이 10-11).

우리는 배교적 자유주의 교회들과는 신앙적 관계와 교류를 갖지 않아야 하며, 협조도 하지 말아야 한다. 우리는 자유주의자들의 독

(poison)이 섞인 메시지를 거부하여야 한다.

(4) 불신앙의 무리들이 교회에 침투하면 엄히 훈계해야 한다(딛 3:10).

훈계는 행위나 또는 그 교리의 잘못을 저질렀을 때 권고하는 것이다. 사도 바울은 "이단에 속한 사람은 한두 번 훈계한 후에 멀리하라"(딛 3:10)고 하였다. 만일 한 번의 권고가 효과가 없으면 두 번 권고해야 한다. 만일 두 번째의 경고도 무시되면 우리가 할 수 있는 최종적 결정은 그들을 거절하는 것이다. 잘못을 포용하는 자들을 진리로 돌이킬 수 없다면 거절해야 한다. 물론 한두 번의 훈계란 진실과 성실이 담긴 간곡한 훈계를 말한다. 우리는 배교와 불신앙을 거부해야 한다. 참되고 신실한 신자들은 배교와 불신앙에 대하여 관용하거나 주저할 필요가 없다.

자유주의자들은 자기들이야말로 화평케 하는 자들(peace-maker)이라고 말한다. 그러나 진실을 말하자면 그들이야말로 문제를 일으키는 자들(trouble-maker)이며, 당을 짓는 자들이다. 고로 우리는 그들을 거절해야 한다.

만일 우리가 그들을 거부하지 않으면 거짓 스승들과 거짓 교훈이 우리 교훈에 들어올 것이며 우리의 신앙을 파괴할 것이다. 사도 바울은 거짓 교훈이 우리의 신앙을 파괴하는 빠르고 강한 전염성을 지적하기 위하여 의학적인 용어인 갱그린(gangrene)이라는 단어를 사용하였다.

갱그린은 박테리아(bacteria)가 부상당한 곳이나 상처가 난 곳으로 들어가 살(肉)을 파괴하는 질병이라고 한다. 이와 같이 만일 우리가 거짓 스승들이 들어오는 것을 허용한다면 그들의 부패된 교리가 그 시초부터 퍼져서 회중 안에, 교회 안에, 교단 안에, 신학교 안에서 인본주의와 불신앙으로 나가는 사람들을 먼저 부패시킨다. 그리고 그들은 적은 누룩이 되어 온 회중, 온 교회, 교단과 신학교 전체를 부패시킨다.

여기에 단순한 예를 들어보자!

① 깨끗한 물 한 컵 + 깨끗한 물 한 컵 = 깨끗한 물
　 더러운 물 한 컵 + 더러운 물 한 컵 = 더러운 물
　 깨끗한 물 한 컵 + 더러운 물 한 컵 = 더러운 물

깨끗한 물이 더러운 물과 합하면 더러운 물이 깨끗해지는 것이 아니라 깨끗한 물이 오히려 더러워진다.

② 쥐약: 옥수수가루, 밀가루 등 맛있는 음식에 들어있는 매우 적은 분량의 독(毒)이 쥐를 죽인다.

③ 누룩: 적은 누룩이 전체에 퍼진다.

이와 같이 작은 불신앙이 신자들의 영혼을 부패시키는 것이다. 고로 가장 최선의 정책은 거짓 스승들과 그들의 교훈 그리고 그들의 단체들로부터 성별(聖別)하는 것이다. 우리가 교회 역사를 살펴보면 교리적 그리고 교파적 차이점들로 인하여 교회들이 가끔 분리되어 왔음을 본다. 그러나 지금은 W.C.C., N.C.C. 등의 정치적, 이념적, 신앙적, 교리적 불신앙과 배교가 기독교 내에 심각한 분리를 조장해 오고 있다.

W.C.C., N.C.C.는 배교와 불신앙으로 극도로 타락된 단체들이므로 심지어는 W.C.C.의 정회원인 대한 예수교 장로회(통합측), 대한 기독교 장로회(기장측), 대한 기독교 감리회(기감측)의 에큐메니칼 지도자들도 다른 교단들에게 W.C.C.의 가입을 요청하지 못한다. 저들이 참으로 W.C.C.가 불신앙 단체인 줄 인정한다면 거기서 성별되어야 한다.

(5) 불신앙과 배교의 무리들을 권징치리(勸懲治理, Discipline, Expel)해야 한다.

불신앙의 무리들이 교회에 잠입하거나 침입하면 내쫓아야 한다. 거부(拒否)는 교회에 있어서 권징과 치리에 관련된다. 권징을 바로 시행하는 교회는 교회의 순수성과 정통성을 보전할 수 있으나, 권징을 바로 시행하지 못하는 교회는 교회의 증거를 파괴한다. 불신앙의 무리들이 교회에 들어올 때는 권징과 치리를 시행함으로 그들이 들어오지 못하도록 제거해야 한다. 만일 이것에 실패하면 불신앙의 무리들이 하나님의

집에서 심판을 받을 수 없게 될 것이 아닌가?

　권징이 바로 지속될 수 있고 그리스도의 복음만이 제시되는 참된 교회들을 설립하는 것은 하나님의 백성들의 임무이다. 권징은 복음의 순수성과 교회의 순수성을 보전하기 위하여 바로 시행되어야 한다. 하나님의 집에서 불신앙과 배교를 제거하지 않으면 그것이 온 교회에 번질 것이 아닌가? "적은 누룩이 온 덩이를 삼키듯 …."

　지금 배교와 불신앙의 사람들은 너무나 담대해졌기 때문에 저들의 불신앙이 공공연하게 만연되어 있고 횡행하고 있으며, 은폐하려는 모색도 없이 불신앙 자체를 설교하고 있다. 옛날에는 불신앙의 사람들은 교회 밖에 있었다. 그러나 지금은 사태가 바뀌어 각계각층에 불신앙의 교회들을 세우고 있다. 지금 그들은 공공연히 담대하게 그리고 거만하게 들어온다. 신학교, 총회, 노회, 교회의 지도권을 장악하고 있다.

　그러므로 우리는 하나님의 백성들에게 경고해야 하며, 만일 불신앙의 사람들이 들어오면 축출해야 한다. 그리고 불신앙의 단체에 속한 교역자들과 성도들은 그곳에서 탈퇴해야 한다. 그 안에 머물러 있으면서 그 단체를 바로 세우겠다는 생각은 인본주의 사상으로 잘못된 것이다. 그렇게 하기에는 너무나 때가 늦었기 때문이다.

(6) 배교적 자유주의 교회들 가운데서 나오라(Come out! 고후 6:17; 계 18:4).

　우리는 배교와 불신앙의 사람들, 단체들 그리고 그들의 주장들과 활동들을 바로 인식(recognize)하고, 그것들을 표시(mark), 폭로(expose), 책망(rebuke)하고, 그들이 침투하지 못하도록 생명을 내걸고 힘써 막아야 하며, 그래도 침투해 들어오면 엄히 훈계(discipline)해야 하며, 그래도 순종하지 아니하면 그들을 쫓아내야 한다.

　이와 같은 성별의 여러 단계들을 시행함에 있어서 실패하였을 경우 최종 최후의 단계는 더 이상 그곳에 머물러 배교에 참여하지 말고 성별되어야 한다. 이 단계에서의 성별은 곧 불신앙의 단체와 무리들로부터 나오는 것이다.

　금일의 다수 교회들은 이 성별의 원리에 순종하지 않으며 반면에 일부 소수의 교회들은 단번에 주신 믿음의 도리를 위하여 힘써 싸워보지도 않고 나옴으로 교회분리의 현상을 빚게 된다. 우리는 성경이 교훈하는 성별의 원리를 단계적으로 시행하여야 할 것이다.

　N.C.C., C.C.A., W.C.C.는 자유주의 교회들의 연합단체이다. 이 단체들은 신앙적으로 극도로 타락하였기 때문에 이 단체들 안에 머물러 있는 것은 죄이다. 그러므로 하나님께서 "나오라"(Come out !)고 명하신다. 하나님께서 무엇을 금하실 때에 그것은 분명히 우리의 신앙을 위하는 것이므로 그것에 순종하기를 거부한다면 하나님의 명령을 불순종하는 죄를 범하는 것이다. 많은 사람들은 그 단체들 안에 머물러 있는 것은 하나님의 명령을 불순종하는 것이라고 믿었기 때문에 그 단체들을 탈퇴하였다.

2) 성별의 이유들(The Reasons of Seperation)

　고린도후서 6:14, "너희는 믿지 않는 자와 멍에를 같이하지 말라"(Do not be unegually yoked together with unbelievers).

　본문의 믿지 않는 자들(unbelievers)은 종교적, 신앙적, 불신앙의 무리들 곧 배교와 불신앙으로 타락한 거짓 무리들을 가리킨다. 일반적 불신자들이 아니다. 멍에를 같이 메지 말라는 말씀은 불신앙의 무리들과 멍에를 같이 메려고 노력(try)하지 말라, 멍에를 같이 메기 위하여 한편으로 기울어지지(incline) 말라는 뜻이다. 이 동사는 본 절에서만 발견되며, 형용사로서는 70인역 레위기 19:19에 나타난다.

　신명기 22:10, "너는 소와 나귀(an ox and an ass)를 겨리하여 밭을 갈지 말라."

　레위기 19:19, "네 육축을 다른 종류와 교합(交合: breed)시키지 말며 네 밭에 두 종자(種子: seed)를 섞어 뿌리지 말며 두 재료로 직조(織造)한 옷을 입지 말지며."

여기서 배울 수 있는 영적 교훈은 곧 종류(種類)와 본질(本質)이 같지 않은, 신앙고백의 일치가 없는 사람들은 하나님의 일을 같이 할 수 없다는 진리이다. 깨끗한 짐승과 더러운 짐승은 같이 일할 수 없다는 영적 교훈이다. 신자들은 예수 그리스도의 보혈로 구속함을 받고 죄 씻음을 받은 무리들이다. 그러나 불신앙자들은 구원을 거부하고 불신앙과 배교로 달음질하는 자들이다.

그런데 왜 어떤 신자들은 불신앙의 무리들과 멍에를 같이 메기를 원하며 또한 그렇게 하고 있는가? 만일 신자들이 불신앙의 무리들과 멍에를 같이 멘다면 2가지 사건들이 발생할 것이다. 즉 하나는 멍에가 부러지는 것이요, 다른 하나는 신자들의 목(neck)이 부러지게 되는 것이다. 그러므로 우리는 하나님의 일에 있어서 불신앙의 무리들과 같이 연합사업을 할 수 없다. 그것은 하나님의 성별의 계명을 불순종하는 불 신앙적 소행이다. 불행하게도 금일의 수많은 소위 보수주의 신앙노선을 걷는다고 자처하는 교역자들 중에도 불신앙의 무리들과 하나님의 일을 같이하는 자들이 많다. "두 사람이 의합치 못하고야 어찌 동행하겠으며 …"(암 3:3). 만일 그들이 동(東)편을 향해 가고 있다면 우리는 그들과 멍에를 같이 멜 수 없다. 그 이유는 동과 서는 정반대의 방향이기 때문이다. 신자들은 예수 그리스도와 멍에를 같이 메어야 하며(마 11:29-30), 동일한 신앙을 고백하는 신자들과만 하나님의 일을 같이 하여야 한다.

너희는 믿지 않는 자와 멍에를 같이하지 말라는 말씀은 일반적으로 믿지 않는 자들과의 대인 관계를 단절하라는 말씀이 아니다. 우리는 일상생활에 있어서 세상의 일반 불신자들과의 관계를 단절하지 않아야 한다. 다만 우리는 이 세상 풍속에 동화되지 않고 오히려 그리스도의 빛과 소금이 되어야 한다.

사도 바울은 불신자들과의 관계에 있어서 무엇이든지 관계하지 말라고 하지는 않았다. "그들을 도무지 사귀지 말라 하는 것이 아니니 만일 그리하면 세상 밖으로 나가야 할지니라"(고전 5:10)고 하였다. 근본 보수신앙을 수호하는 사람들은 불신앙의 사람들과 멍에를 같이 멜 수 없는 이유들(reasons)을 고린도후서 6:14-16에서 5가지로 분명히 제시하였다.

(1) 의(Righteousness)와 불의(Unrighteousness)는 같이할 수 없다(고후 6:14).

같이한다는 말은 교제(fellowship)한다는 뜻이다. 교제한다는 것은 연관(聯關)을 맺는 것을 의미한다. 즉 동참자, 파트너(partner)의 의미를 갖는다.

의·빛·그리스도·신자·하나님의 성전 등은 불의·어두움·벨리알(사탄)·불신자·우상숭배와는 정반대(opposition)이다. 정반대되는 둘의 이질적 요소들이 서로 합친다는 것은 논리적 모순일 뿐 아니라, 실제로 불가능하다(요 3:19-20). 의(義)와 불의(不義)는 같이할 수 없다.

(2) 빛(Light)과 어두움(Darkness)은 사귈 수 없다(고후 6:14).

빛과 어두움은 서로 사귈 수 없다. 그 이유는 빛과 어두움은 본질상 그리고 실제로 정반대가 되기 때문이다. 하나님께서는 첫째날 빛을 창조하시고 빛과 어두움을 처음부터 분리하셨다(창 1:4). 빛은 능력을 가지고 있다. 그러므로 빛이 들어가는 곳마다 어두움이 쫓겨난다. 빛이 있는 한 어두움은 존재할 수 없다. 반면에 빛이 물러가면 즉시 어두움이 들어온다.

빛은 무엇인가? "빛"은 영적으로 예수 그리스도를 가리키며(요 1:4, 5,9; 3:19; 8:12; 9:5; 12:35, 36, 46; 행 13:47), 이차적으로는 그리스도인들을 가리킨다(마 5:14, 16; 엡 5:8; 빌 2:15).

반면에 "어두움"은 영적으로는 악의 세력을 가리키며(눅 22:53), 영적, 도덕적 어두움을 가리킨다(마 6:23; 눅 1:79; 11:35; 요 3:19; 행 26:18; 고후 6:14; 엡 5:8; 6:12; 골 1:13; 살전 5:4-5; 벧전 2:9;

요일 1:6).

"사귐"(코이노니아, koinwnia, fellowship)은 교제·친교를 말한다. 따라서 빛과 어두움은 서로 맞지 않으므로 친교·교제를 나눌 수 없다. 그런데 사람들은 그의 행위가 악하므로 빛보다 어두움을 더 사랑한다(요 3:19). 우리는 전에 어두움 속에 있었다(엡 5:8). 그러나 그리스도께서 어두움에서 그의 기이한 빛에 들어가도록 우리를 불러내시고(벧전 2:9), 빛의 자녀로 삼으셨다(요 12:36). 그리고 "너희는 세상의 빛이라 산 위의 동네가 숨기우지 못하리라"(마 5:14)고 하셨다. 빛은 하나님의 것이요, 어두움은 사탄의 것이다. 때문에 빛과 어두움은 사귈 수 없다.

(3) 그리스도와 벨리알(Beliar)은 일치할 수 없다(고후 6:15).

그리스도는 성자 하나님이시요, 참 신자들의 구주·주인·참 빛(Saviour, Lord, Light)이시다. 반면에 벨리알은 무법자적그리스도·사탄(a lawless person, Antichrist, Satan)이다.

"일치한다"(concord)는 말은 헬라어로 "숨포네시스"로서 숨포네시스는 순(sun; with; ~와 함께, 같이)과 포네(a sound; 소리, 음)로 구성된 합성어이다. 영어로는 심포니 오케스트라(symphony-orchestra: 교향악단)를 의미한다. 누가복음 15:25에는 이 단어가 음악(music)으로 번역되었다. 그러면 그리스도와 벨리알이 어떻게 한 무대 위에서 같이 장단을 맞추며 심포니 오케스트라를 연주할 수 있는가? 그리스도와 벨리알은 결코 일치할 수 없다.

(4) 믿는 자와 믿지 않는 자는 상관할 수 없다(고후 6:15).

갈라디아서에서 믿는 자와 믿지 않는 자를 대조적으로 비교한 것을 고찰하는 것은 매우 흥미 있는 일이다.

신자들은 기업(企業)을 이어받을 자들, 자유함을 얻은 자들, 하나님의 자녀들, 그리스도에 속한 자들, 빛의 자녀들, 그리스도와 동사동생

(同死同生)하는 자들, 세상을 못 박은 자들, 새로운 피조물, 아브라함과 더불어 복 받을 자들로 묘사되었다. 반대로 불신자는 영혼이 죽은 자, 죄와 사망의 노예, 그리스도 밖에 있는 자, 흑암에 속한 자, 육체를 추구하는 자, 빛을 증오하는 자로서 언약에 있어서 외인으로 묘사되었다. 그런데 어떻게 신자들이 불신앙의 무리들과 동일한 회의석상(table)에 둘러앉아서 하나님의 일을 의논할 수 있는가? 한편이 주장하는 것을 다른 편이 무시하고 부정한다. 한편은 생명처럼 귀중(貴中)하게 여기는 것을 다른 한편은 경(輕)히 여긴다. 그러므로 신자들이 불신앙의 무리들과 하나님의 일을 같이 한다는 것은 불가능하다. 그들 사이에는 연합의 기초가 절대로 있을 수 없다.

신자들은 불신세계와의 교제에 있어서 2가지 원리를 염두에 두어야 한다. 하나는 신앙적 교제(信仰的交際)요, 다른 하나는 개인적(個人的), 인격적 교제(人格的交際)이다. 개인적, 인격적 교제에 있어서 신자들은 얼마든지 빛과 소금의 직분을 잘 감당하면서 불신자들과 교제할 수 있다. 그러나 신자들의 신앙적 교제는 동일한 신앙을 고백하지 않는 불신앙의 사람들과는 같이 할 수 없다. 이것은 교회의 생명과 순수성과 관계되는 중요한 성별의 원리이다. 바로 이 이유로 우리는 W.C.C.나 N.C.C.와의 연합운동을 반대한다.

(5) 하나님의 성전과 우상은 일치할 수 없다(고후 6:16).

성령 하나님은 초자연적 능력의 역사로 허물과 죄로 죽었던 우리의 영을 중생시키시고, 중생한 자들의 영혼 좌소(座所)에 내주(indwelling)하신다. 그러므로 신자들은 성령 하나님의 성전(temple of God)(고전 3:16, 17; 6:9)이다. 반면에 우상들(idols)은 거짓된 신들(false gods)이다. 고대의 우상 숭배자들은 우상을 숭배하기 위하여 모일 때 의식적 행사로서 자신들의 몸을 더럽혔다. 우상은 거짓되며 우상에게 예배드리는 자들은 가증하고 헛된 예배를 드리는 것이다. 옛날 아덴(Athens)에는 헤아릴 수 없이 많은 우상(idols)들로 가득하였다.

"일치"(agreement, to make one mind)는 합의되고 연합된 상태, 곧 한마음으로 만드는 것을 뜻한다. 그러면 하나님의 성전과 우상이 어떻게 일치, 연합할 수 있는가? 하나님의 성전과 우상은 일치할 수 없다. 성경적 연합은 성별에 근거한다. 하나님의 일은 하나님의 뜻을 따라 하나님의 방법대로 수행하여야 할 것이다.

3) 성별(聖別)하여라!(Be Ye Separate)

"성별"(separation)은 성경 전체에 흐르는 하나님의 명령이다. 성별은 하나님의 명령에 대한 단순한 순종이다. 하나님의 명령은 불가항력적이며 비타협적이므로 절대 순종을 요한다. 모든 하나님의 계명들은 하나님의 자녀들의 유익을 위한 것이므로 결코 사랑의 계명들을 도외시할 수 없다. 성별은 순수하다. 성별은 하나님께서 그의 성도들의 교제를 위하여 세우신 것이다. 성별은 또한 그리스도를 위하여 담대함을 보여 주는(나타내는), 하나님의 은혜를 증거하는 외적 행위(外的行爲)의 열매이다. 성별 없이는 결코 신약교회가 존재할 수 없었을 것이며, 성별 없이는 결코 참된 교제와 연합이 있을 수 없었을 것이다.

초대교회(初代敎會)들은 유대인 신자들이 회당(會堂; synagogue)에서 부르심을 받아 나와서 교회로 들어간 것이고 이방인 신자들 또한 사신(邪神)우상을 섬기던 곳에서 나와서 교회에 들어간 것이다. 신약성경의 기독교는 성별 운동이며, 이 원리(聖別)들이 단일성(單一性)과 개체성(個體性) 및 교회의 순수성(純粹性)을 유지한다. 이 원리는 모든 교회에 관련되었다.

1세기에 성별을 고수한 자들은 "사랑하는 자들아"라고 불리움을 받았는데, 이 말세에 주님의 도(道)를 위하여 힘써 싸우는 자들을 묘사함에 있어서 세 번씩이나 "사랑하는 자들아"라고 언급한 것을 발견하는 것은 매우 흥미 있는 일이다(유 3, 17, 20). 성별은 새로운 것이나 항상 강조되어 온 진리여서 하나님의 자녀에게는 이상하지 않다. 거룩하신 하나님은 우리를 불러내어 성별시키셨다. 고로 우리는 연합주의자들이 아니고 성별주의자(聖別主義者)들이다. 우리는 성별주의자들이 된 것을 자랑스럽게 여긴다. 그래서 실천적 행위로 성별의 흔적(痕迹)을 보여주어야 한다. 또한 우리는 성경적 성별을 우리의 교회에서, 노회에서, 총회에서, 가정과 학교에서 하나님의 사람들에게 가르쳐야 한다.

성별과 배교는 같이 병행할 수 없다. 이 문제를 놓고 왈가왈부 논쟁할 필요가 없다. 타락된 교회들로부터의 성별은 곧 성도들에게 단번에 주신 믿음을 보전하고 강화하는 일이다. 만일 누구든지 불신앙의 자유주의자들과 나란히 앉아서 그들과 손을 잡고 하나님의 일을 한다면 그것은 곧 우리를 사랑하시는 주 하나님을 욕되게 하는 일이다.

(1) 어디에서부터 성별되어야 하는가?

① 우리는 세속(世俗)으로부터 성별되어야 한다(행 2:40).

"불의한 자가 하나님의 나라를 유업으로 받지 못할 줄을 알지 못하느냐? 미혹을 받지 말라! 음란하는 자나, 우상숭배하는 자나, 간음하는 자나, 탐색하는 자나, 남색하는 자나, 도적이나, 탐람하는 자나, 술 취하는 자나, 후욕하는 자나, 토색하는 자들은 하나님의 나라를 유업으로 받을 수 없느니라"(고전 6:9-10). 믿는 신자들은 이 세상의 썩은 풍속, 습관, 죄의 생활로부터 성별되어야 한다. 예수 그리스도께서는 이 악한 세상에서 우리를 건지시려고 우리 죄를 위하여 자기 몸을 드리셨다(갈 1:4).

② 우리는 우리 자신(利己主義)에게서 성별해야 한다.

육신의 것들과 신령한 것들은 합해질 수 없다. 육에 속한 자는 하나님을 기쁘시게 할 수 없다(롬 8:7-8). 어찌 그런 혼합물에 하나님의 축복이 임하리라고 기대하겠는가? 그것은 다만 하나님을 멸시하는 것이요, 그의 말씀을 만홀히 여기는 것이다. 그것은 성령을 근심케 하는 것이요, 우리의 영혼을 어둡게 하는 것이다. "누구든지 그리스도 안에 있으면 새로운 피조물이라 이전 것은 지나갔으니 보라 새 것이 되었도다"(고후 5:17). 성별의 원리가 여기 있다. 여호수아 휘하에 있는 하나님의 군대는 그들이 할례를 받을 때까지는 가나안으로 진격할 수 없었다.

이와 같이 우리는 우리 자신을 먼저 정결케 해야 한다. 우리 몸은 하나님의 성전이다. "누구든지 하나님의 성전을 더럽히면 하나님이 그를 멸하시리라. 하나님의 성전은 거룩하니 너희도 거룩할지니라"(고전 3:16-17).

③ 우리는 이단들과 사신우상(邪神偶像)들에서 성별해야 한다.

베드로전서 2:9, "너희를 어두운 데서 불러내어 그의 기이한(奇異: 놀라운) 빛에 들어가게 함이라."

사도행전 26:18, "어두움에서 빛으로, 사탄의 권세에서 하나님께로 돌아가게 하고." 예수님을 구주로 믿는다고 하면서 아직도 점성술, 무당, 점치는 일, 운수 보는 것, 사주팔자, 정감록, 미신 등을 섬기지는 않는가? 여호와의 증인, 안식교, 몰몬교, 통일교, 새일교단 등등 모든 이단들로부터 성별되어야 한다.

④ 우리는 신복음주의(新福音主義)에서 성별해야 한다.

양쪽으로부터 다 유익을 추구하는 기회주의자들, 중립노선을 걷는 자들을 우리는 신복음주의(Neo-Evangelicalism)자들이라고 부른다. 만일 누구든지 신앙고백이 일치하지 않는 불신앙의 자유주의자들과 신앙적 교제를 갖기 원한다면 그는 신복음주의 곧 타협의 사람이다. 신복음주의자들은 복음 전도의 모든 특권과 기회를 가질 수 있다고 말한다. 그들은 그들의 후원자들이 자유주의자들이든 신비주의자들이든 공산주의자들이든 관계하지 않는다. 그렇지만 그것은 성경적 교훈이 아니다. 하나님의 일을 함에 있어서 진실로 가장 좋은 길 그리고 유일한 길은 하나님이 지시하시는 방법 곧 하나님의 일을 하나님의 방법으로 하는 것이다. 우리는 이 같은 본질적 진리들을 명심해야 한다.

복음 전파는 성별의 명령에 일치하여 수행되어야 한다. 전도와 교회는 분리될 수 없다. 만일 전도와 교회를 분리한다면 새로 구원받은 상당수의 귀중한 영혼들이 회심 후에 불신앙의 교회로 넘어가게 될 것이 아닌가? 그러므로 대중 전도(mass evangelism) 캠페인(campaign; 集會)을 불신앙의 무리들과 같이 갖는 것은 잘못된 것이다. 그리스도 안에서 영적인 어린아이들을 배교의 교회 안으로 집어넣는 것은 큰 죄이다. 모든 신실한 교역자는 이 사실을 깊이 인식해야 한다. 우리는 사람들이 구원받은 후에도 그들에 대한 신앙적 책임을 가지고 있지 않은가?

만일 어떤 사람이 이들 자유주의 불신앙의 무리들과 협조할 경우 그가 어떻게(같이 집회한 후에) 돌아서서 자유주의를 반대할 수 있겠는가? 신복음주의의 혼합전도(混合傳導)의 열매는 무엇인가? 구원받은 사람들 중에 소수는 성별된 참된 교회들로 그들의 갈 길을 발견할 것이나 다수는 배교로 돌아가서 재정적으로 배교를 지원하고 신앙적으로 타락하여 배교의 일부가 될 것이다. 만일 우리가 타협하고 그들과 같이 행동하고 일한다면 그것은 곧 우리가

  a. 그들을 인정하고 승인하는 것이 아닌가?
  b. 그들을 정당화하는 것이 아닌가?
  c. 그들의 악한 일을 돕는 것이 아닌가?
  d. 영적 분별력을 충분히 가지고 있지 못한 새 신자들에게 혼동을 주는 것이 아닌가?
  e. 선과 악을 동시에 생산하게 되는 것이 아닌가? 이것은 얼마만큼의 열매를 현대주의자들의 교회로 넘겨주게 되는 것이 된다. 우리가 하나님의 어린 심령들을 하나님의 원수에게 파는 것이 된다.
  f. 또한 하나님을 속이는 것이 된다.
  g. 하나님의 명령을 위반하는 것이 된다.

⑤ **우리는 자유주의 불신앙(自由主義不信仰)에서 성별해야 한다.**

W.C.C., C.C.A., N.C.C.,(세계교회협의회, 아시아 교회 협의회, 한국 기독교교회협의회)의 거짓 교훈에서 성별해야 한다.

세계교회협의회(W.C.C.; World Council of Churches)는 1948년 8월 22일부터 9월 4일까지 화란의 암스텔담에서 147개 교단, 351명의 대표들이 모여 조직한 전 세계 자유주의 교회들의 연합체이다. 현재 W.C.C. 본부는 스위스의 제네바에 있고 사무소는 미국 뉴욕 시에 있다 (W.C.C., P.O. Box. 66. 150 Route de Ferney, 1211 Geneva, Switzerland, ph. 022-98-9400 Telex, 22423 OIK, Ch. New York Office: WCC Room 1062, 475 Riverside Dr. New York, N.Y. 10115. ph. 212 870-3260).

W.C.C.는 에큐메니칼 운동(Ecumenical Movement)의 일환으로 총회 때마다 로마 천주교와 유대교는 물론 불교, 이슬람교, 쉬크교, 힌두교 등 이방종교 대표들도 초청하여 혼합 예배를 드리고 있으며, W.C.C. 안에는 대한 기독교장로회(1960)가 W.C.C.의 정회원으로 가입되어 있다.

아시아기독교연합회(C.C.A.; The Christian Conference of Asia)는 1959년 말레이지아의 쿠알라룸푸르에서 아시아 지역 자유주의 교단들이 모여 조직한 아시아 지역 자유주의 교회들의 연합 단체이다. 이 단체에는 17개국의 15개 협의회와 95개 교단들로 구성되어 있다. 우리나라에는 W.C.C.의 정회원들인 대한예수교장로회(통합측), 대한기독교감리회, 대한기독교장로회가 정회원으로 가입되어 있다.

한국기독교교회협의회(N.C.C.K.; National Council of Churches of Korea)는 한국의 8개 자유주의 교회들의 연합 단체이다. 이 단체에는 대한예수교장로회(통합측), 대한기독교감리회, 대한기독교장로회, 기독교대한하나님의 성회, 대한복음교회, 성공회, 구세군대한본영 등이 가입되어 있다. 그런데 아시아교회협의회(C.C.A)나 한국 기독교 교회 협의회는 세계교회협의회(W.C.C)의 산하 기관들이다.

⑥ 우리는 천주교와 동방정교 온갖 이단들 그리고 모든 이방종교들로부터 성별해야 한다.

우리는 자신을 불신앙자들로부터 성별해야 한다. 배교의 교회 내에서 자신을 발견하는 자는 누구든지 거기서 나와야 한다. 또한 우리가 실제로 나왔다면 우리는 그들과 더 이상 신앙적 관계를 갖지 않아야 하며 또한 진리에 대한 우리의 입장을 분명히 해야 한다. 우리는 신앙에 견고(堅固)히 서야 한다. 우리는 강한(strong), 성경을 믿는(Bible-believing), 성별된(separated), 전투적(militant), 순종하는(obedient) 교회들을 세워야 한다. 만일 우리가 하나님의 방법으로 일한다면 우리는 하나님으로부터 큰 보상(補償: great reward)을 받을 것이다.

부록 3

성경적 연합(일치)의 원리
(The Principle of Unity)

1) 성경적 연합은 먼저 삼위일체 하나님의 본체와 속성(성질)에 기초한다.

웨스트민스터 소요리 문답 6문에 "하나님은 한 분으로 삼위가 계신데, 성부와 성자와 성령이시다. 본체는 하나요, 권능과 영광은 동등하다"고 하였다. 삼위일체 하나님은 권능과 영광에 있어서 동등하나, 직분과 기능에 있어서는 각각 상이하다. 그러나 성부 하나님은 결코 성자 하나님과 성령 하나님으로부터 독립적으로 일을 하시지 아니하시며, 성자 하나님도 결코 성부 하나님과 성령 하나님으로부터 독립적으로 일을 하시지 아니하신다.

성부, 성자, 성령 삼위일체의 하나님은 자신들의 생각 · 도모 · 작정 그리고 창조 · 보존 · 섭리 · 역사 등 모든 사역(works)에 있어서 완전히 상호 일치하신다. 그런 고로 예수 그리스도께서 선언하시기를 "나와 내 아버지는 하나이니라"(요 10:30)고 하셨다. 이 말씀은 본체와 성질, 의지에 있어서 하나이시다(요 20:28; 빌 2:6; 골 2:9)라는 뜻이요, 위(person)에 있어서 하나라는 뜻이 아니다. 성부 하나님은 3위1체의 제1위(first person)이시요, 성자 하나님은 제2위(second person)이시요, 성령 하나님은 제3위(third person)이시다.

2) 성경적 연합은 삼위일체 하나님의 사역에 기초한다.

하나님의 창조, 보존, 섭리 그리고 피택 된 죄인 구속 등등은 삼위일체 하나님의 연합에 기초한 사역들이다.

창조에 있어서 하나님은 창세기 1:26에서 '우리'(we)라는 복수인칭 대명사를 사용하심으로, 삼위의 일체이심을 계시하셨을 뿐만 아니라, 그의 사역에 있어서(요 5:17), 그의 능력에 있어서(요 5:21), 생명에 있어서(요 5:26), 의지에 있어서(요 5:30), 목적에 있어서(요 5:36), 성질과 특성에 있어서(요 5:43), 기타 모든 사역에 있어서 성부 하나님과 성자 하나님은 일치, 연합하신다. 이와 같이 성부 하나님과 성자 하나님은 위와 직분(位와 職分)에 있어서 구별되나, 완전한 신적 존재로서 모든 사역에 있어서 통일성을 가지신다. 이는 성부와 성자는 본체와 성질, 의지가 하나이시기 때문이다.

3) 성경적 연합은 그리스도의 구속 사역에 근거한다.

이 연합은 하나님과 죄인인 사람들과의 신령한 신비적 연합으로서 중보자 되시는 예수 그리스도께서 그의 보혈로 우리를 죄에서 속량하심으로 성취하신 연합이다(롬 5:6, 8, 10). 이와 같이 그리스도께서 성취하신 구속의 객관적 사역을 성령 하나님께서 피택 된 죄인 한 사람 한 사람에게 적용시키셔서 그리스도로 말미암아 우리가 하나님과 화목케 되었다(고후 5:18).

참으로 예수 그리스도는 우리를 죄에서 구속하시기 위하여 하늘 보좌를 내놓으시고, 이 땅에 낮고 천한 육신의 몸으로 도성인신하시고, 많은 고난을 받으신 후 십자가상에서 참혹히 죽으시고, 성부 하나님, 성령 하나님과 더불어 자신의 초자연적 능력으로 사망과 음부의 권세를 이기시고, 다시 부활하시고 승천하셔서 지금은 하나님 우편에 계시며, 우리를 위하여 대언대도(intercession)하신다. 앞으로는 세상을 떠난 신자들과 생존 성도들을 구름 속으로 끌어올리시려고 분명코 다시 재림하실 것이다.

오직 예수 그리스도만이 하나님 아버지께로 갈 수 있는 유일한 길이며(요 14:6), 산 속의 백합화이시며, 새벽의 계명성이시요, 죄 없으신 하나님의 독생자이시요, 우리의 구주이시다. 우리의 연합은 먼저 그리스도의 구속 사역에 근거한 연합이어야 한다.

4) 성경적 연합은 그리스도와 참 신자들과의 연합에 근거한다.

그리스도와 참 신자들과의 참된 연합은 그리스도의 보혈로 이루어졌다. 연합은 성령 하나님의 역사로 이루어진다. 고로 참된 연합은 성령의 역사로 인한 좋은 결과이다(엡 4:10). 참된 연합은 예수 그리스도의 보혈로 구속함 받고 그리스도와 더불어 죄에 대하여는 죽고 의에 대하여는 다시 살아나는 것이다. 고로 이 연합은 그리스도 안에 있는 연합이다. 이 연합은 또한 그리스도께서 내 안에, 내가 그리스도 안에 있다는 신비적 연합을 가르친다(요 15:4-5, 6, 7, 10). 참된 연합은 예수 그리스도와 성령에 의하여 중생되고 주님의 보혈로 속죄함 받은 기독 신자들과의 신령한 신비적 연합이어야 한다.

성경은 예수 그리스도와 성도들과의 연합을 머리와 몸(고전 12:27; 엡 1:23; 골 1:18), 포도나무와 가지(요 15:1-5), 신랑과 신부(엡 5:25-27), 목자와 양(요 10:14-17) 등으로 묘사하였다. 이 연합은 그리스도와 구속함을 받은 성도들과의 수직적 연합(vertical unity)이다. 따라서 그리스도와의 수직적 연합이 없는 어떠한 수평적 연합도 성경적이 아니다.

5) 성경적 연합은 그리스도의 보혈로 구속함을 받은 신자들 사이의 연합에 근거한다.

요한복음 17:21, "아버지께서 내 안에, 내가 아버지 안에 있는 것같이, 저희도 다 하나가 되게 하소서."

각기 다른 지체들을 그리스도의 한 몸으로 연합시키는 일은 성령 하나님의 사역이다. 성경적 연합은 신앙적, 신령한, 영적 연합으로 하나님과 그리스도의 연합이 선행되어야 하며, 그 기초 위에서 성경적 원리에 의하여 연합의 직책을 수행해야 한다.

사도신경에는 "성도가 서로 교통하는 것과"라고 고백한다. 이것은 성도의 교제를 의미한다. 죄에서 구속함을 받은 성도들은 그리스도 예수 안에서 믿음의 형제, 자매들이다. 그러므로 마땅히 영적 교제가 이루어져야 한다. 코이노니아는 교제(fellowship), 특히 예수 그리스도와 동사동생(同死同生)에 영적으로 동참(communion)함을 가리킨다.

하나님께서는 우리에게 화목케 하는 직책을 주셨고(고후 5:18), 또한 화목케 하는 말씀을 화목의 원리로 주셨다(고후 5:19). 이것은 연합의 모델이요, 규범이요, 원리이다. 우리 주님께서 성부 하나님께 기도한 내용도 바로 그것이다(요 17:21-23).

우리는 하나가 되게 하는 일을 할 수 없다. 다만 하나가 되게 하신 것을 힘써 지킬 사명이 있다. "평안의 매는 줄로 성령의 하나 되게 하신 것을 힘써 지키라"(엡 4:3). 이것은 매우 중요한 교회 사명들 중의 하나이다. 구속함을 받은 신자들 사이의 연합은 수평적 연합(horizontal unity)이다. 이 연합은 신령하고 신비적이며 우주적이다. 이 연합은 유형적으로 나타나야 한다.

6) 성경적 연합은 하나님의 말씀 위에 근거한 연합이어야 한다.

선교사들이 이 땅에 가지고 온 성경은 성령의 영감으로 기록된 정확무오한 우리의 신앙과 행위의 표준이 되는 하나님의 말씀이다. 예수님께서 말씀하시기를, "천지는 없어지겠으나 내말은 없어지지 아니하리라"(마 24:35)고 하셨다. 웨스트민스터 신앙고백서 제1장 제4조에는 이렇게 나와 있다. "우리는 성경을 믿고 복종해야 한다. 그 권위는 어떤 사람이나 교회의 증언에 의거하는 것이 아니라, 진리 자체이시며 저자가 되시는 하나님께 전적으로 매여 있다. 그것은 하나님의 말씀이다. 따라서 우리는 그것을 받아들여야 한다." 우리의 연합은 바로 이 말씀 위에 근거한 연합이어야 한다. 우리의 연합은 성령의 영감으로 기록되

없고 정확 무오하며 우리의 신앙과 행위의 표준이 되는 하나님의 말씀 위에 굳게 세워진 연합이어야 한다.

하나님의 말씀은 사탄의 계속적인 공격의 대상이 되어 왔다. 성경은 바로 사탄이 산산조각 찢어 내려는 책이다. 급진적 자유주의자들은 성경을 전설적인 신화나 옛 이야기로 전락시키고 있다. 그들은 이 책이 죄인 한 사람 한 사람의 영혼 구원에 필요한 말씀이 아니라, 사회의 혁명적 투쟁을 일으켜 사회주의 나라를 건설하며 궁극적으로는 적그리스도의 지상왕국을 건설하는 데 꼭 필요한 책이라고 주장하고 있다. 저들은 더 이상 성경을 하나님의 말씀으로 믿지 않는다.

7) 성경적 연합은 동일한 신앙고백 위에 기초한 연합이어야 한다.

동일한 신앙, 신앙고백, 신조가 없는 인위적, 조직적, 유형적, 체제적, 세속적 연합이란 성경이 교훈하는 참된 연합이 아니다. 우리의 연합은 성경의 영감과 무오, 권위, 표준, 최종성, 예수 그리스도의 동정녀 탄생, 대리적 속죄의 죽음, 육체적 부활, 승천, 재림, 천당과 지옥, 내세의 영생과 영벌, 이신득구, 이신득의 등등 기독교의 근본적 교리들을 믿음으로 수락하고 동의하는 동일한 신앙고백 위에서의 연합이어야 한다. 신명기 22:9-11 말씀에서는 "네 포도원에 두 종자를 섞어 뿌리지 말라… 소와 나귀를 겨리 하여 갈지 말며 양털과 베실로 섞어 짠 것을 입지 말지니라"고 명령되어 있다. 이 말씀의 신령한 영적 교훈은 본질적 진리들을 거부하고 배교와 불신앙으로 타락된 단체나 사람들과는 하나님의 일을 같이 할 수 없다는 원리이다.

사도 바울은 우리가 다 한 영(one spirit)과 한 마음(one mind)을 가졌다고 말하였다. 여기에 신앙적 혼합주의란 존재할 수 없다. 동일한 신앙을 고백하는 우리들은 다 함께 연합해야 한다.

8) 성경적 연합은 성경적 성별에 기초한 연합이어야 한다.

배교와 불신앙으로 타락된 교회들로부터의 성별은 성도들에게 단번에 주신 믿음의 도리를 굳게 지키는 일이다(유 3; 엡 5:11; 계 18:4). 만일 누구든지 어떠한 명목으로나 현대 자유주의자들, 신비주의자들, 신복음주의자들, 그리고 각종 이단들과 하나님의 일을 나란히 혼합적으로 한다면 그것은 하나님을 욕되게 하는 것이며, 하나님의 자녀들에게 혼돈을 초래하는 것이며, 오히려 하나님의 일을 파괴하는 것이다. 성경은 분명히 교훈하기를 하나님의 일은 하나님의 방법으로만 수행해야 한다고 하였다. 두 사람이 합의치 못하고 어찌 같이 일할 수 있겠는가?(암 3:3).

우리는 불신앙의 무리들과 멍에를 같이할 수 없다. 그 이유는 의와 불법이 같이할 수 없으며, 빛과 어두움이 같이할 수 없으며, 그리스도와 벨리알이 같이할 수 없기 때문이다(고후 6:14-15).

9) 타 교단들과의 관계에 관하여

타 교단들과의 신앙적 교류에 관한 원리는 상기 성경적 성별과 연합의 원리에 기초해야 한다. 우리는 신앙의 정도, 지식의 정도에 따라서 국부적인 면에는 다소 견해를 달리할 수 있으나, 역사적 기독교의 근본적 교리들에 관하여는 동일한 신앙고백의 일치가 있어야 한다.

성도들이 서로 교제, 교통, 협력하는 것은 매우 중요한 일이다. 우리는 자유주의, 신비주의, 신복음주의, 이단들에게 속하지 않고 그들을 반대하며 역사적 기독교 신앙을 수호하고자 하는 모든 단체들과는 교파를 막론하고 강단 교류를 포함한 적극적 신앙의 교류를 유지, 강화시켜야 할 것이다. 우리는 진리 안에서 하나 되게 하신 하나님의 역사와 사랑에 감사하며, 참된 성경적 연합운동에 더욱 박차를 가해야 할 것이다. 성경적 연합은 복음의 순수성과 교회의 순수성을 전파하고 실천하는 것을 전제 조건으로 요구하기 때문에 하나님의 말씀의 제재를 받아야 한다. 교리적 순수성과 성도들의 경건생활은 참된 연합을 지속시키고 강화한다. 그러므로 교리적 순수성과 성도들의 성별된 생활을 보존하는 일은 우리의 특별한 임무이다.

만일 우리가 비진리의 단체들과 타협한다면 불신앙의 일을 인정, 승인하는 것이 될 것이며, 정당화하는 것이 될 것이며, 악한 일에 동참하는 것이 될 것이며, 혼돈을 초래하는 것이 될 것이며, 어린 양떼들을 오도(誤道)하고 속이는 것이 될 것이며, 선과 악을 동시에 산출하는 것이 될 것이며, 하나님의 명령을 위반하는 것이 될 것이다. 반면에 우리는 신앙적 안목(眼目)을 넓히고 성경적 연합의 원리를 기초로 하여 우리와 신앙을 같이하는 한국과 전 세계에 편만해 있는 신앙의 동지들, 교단들, 단체들과 보다 더 적극적이고도 과감한 신앙의 교류를 이루어야 할 것이다.

- 우리는 하나님의 말씀과 예수 그리스도의 증거를 위하여 연합하여야 한다.
- 우리는 우리 주 예수 그리스도를 위하여 연합하여야 한다.
- 우리는 역사적 기독교 정통 복음 진리를 수호하기 위하여 연합하여야 한다.
- 우리는 교회의 순수성을 보전하기 위하여 연합하여야 한다.
- 우리는 그리스도의 몸 된 교회를 지속시키기 위하여 연합하여야 한다.
- 우리는 배교와 불신앙으로 타락한 자유주의 교회들의 연합단체인 세계교회협의회(W.C.C.)를 대항하기 위하여 연합하여야 한다.
- 우리는 적그리스도의 세력들에 대항하기 위하여 연합하여야 한다.
- 우리는 믿음의 승리를 확신한다. 우리의 무기는 성령의 검 곧 하나님의 말씀이요, 우리의 소망은 우리 주 예수 안에 있다. "우리 주 예수 그리스도로 말미암아 늘 이김을 주시는 하나님께 감사하노라."

10) 세계교회협의회(W.C.C.)의 연합운동을 반대해야 한다.

왜냐하면 자유주의자들의 에큐메니칼 운동(ecumenical movement, 연합, 일치, 하나 되게 하는 운동)은 동일한 신앙고백 위에 기초한 참된 성경적 연합이 아니기 때문이다.

W.C.C.는 "교리는 달리하나, 봉사는 같이 한다"(doctrine divides,

service unites)는 슬로건을 내걸고 기독교와 천주교는 물론 모든 이방 종교들과의 연합도 강력히 주장하고 있다. "교리는 달리하나 봉사는 같이 한다"는 이 슬로건은 영적 분별력이 없는 수많은 자유주의 지도자들과 추종자들을 현혹시키는 마귀의 기만적 술책임을 우리는 분명히 인식해야 한다. 무조건적 연합은 타교파의 신앙노선, 상이한 교리들, 신앙들을 존중하는 것같이 생각되나, 성경 교훈에 입각하여 원리적으로 고찰하면 그것이 얼마나 비성경적, 인본주의적, 세속적, 조직적, 유형적, 연합인지를 깨닫게 되는 것이다. 참된 연합은 신령한 신비적 연합으로서 교리와 신조, 신앙고백의 일치가 없이는 불가능하기 때문이다. 사실상 W.C.C. 안에는 너무나 많은 각종 교파들과 상이한 각종 신앙조류가 흐르고 있어 신앙고백의 일치란 불가능하다.

우리는 로마 천주교의 에큐메니칼(연합) 운동을 반대하여야 한다. 왜냐하면 천주교의 연합운동은 기독교 내의 자유주의자들의 연합운동과 같이 비성경적이기 때문이다.

색인

찾아보기

성구들(Bible Verses)

창 3:6 -	224
창 3:16 -	225
레 19:19 -	343
신 22:10 -	340
마 5:37 -	7, 178
요 17:21 - 성별에서	178, 357
롬 5:12-21	224
10:12 -	228, 230
고전 12:13	183, 228, 230
고후 6:14,16,17 -	342, 345, 347, 359
갈 3:26-28	231
엡 5:11 - 성별에서	8, 188, 337, 359
골 3:11 -	228, 232
딤전 2:14	223, 224
벧전 3: 7	226
1요 4: 1	332, 333
2요 10-11	336
계 18:4	8, 342, 357,

인명(Names)

강원용	95, 122
니코딤	64, 95, 100
다드	76
레슬리, 뉴비긴	89, 96
레이저, 콘라드	59, 146, 173
루터, 마틴	19, 37, 102, 193, 293
만델라, 넬슨	148, 211
매킨타이어, 칼	5, 86, 129, 130
맨리, 미칼엘	121
모트, 죤	24, 73, 87
바르트, 칼	75, 76
브라운, 로버트	29, 121
블레이크, 유진 칼슨	61, 94, 104, 195
요한 23세	99, 175
올드함, 죠셉	26, 39, 94, 104
정현경	139, 143, 144
카스트로, 에밀리오	56, 65, 70, 134, 195
코비아, 사무엘	67, 151, 185
탐보, 올리버	211, 212
템플, 윌리암	26, 28, 29, 39, 61
트비트, 올라브	59, 69, 70
포터, 필립	59, 63, 122, 168, 195
후프트, 비서트	29, 56, 73, 84, 95, 125, 174
후리에레, 파울로	206
흐로마드카, 죠셉	83, 94, 104

주요단어들(Imprtant Words)

카톨릭 신자 수	16,
감리교회	21, 65, 207, 260, 264, 280
개혁교회(화란)	173, 291, 292
개혁교세계연맹	32
공산주의	43, 64, 67, 73
교황청기독교일치촉진국	151, 175
국제선교협의회	26
국제문제위원회	53
공동성찬식(B.E.M)	126
대한예수교장로회(합동)	159
대화	185, 186, 187, 188
동방정교	17
동양정교	19
동성애에 대한 성경적 교훈	299
로고(WCC)	13
루터교세계연맹	19
리마 예식서	137
민중	138, 122, 141, 142
보쎄 에큐메니칼 연구소	34, 35, 169, 191
복음주의 루터교(미국)	171, 172, 305, 310
복음주의자들과 가톨릭과 함께(ECT)	176
북한찬양(WCC)	123
사도신경	40, 180

생활과 봉사	28, 35
세계선교대회(WMC)	25
세계선교・전도위원회	51
신앙과 직제위원회	84, 111, 121
신앙과 직제운동(FOM)	25
선교의 상황화	127, 128
성공회	18
성공회(미국)	172
성공회(영국)	172, 173, 282
여성안수	137, 153, 248, 249
연합교회	20, 270, 286, 297
연합연구그룹(JWG)	71
오이쿠메네의 현대적 의미	11
의식화 교육	205
웨스트민스테신앙고백서	263, 265, 277
ENI	
인종차별투쟁사업(PCR)	64, 104, 114, 120, 192, 194
인종차별투쟁사업 성명서들	197
자본주의	55, 73, 90, 113, 141, 195
정교, 헬라	166, 173, 184, 305, 328
종교다원주의	44, 68, 108, 129, 18, 188
중국기독교협의회	132, 186
초혼제	139, 140, 191
침례교회	21, 134, 286
토론토 성명서	71, 74, 84, 86

포괄적 언어 성구집

해방신학	41, 43, 94, 104, 115, 141
해방운동 단체들	104, 107, 149
호모섹스 교회들(WCC)	275, 276
WCC본부	34
WCC 제 1차 총회	73
제 2차 총회	87
제 3차 총회	94
제 4차 총회	104
제 5차 총회	119
제 6차 총회	125
제 7차 총회	134
제 8차 총회	145
제 9차 총회	151
WCC 총무	59
실행위원회	48
중앙위원회	47
총회들	71
회원명단들 – 부록	229

세계교회협의회(W.C.C)의
실상을 밝힌다
A Critique of the World Council of Churches

2010년 5월 5일 초판 발행

지은이 조 영 엽 박사

펴낸곳 언약 출판사
주소 서울시 구로구 새내서 2길 119-1
전화 02)2684-6082
팩스 02)2614-6082

등록 제 25100-2010-000030호
책값 15,000원

ISBN 978-89-964425-0-9